경제신문이 말하지 않는
경제 이야기

The Political Economic Story

경제신문이 말하지 않는

경제 이야기

정치와 경제를 한눈에 파악하는 경제학 지도

임주영 지음

민들레북
BOOK

2016년 6월 23일, 영국은 중요한 결정을 내립니다. 그것은 바로 '브렉시트Brexit'. 국민의 의견을 물어 EU 탈퇴를 결정합니다. 유럽 다른 나라들과의 자유로운 무역을 전면 포기하겠다는 선언이었습니다.

결과는 참혹했습니다. 경제 성장률은 곤두박질쳤고 GDP가 2022년 2분기까지 5.5%나 감소했다는 분석이 있었으며 금융회사 430여 개, 금융자산 무려 1조 파운드(약 1,600조 원)가 영국 밖으로 빠져 나갔습니다. 게다가 자유무역 포기의 대가로 관세는 더 높아졌고, 이주 노동자가 감소하면서 인건비가 크게 증가해 40년 만에 깨어난 인플레이션에 기름을 붓는 꼴이 되고 말았습니다.

한마디로 '브렉시트'가 선봉에서 영국 경제를 나락으로 이끌었다는 얘기입니다. 지금도 많은 사람들은 영국 경제사를 통틀어 가장 아둔하고 바보 같은 결정으로 브렉시트를 꼽습니다.

그런데 이 과정에서 웃지 못할 일이 벌어졌습니다. EU 탈퇴를 결정한 당일, 영국 국민이 구글에서 가장 많이 검색한 문장이 "What does it mean to leave the EU?(EU 탈퇴가 무슨 뜻이지?)"였다는 것이지요. 그날 영국인들은 너나 할 것 없이 검색창에 이 문장을 입력했습니다. 결국 브렉시트의 의미도 정확히 모르면서 EU 탈퇴에 투표했다는 뜻입니다. 도대체 왜 이런 일이 벌어졌을까요?

행동경제학의 아버지라 불리는 대니얼 카너먼^{Daniel Kahneman}은, 사람들이 늘 합리적인 선택을 하는 것은 아니라고 했습니다. 조금 더 정확히 말하면, 사람들의 선택은 틀리기 십상이고 결정도 엉망진창으로 한다는 겁니다. 그에 따르면 사람의 생각에는 '깊이 생각하기'와 '대충 생각하기' 두 가지 시스템이 있는데, 둘은 각기 쓰임새가 다릅니다. '1+1=?' 이런 단순한 질문에는 '대충 생각하기' 시스템이 활용되고 '5,553×6,266=?' 같은 복잡한 질문에는 '깊이 생각하기' 시스템이 나섭니다. 그런데 사람은 본능적으로 '대충 생각하기' 시스템을 선호한다는 겁니다. 상식적으로 생각해도 당연히 복잡한 것보다 직관적이고 단순하고 쉬운 것을 좋아하겠지요.

그런데 '대충 생각하기'라도 생각은 해야 합니다. '1+1=?' 이런 간단한 문제에도 생각이 필요합니다. 하지만 세상 모든 일을 다 생각해서 결정할 수는 없는 노릇입니다. 뇌에도 휴식이 필요하지요. 그래서 뇌는 생존을 위해 생각의 과정을 건너뛰고 대충 찍는 걸 선호합니다. 뇌의 이런 습관을 행동경제학에서는 '휴리스틱'이라 합니다. 우리 뇌는 골치 아픈 문제와 대면하게 되면 대충 결정하고 도망가버리는 '휴리스틱'이 작동한다는 겁니다.

영국 국민의 브렉시트 결정도 그렇습니다. 오랜 기간 대처리즘으로 대표되는 신자유주의로 경제 불평등은 커졌고 서민의 삶도 갈수록 피폐해졌습니다. 그런데 보수 세력은 서민이 가난한 이유를 중동과 아프리카 난민이 몰려들어와 서민의 일자리를 빼앗았기 때문이라고 선동했습니다. 물론 이는 사실이 아닙니다. 서민이 궁핍해진 이유는 40년 넘도록 신자유주의가 영국을 집어삼키면서 부자들이 거의 모든 돈을 긁어갔기 때문입니다. 난민 때문이 아닙니다.

하지만 무엇이 진실인지는 중요하지 않습니다. EU를 탈퇴하면 중동과 아프리카 난민의 이주를 막을 수 있고 그들로부터 일자리를 지킬 수 있다는 선정적 선동이 '깊이 생각하기' 시스템을 차단했습니다. 그 대신 '휴리스틱'이 작동해, 반대의 정보는 무시하거나 거부해버리는 확증 편향으로 난민에 대한 차별과 혐오를 더 키웠습니다. 결국 영국 국민 스스로 브렉시트를 결정했습니다.

영국 국민이 바보들이라서 그런 결정을 내린 것은 아닙니다. 경제 이야기는 숫자도 많고 그래프도 복잡하고 용어도 생소하고 내용도 어렵습니다. 언론의 경제 기사는 시험공부한다는 각오로 읽어내야 이해할 수 있을 만큼 난이도가 높습니다. 당시 브렉시트를 옹호하는 매체의 발행 부수가 잔류를 희망하는 매체에 비해 4~5배나 많았다는 영국의 언론 환경을 감안하면, 국민들의 결정 배경을 짐작해볼 수 있겠습니다.

우리 언론도 다르지 않습니다. 진보, 민주 정부가 들어서면 보수 정당과 보수언론은 어김없이 우리 경제가 경기 침체, 경제 위기, 경제 불황을 겪고 있다고 공격합니다. 그런 이야기만 듣고 있으면 금방이라도 대한민국은 지구 반대편에 있는 '베네수엘라'가 될 것 같습니다. 팩트는 중요하지 않습니다. 노골적으로 정파성을 드러내며 입맛에 맞는 데이터만 골라내 침소봉대하거나 왜곡 해석하며 경제위기론을 퍼트립니다. 선정적인 헤드라인은 사람들의 불안을 부추깁니다. 보수언론의 경제 기사만 보면 우리나라는 망해도 이미 골백번은 망했어야 마땅합니다.

습관적으로 '휴리스틱'을 선호하는 뇌는 공포분위기를 조장하는 기사를 꼼꼼히 살피지 않습니다. 근거로 제시된 데이터를 분석하고 숨은 의미를 찾아내는 대신, 막연하게 '우리 경제가 정말 망해가는구나'라고 대충 어림짐작하게 되죠. 그렇게 사회 전반에 위기론이 득세하기 시작합니다.

영국에서 실제로 있었던 일입니다. 갑자기 폭우가 쏟아진 어느날, 비를 피하느라 사람들이 A은행 로비 앞으로 몰려들었습니다. 그 광경을 보고 A은행에 문제가 있어 예금을 찾으러 왔나 보다,라고 생각한 사람들이 있었죠. 이윽고 그들은 너도나도 A은행 앞으로 달려갑니다. 다른 사람보다 먼저 예금을 찾겠다고요. 그렇게 어처구니없는 이유로 뱅크런이 발생해 A은행이 파산위기에 몰렸던 적이 있었습니다. 이처럼 경제에는 사람 심리가 들어갑니다. 위기론 조장이 위험한 것은 그래서입니다.

언론에서 주구장창 위기라고 기사를 쏟아내면 실제론 그렇지 않아도 사람들은 지갑을 닫고 기업은 투자를 줄이기 시작합니다. 이제 진짜로 경제가 나빠지기 시작합니다. 이를 경제학에서는 '자기실현적 위기self-fulfilling crisis'라 합니다. 멀쩡하던 경제가 한순간에 위기에 빠질 수도 있습니다.

우리 사회에는 중요하고 민감한 경제 이슈들이 많습니다. 사회적 합의가 매우 시급한, 더는 미룰 수 없는 문제들입니다. 그런데 실체적 진실을 제대로 알기는 점점 더 어려워지고 있습니다. 정파적이고 이념적이고 선정적인 문구들이 진실을 가립니다. 숫자나 데이터를 왜곡하고 과장해서 해석합니다. 그 해석을 언론은 끊임없이 확대 재생산합니다. 덧칠에 덧칠을 더해 이제는 뭐가 본질인지 알 수도 없습니다.

휴리스틱의 빈틈을 파고들어 사실을 왜곡하고 문제의 본질을 비튼다면 경제는 단 한 걸음도 전진할 수 없습니다. 아니, 뒷걸음치다 한순간에 추락할 수도 있습니다. 경제를 있는 그대로 볼 수 있어야 합니다. 그래야 부족한 점은 개선하고 강점은 발전시킬 수 있습니다.

부딪히고 싶었습니다. 휴리스틱의 오류를 걷어내고, 깊이 박혀 있는 오해를 뽑아내고 싶었습니다. 그래야 성장의 열매가 모두에게 골고루 돌아가는, 함께 잘사는 그 길로 갈 수 있다고 믿습니다. 그 첫 걸음에 눈곱만큼이라도 도움이 되기를 바라는 간절함으로, 이 땅에선 브렉시트 같은 결정이 절대 있어서는 안 된다는 절박함으로 이 책을 준비했습니다.

당장 금전적인 수익을 가져다주거나 좋은 투자 상품, 투자 전략을 소개하진 않지만, 성장을 위해 반드시 극복해야 할 문제들을 간절함과 조급함으로 들여다보았습니다. 긴 안목에서 본다면 우리 모두가 사람답게 사는 세상을 만드는 데 미력하나마 도움은 되리라 믿습니다. 책을 쓰는 내내, 함께 잘사는 일에 시간을 쓰고 돈을 쓰는 멋지고 당당한 진짜 부자의 모습을 상상했습니다. 글이 목에 걸리거나 뇌에 불편함이 느껴진다면 전적으로 저자의 부족함 때문입니다.

마지막으로, 책을 핑계로 주말마다 제대로 얼굴도 못 본 가족에게 미안함을 전합니다. 늘 쫓기듯 어렵게 하루를 견뎌내며 2남 1녀를 부끄럽지 않게 키워주신 어머니와 하늘에 계신 아버지께도 깊은 감사를 드립니다. 아버지, 고마웠습니다. 그리고 정말 죄송했습니다.

차례

프롤로그 | 4

1장. 무당 경제학의 굿판을 걷어차라

· 낙수효과는 무당 경제학? | 17
  신자유주의의 종말, 낙수효과란 없다

· 1인당 GDP는 틀렸다 | 27
  삶을 그대로 보여주지 못하는 헛된 숫자

· 기본소득 실험은 실패했다? | 34
  핀란드 기본소득 실험에 관한 최종보고서를 들여다보며

· 법인세 논란, 뭣이 중헌디 | 40
  법인보다 사람이 먼저다

· 최저임금에 관한 오해 1 | 48
  최저임금이 오르면 일자리가 감소한다

· 최저임금에 관한 오해 2 | 56
  최저임금이 오르면 저소득층 소득이 감소한다

· 국민연금, 협박 마케팅은 제발 그만! | 64
  나라가 망하지 않는 한 받을 수 있다

· 갑자기 언론에서 사라진 나라 '베네수엘라' | 73
  좌파 포퓰리즘으로 망한다는 주장에 대하여

· 전두환 시절 경제가 좋았다고요? | 79
  민주주의의가 발전해야 경제도 성장한다

2장. 사람의 경제학을 위하여

· 대한민국은 민주공화국? | 87
대우해양조선, 누구는 구제하고 누구는 압살하는가
· '산업전사'라는 표현은 제발 이제 그만! | 93
주 69시간 근무제 추진, 장시간 노동의 강요
· 기생충과 불평등 | 99
긴급재난지원금 정책을 돌아보며
· '묻지 마 범죄'와 경제 불평등 | 106
신자유주의가 남긴 상흔
· 쓰디쓴 실업과 달디단 '시럽' | 115
실업급여 제대로 알기
· 선거 때만 선심을 베푸는 청년 문제 | 121
청년을 위한 진짜 정책이 필요하다
· 산불이 덮쳐오는데 저수지 물은 손대지 마라? | 129
재정건전성 논란 살펴보기

3장. 정치가 밥 먹여준다

· 부정부패가 GDP를 갉아먹는다 | 141
엘리엇, 메이슨 소송을 통해 보는 교훈
· 중국 혼밥? 홀대? | 148
대중국 무역을 위태롭게 만드는 자, 누구인가

· 일본 스스로 자기 눈을 찌르다 | 156
  비상식적인 수출규제, 비포 앤 애프터

· 정치가 밥 먹여줍니다 | 167
  한진해운 파산의 교훈

· 망한 일본 조선업 따라하기 | 176
  대한민국의 조선업이 위험하다

· 눈 떠보니 선진국 | 180
  우연이라 폄하해선 안 되는 역사적인 위업

· 눈 떠보니 후진국 1 | 187
  반복되는 대형 참사

· 눈 떠보니 후진국 2 | 191
  햇볕과 바람에 진보 보수가 따로 있나요?

· 눈 떠보니 후진국 3 | 200
  전략적 모호성과 경제 실패

4장. 투기 조장 정부 vs 투기 억제 정부

· 우리는 정말 합리적일까요? | 211
  튤립 버블과 부동산 버블을 돌아보며

· 투기 조장 정부, 투기 억제 정부 | 218
  모든 정책에는 시차가 존재한다

· 집값과 생존자 편향의 오류 | 228
  문재인 정부의 부동산 정책을 되짚다

· 정말 이상한 전세제도 | 236
　　공공임대아파트 건설이 가져다줄 효과

· 마지막 보루 DSR은 건드리지 마라! | 243
　　DSR 완화, 특례보금자리론의 위험

· 외평기금이 부동산 안정 기금? | 249
　　적자국채 발행 대신 편법 쓰기, 감세 정책의 모순

· 부동산 가격이 오르면 선거에 유리하다? | 256
　　총선 승리만이 목표인 정책은 안 된다

5장. 익숙한 것들과 이별하기

· 빌려주는 돈과 그냥 찔러주는 돈 | 267
　　통화 정책과 재정 정책 제대로 알기

· 장단기 금리가 역전되면 삼겹살 가게가 문을 닫는다? | 275
　　장단기 금리 역전 현상을 주시하라

· 죽지 않고 살아나는 좀비 인플레이션 | 281
　　우리는 인플레이션을 제압할 수 있을까

· 익숙한 것과 이별하기 1 | 291
· 익숙한 것과 이별하기 2 | 298

1장

무당 경제학의
굿판을 걷어차라

낙수효과는
무당 경제학?

신자유주의의 종말, 낙수효과란 없다

'낙수효과'라는 경제 용어는 누가 처음으로 사용했을까요? 이른바 '신자유주의'를 대표하는 밀턴 프리드먼 같은 권위 있고 유명한 경제학자가 주인공인 것 같지만 사실은 그와는 전혀 상관없는 의외의 인물이 처음 사용했습니다.

미국의 코미디언이자 희극 작가인 윌 로저스^{William Penn Adair Rogers}는 미국 대공황 당시의 무능력한 후버 대통령을 비판하면서 '낙수효과'라는 용어를 썼습니다. 대공황 당시 공화당의 후버 대통령이 고소득자에게 부가 집중되는 정책을 펼치자, 광산기술자였던 후버가 물이 아래로 흐르는 것만 알고 있을 뿐 돈은 아래에서 위로 흐르는 걸 전혀 모른다고 풍자 비판하면서 사용한 말입니다. 대공황의 경제 위기를 전혀 인지하지 못하고 안일한 대처로 일관한 대통령의 무능을 신랄하게 비판하면서, 돈은 아래에서 위로 흐르며 '낙수효과'란 없다는 걸 표현한 상황이었습니다. 그것이 오히려 1980년대의 신자유주의 시대를 뒷받침하는 이론적 논거로 자리 잡은, 웃을 수 없는 코미디 같은 일이 벌어진 겁니다.

낙수효과를 맹신하는 쪽에서는 법인세를 인하하면 기업의 투자가 늘고 고용이 증가하고 다시 소비가 증가하여 전체 경제가 좋아진다고 주장합니다. 주로 기업의 이익을 대변하는 경제 단체나 보수정당, 보수언론에서 오랫동안 이렇게 주장해왔습니다. 법인세를 인하해야 투자와 고용이 증가해 경제가 성장하고, 반대로 법인세를 인상하면 기업의 경제 활동이 위축돼 고용이 감소하고 경제 성장도 감소한다는 것입니다.

그런데 정말 그럴까요? 실제로 '무당 경제학'이라는 말이 있습니다. 1980년대 미국 로널드 레이건 대통령은 집권하자마자 감세 정책을 강하게 추진했습니다. 그러면서 당시 무명에 가까웠던 미국의 경제학자 아서 래퍼의 '래퍼 곡선'을 감세정책의 이론적 근거로 들

래퍼가 냅킨 위에 그린 래퍼 곡선(출처: 미국사 박물관)

였습니다. 래퍼는 정부 관료들과 식사 중에 세율과 조세수입과의 관계를 냅킨에 그래프를 그려가며 설명했는데 그것이 바로 그 유명한 '래퍼 곡선'입니다.

래퍼 곡선의 이론은 아주 간단합니다. 세율을 계속 올리면 어느 시점까지는 세수가 증가하지만, 그 지점을 넘어서면 세수가 줄어든다는 내용입니다. 냅킨에 긁적인 래퍼 곡선이 작은 정부, 감세 정책, 규제완화 등 레이건 대통령의 신자유주의 시대를 여는 가장 중요한 이론적 근거가 된 것입니다. 하지만 래퍼는 가장 중요한 최적의 적정세율에 대해서는 어떤 설명과 이론도 제시하지 못했습니다. 물론 지금까지도 그 최적의 적정세율은 아무도 모릅니다. 당시 레이건과 공화당 경선에서 경쟁했던 조지 부시 전 대통령은 이 점을 집요하게 비판하고 나섰습니다. 당시 조지 부시의 대선 슬로건 중 하나가 바로 '저건 무당 경제학이다!'였습니다. 법인세를 감세하면 경제가 좋아진다는 낙수효과란 전혀 근거 없는 주술 경제학에 가깝다고 비판하면서 슬로건에 '무당 경제학'이란 단어를 사용하면서 유명해진 용어입니다.

미국의 노벨경제학상 수상자 조지프 스티글리츠Joseph E. Stiglitz 교수도 법인세를 감세하면 경제가 더욱 성장한다고 믿는 것은 미신에 가깝다고 말한 적이 있습니다. 사실상 낙수효과를 믿고 법인세 인하를 주장하는 것은 무당 경제학에 지나지 않는다고 일침을 가한 겁니다.

실제로 법인세 인하가 기업들의 투자 증가에 기여했다는 실증 사례나 연구 결과는 거의 찾아볼 수 없습니다. 게다가 최근에는 보수적 성격이 강한 IMF나 OECD조차도 법인세 인하, 부자감세 등의 정책은 오히려 세수 감소로 이어져 국가 재정을 악화시키고 경제적 불평등을 키워 결과적으로 경제를 더욱 어렵게 만들었다는 보고서를 냈습니다.

IMF에서 1980년부터 2012년까지 전 세계 159개국의 소득과 경제 성장 관련 자료를 토대로 실증 분석한 결과 소득 상위 20% 고소득층(5분위)의 소득이 전체 소득에서 차지하는 비중이 1%포인트 높아지면, 향후 5년간 경제 성장률이 0.08% 후퇴하는 것으로 나타났습니다. 반면에 하위 20%(1분위)의 소득 비중이 1%포인트 증가하면, 5년간 0.38%의 경제 성장 효과가 생기는 것으로 나타났습니다. 세계적 경제포럼인 다보스포럼은 낙수효과의 실패를 지적하고 오히려 그와는 정반대 개념인 '포용적 성장inclusive growth' 정책을 대안으로 제시하고 있습니다. 한마디로 낙수효과는 허구이며 거짓이라고 단호하게 선언한 것입니다.

우리나라도 불과 몇 년 전 의도치 않게 낙수효과를 실험한 적이 있습니다. 이명박 정부 당시 법인세를 25%에서 22%로 인하했습니다. 법인세를 인하하면 기업의 투자가 늘고 고용이 증가해 경제가 더욱 성장할 것이라는 설명까지 덧붙였습니다. 하지만 정부의 장담과는 달리, 결과적으로 대기업 투자는 오히려 더 줄었고 고용은 늘지 않았습니다. 당시 법인세 인하로 감소한 법인세가 26조 7천억에 달했지만, 기업들의 투자규모는 겨우 23조 1천억 원에 불과했습니다. 오히려 4년 전 투자규모(33조 5천억)보다 무려 10조 원이나 감소했습니다. 대신 대기업 사내유보금은 천문학적으로 증가했습니다.

당시 10대 그룹 사내유보금은 2008년 20.6조 원에 불과했지만 2014년에는 612.3조 원으로 무려 30배나 늘어난 겁니다. 현재 100대 기업 사내유보금은 2021년 기준 1,000조 원을 넘습니다.

기업이 투자를 결정할 때는 법인세 외에도 중요하게 여기는 요소가 많습니다. 산업의 미래전망, 수익성, 인적 및 물적 인프라, 금융시장 환경 등 수많은 요소들을 함께 고려합니다. 시쳇말로 돈이 될지 안 될지가 가장 결정적인 요소입니다. 아무리 법인세를 줄여줘도 기업 입장에서 돈이 되지 않으면 투자는 줄어들 수밖에 없습니다.

40년 동안 잠자고 있던 인플레이션이 깨어났습니다. 그러자 이번에는 법인세 감세가 인플레이션 완화에 도움이 된다고 주장하는 분들이 등장합니다. 법인세를 감세하면 기업의 비용이 줄어 생산과 공급이 늘면서 인플레이션 완화에 도움이 된다는 것입니다. 얼핏 들어보면 그럴 듯하지만 법인세 인하와 인플레이션 완화는 직접적인 관련이 없습니다. 법인세는 영업수익에서 비용을 뺀 순이익에 부과하는 세금입니다. 즉, 비용과는 전혀 관련이 없는 세금입니다. 오히려 인플레이션 시대에 감세 정책은 통화 완화로 인플레이션을 더욱 부추기는 정책입니다. 게다가 세수가 줄면 당연히 재정건전성이 나빠지고 재정 지출까지 줄어들 수밖에 없어 오히려 경제를 더욱 어렵게 할 수 있습니다.

2022년 하반기, 영국은 인플레이션 시대에 감세 정책을 추진했다가 혹독한 대가를 치러야 했습니다. 2022년 하반기는 인플레이션이란 괴물이 영국을 이리저리 마구 휘젓고 다닐 때였습니다. 40년 만에 인플레이션율이 11%를 넘어섰습니다. 인플레이션이 극에 달했을 시점에 리즈 트러스^{Liz Truss} 총리는 '제2의 마가렛 대처'를 표방하며 대규모 감세 정책을 추진했습니다. 법인세를 25%로 인상하기로 했던 원래의 방침을 폐기하고 19%로 사실상 인하 결정을 내립니다. 소득세도 최고구간세율 45%에서 40%로 인하합니다. 한마디로 인플레이션 시대에 법인세 인하와 부자감세 등 대규모 감세 정책을 추진한 것입니다.

영국의 금융시장은 하루아침에 난리가 났습니다. 영국 파운드화와 영국 국채(길트) 가격이 폭락했습니다. 세수가 줄어 국채 발행이 늘어날 것이라는 시장의 예상에 국채 가격이 폭락한 것입니다. 국채가 폭락하자 영국 연기금이 마진콜(추가 증거금을 요구하는 조치) 사태에 직면했고 증거금 확보를 위해 연기금이 다시 국채를 내다 팔면서 국채 가격은 걷잡을 수 없이 떨어졌습니다. 당시 영국 연기금이 입은 손실은 240조 원에 이를 것으로 추정되었습니다. 국채 가격이 폭락하자 영국 파운드화 가치도 역사상 최저 수준으로 떨어졌습니다. 영국 금융기관들의 부실은 눈덩이처럼 커졌고, 급기야 영국 금융시스템 전체가 붕괴될 위기까지 치달았습니다.

인플레이션 시대에 대규모 감세 정책이 금융시스템 붕괴와 경제 전체를 디폴트 위기까지 몰고 간 것입니다. 영국 중앙은행은 금리를 올리고 긴축 정책을 펴고 있는 와중에 오히려 인플레이션을 더욱 부추기는 감세 정책을 추진하려 했으니 정부의 신뢰도 추락과 금융 시장의 발작은 어쩌면 당연한 결과입니다. 결국 리즈 트러스 총리는 44일 만에 물러나고 감세 정책은 전면 폐기됩니다. 새로운 총리가 감세 정책 대신 에너지업체에 횡재세를 부과하고, 고소득자의 소득세율을 높이는 증세 정책으로 전면 수정하고서야 겨우 시장은 진정되었습니다. 감세 정책이 옳았다면 영국 경제가 붕괴 직전까지 가는 일은 없었을 것입니다. 낙수효과는 없다는 것, 감세 정책은 틀렸다는 것을 시장이 증명한 것입니다. 신자유주의의 실패를 시장이 증명한 사례입니다.

1980년대 레이건과 대처의 등장으로 지난 40년간 미국과 영국에서는 신자유주의가 맹위를 떨쳤습니다. 오직 이윤창출과 주주의 이익 극대화를 위한 기업 활동, 탐욕의 자본주의가 주류를 이뤘습니다. 그 결과 경제 성장이 왜곡되고 경제적 불평등은 더욱 커졌습니다. 재정은 악화되었고 중산층이 몰락하면서 더 이상의 지속적인 성장도 담보할 수 없는 지경에 이르렀습니다. 게다가 지구 온난화, 환경오염 등 지구도 몸살을 앓고 있습니다. 어쩌면 이에 대한 통렬한 반성을 월가를 비롯한 글로벌 금융시장이 하고 있는지도 모르겠습니다.

지금 우리는 영국의 전철을 밟으려 하고 있습니다. 한국은행은 인플레이션에 대처하기 위해 기준금리를 올리고 있지만, 정부는 사실상 법인세 인하, 부자감세 등 감세 정책을 고집합니다. 모두 인플레이션을 부추기는 정책입니다. 감세 정책으로 인한 2023년 세수 펑크 규모는 60조 원이 넘을 것으로 예상됩니다. 재정건전성을 금과옥조처럼 강조한 정부라면 감세가 아니라 증세 정책을 폈어야 했습니다. 세수가 줄면 재정건전성은 무조건 나빠지기 때문입니다. 앞으로 가겠다고 외쳐놓고 뒤를 향해 달려가는 격입니다.

법인세 인하로 기업의 투자가 늘어날 것이라고 설명했지만, 결과는 기대와 전혀 달랐습니다. 2023년 1분기 국내 설비투자는 오히려 −5.0%를 기록했습니다. 2019년 이후 가장 큰 폭의 설비투자 감소율입니다. 한국은행이 발표한 '실질 GDP 속보치'에 의하면 2023년 3분기에도 −2.7%를 기록 중입니다. 설비투자의 GDP 성장률 기여도도 2023년 1분기에 −0.5%p, 3분기에도 −0.2%나 됐습니다. 오히려 기업의 설비투자 부문이 전체 경제 성장률을 끌어내렸다는 뜻입니다. 정부의 설명과는 반대로 법인세를 인하했는데도 오히려 기업투자는 더 줄어든 것입니다.

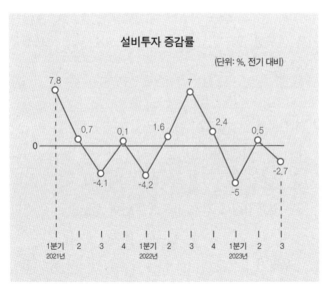

자료: 한국은행 경제통계 시스템

이처럼 대규모 감세 정책의 부작용은 더욱 커지고 있습니다. 또한, 부자감세로 부자들은 많은 혜택을 받았을지 모르지만 어려운 삶을 살고 있는 취약계층을 위한 복지 예산은 앞으로도 계속 줄어들 가능성이 높습니다.

미국의 200대 대기업 최고경영자로 구성된 협의체 비즈니스라운드테이블Business Round Table은 우리나라의 전경련(전국경제인연합회)에 해당하는 경제 단체입니다. 2018년 비즈니스라운드테이블에서 세계 최대의 자산운용사인 블랙록BlackRock 회장 래리 핑크Larry Fink는 "기업은 모든 이해관계자에게 이익이 되도록 운영돼야 한다"면서 '이해관계자 자본주의'를 언급했습니다. 그리고 2019년, 조슈아 볼튼 비즈니스라운드테이블 회장이 전격적으로 '이해관계자 자본주의'를 선언합니다. '이해관계자 자본주의' 혹은 '이해당사자 이론'은 기업이 주주의 이익만을 추구하는 것이 아니라 기업과 이해관계에 있는 모든 당사자들, 즉 주주, 노동자, 소비자, 지역 주민과 함께 기업의 이익을 공유해야 한다는 것입니다.

엘리자베스 워런Elizabeth Warren 미국 상원의원도 2018년 '책임지는 자본주의법'을 발의했습니다. 이 법은 연간 매출이 10억 달러 이상인 기업은 연방법인의 인가를 별도로 받아야 하고, 해당 기업과 협력업체의 노동자, 소비자, 지역 공동체 등 이해관계자를 위한 경영을 해야 한다는 내용을 담고 있습니다.

자본주의의 본산 미국에서, 그것도 주주 자본주의의 심장부 같은 곳에서 '신자유주의'는 끝났다고 선언한 셈입니다. "기업의 사회적 책임은 이윤 창출이다"라고 했던 밀턴 프리드먼의 '자유주의 자본주의', '신자유주의'에 사실상 종말을 고한 것입니다.

우리도 이젠 단호하게 선언해야 합니다. 낙수효과는 없다고 말입니다. 무당 경제학을 고집했다가 경제 전체가 붕괴될 뻔했던 영국의 길을, 지금은 아무도 걷지 않는 그 길을 우리가 좇아서야 되겠습니까?

1인당 GDP는 틀렸다

삶을 그대로 보여주지 못하는 헛된 숫자

1953년 당시 우리나라 1인당 GDP는 약 67달러였습니다. 2022년은 약 3만 2천 달러 정도 됩니다. 470배가 넘게 증가했습니다. 말 그대로 우리나라는 정말 기적 같은 성장을 이뤘습니다.

2021년 세계 10위에서 2022년에 13위로 3단계 하락했지만 여전히 세계 상위권에 속해 있습니다. '30-50 클럽'(인구 5천만 명이 넘는 국가 중 1인당 국민소득이 3만 달러 이상인 나라)에도 세계에서 7번째로 가입했습니다. 30-50 클럽 국가는 전 세계를 통틀어 총 7개국으로 미국, 영국, 독일, 프랑스, 이탈리아, 일본 그리고 대한민국뿐입니다. 우리나라를 제외하면 모두 지구 역사를 한 번은 들었다 놨다 했던 초강대국들입니다. 불과 70년 전에 전쟁으로 온 국토가 폐허였던 나라가 30-50 클럽에 가입한 사례는 없습니다. 그 대한민국이 30-50 클럽을 넘어 이젠 UN에서도 공식적으로 인정한 명실상부한 '선진국'이 되었습니다. 이렇게 한 나라의 객관적인 경제 성장과 국가의 부를 측정할 때 가장 유용한 지표가 바로 GDP입니다.

GDP^{Gross Domestic Product}는 우리에게 '쿠즈네츠 파동'으로 널리 알려진 러시아계 미국 경제학자 사이먼 쿠즈네츠^{Simon Smith Kuznets}가 처음 고안한 개념입니다. 사이먼 쿠즈네츠는 그 공로를 인정받아 1971년 노벨경제학상을 수상하기도 했습니다. 1929년 대공황이 발생하자 수많은 공장이 문을 닫고 엄청나게 많은 사람들이 일자리를 잃어 길거리로 쏟아져 나왔습니다. 하지만 미국 정부는 대공황으로 인해 얼마나 많은 경제적 손실이 발생했는지, 또 국민소득이 얼마나 감소했는지 도무지 감을 잡을 수 없었습니다. 대공황 위기를 극복하기 위해 뉴딜 정책을 세우고 재정을 투입하기로 했지만 정확한 경제적 손실을 추산할 수 없으니 돈을 어디에 얼마를 써야 할지 제대로 판단할 수 없었던 것입니다.

그래서 상무부는 사이먼 쿠즈네츠에게 국민소득을 측정할 수 있는 체계적인 통계 모델을 만들어줄 것을 의뢰했고, 이에 그가 수개월 연구 끝에 국민소득을 개념화하고 국민소득 구성요소 및 측정방법 등을 제시하면서 20세기 최고의 발명품이라 불리는 GDP가 만들어진 것입니다. 미국 정부도 사이먼 쿠즈네츠의 GDP가 대공황을 극복하는 데 결정적인 역할을 했다고 공식 인정했습니다. GDP 개념의 탄생이 대공황 극복에 획기적 전기가 된 것입니다.

하지만 사이먼 쿠즈네츠도 이미 50년 전에 GDP의 한계와 부작용에 대해 분명한 경고를 남겼는데, GDP에 집착하면 소득 분배나 삶의 질을 놓칠 수 있다는 것이었습니다. 또 보다 높은 성장을 위해선 무엇을 위해 어떤 것을 어떻게 성장시킬지 명확히 밝혀야 한다고 했습니다. '경제는 계속 성장하는데 왜 가난한 사람들은 늘어만 가는 가?'라는 질문에 GDP는 대답할 수 없음을 사이먼 쿠즈네츠도 알았던 것이죠.

2008년 프랑스에서 니콜라 사르코지 대통령의 주도로 '경제 실적과 사회 진보 측정을 위한 위원회'가 만들어졌습니다. 2001년 노벨 경제학상 수상자 조지프 스티글리츠, 아시아인 최초 노벨경제학상 수상자 아마르티아 센Amartya Kumar Sen, 프랑스 경제학의 거장인 장-폴 피투시Jean-Paul Fitoussi가 연구원으로 참가했습니다. 그래서 이 위원회는 세계적 경제 석학들의 이름을 딴 '스티글리츠-센-피투시 위원회'라 불렸습니다. 이름만 들어도 가슴 설레는 당대 최고의 경제 석학들이 모여 한 팀을 이룬 것입니다.

그 '스티글리츠-센-피투시 위원회'에서 18개월간 연구한 끝에 한 편의 보고서를 내놓았습니다. 그런데 보고서의 제목이 《GDP는 틀렸다》였습니다(원제는 '우리 삶을 잘못 측정하고 있는 것: 왜 GDP는 앞뒤가 맞지 않는가?Mismeasuring Our Lives: Why GDP Doesn't Add Up').

2022년 대한민국 1인당 국민소득인 3만 2천 달러를 원화로 환산하면 약 4,200만 원 정도입니다. 4인 가족으로 환산하면 1억 7천만 원에 가까운 큰돈입니다. 이 거액이 한 가정의 평균 수입이라는 이야기입니다. 부자나라로 불려도 모자람이 없어 보입니다. 그런데 이상합니다. 1인당 국민소득만 따져보면 분명 부자나라인데, 내가 그런 나라에 살고 있구나, 실감하는 국민은 많지 않습니다. 여기서 일단 1인당 GDP는 이상합니다.

GDP는 평균값입니다. 가계뿐만 아니라 정부, 기업 소득까지 모두 합한 값의 평균값입니다. 가계는 돈을 못 벌어도 기업과 정부가 많이 벌면 1인당 GDP는 올라갑니다. 그래서 GDP는 내 삶의 상태를 대변하지 못합니다. 부자는 더욱 부자가 되고 가난한 사람은 더욱 가난해져도 1인당 GDP는 증가합니다. 오히려 그 격차가 커지면 커질수록 1인당 국민소득은 증가합니다. 누군가는 엄청난 돈을 벌고 있다는 이야기입니다. 평균값을 이야기하는 순간 내 삶도, 격차도 보이지 않습니다. 뭔가 이상합니다.

GDP 측정 방법도 이상합니다. GDP는 특정 기간 동안 한 국가의 국경 내에서 생산된 상품과 서비스의 총 가치를 측정한 수치입니다. 쉽게 말해 한 나라 안에서 생긴 소득을 모두 합친 값입니다.

2022년 1월 광주광역시에서 신축 중인 주상복합 아파트가 붕괴되는 사고가 있었습니다. 그 사고로 건설 노동자 6명이 목숨을 잃었습니다. 문제의 아파트는 결국 전면 철거하고 다시 짓기로 결정했습니다. 전형적인 후진국형 사고였습니다. 그런데 오히려 GDP는 증가합니다. 하루아침에 가족을 잃은 유가족의 아픔이 하늘을 찌르는데도 오히려 GDP는 증가합니다. 부수고 다시 지어야 하는 후진국형 사고가 터졌는데도 GDP가 증가합니다. 아니, 부수고 다시 지으니 GDP 증가율이 배로 늘어납니다.

코로나19 팬데믹으로 수많은 사람들이 병원을 찾았습니다. 병원과 제약회사의 매출이 늘어납니다. 그만큼 GDP는 늘어납니다. 독감 환자가 증가합니다. 병원에 독감 환자가 넘치고 타미플루 처방이 늘어납니다. 또 그만큼 GDP가 늘어납니다. 건강이 나빠지고 아픈 사람이 늘어가는데 오히려 GDP는 증가합니다. 이상한 지표입니다.

4대강 사업도 마찬가지입니다. 녹차 라떼 제조와 깔따구 양식에 수십조 원을 강바닥에 쏟아부어도 GDP는 증가합니다. 자연 환경이 파괴되는데도 GDP가 증가합니다. 정말 이상한 숫자입니다.

평일 하루 휴가를 냅니다. 사랑하는 연인과 달콤한 시간을 보내거나 아이들과 집에서 행복하고 재미난 시간을 보냈습니다. 하지만 GDP는 오히려 내려갑니다. 인생의 행복을 GDP는 알지 못합니다. 골프장을 만들기 위해 산 하나를 통째로 깎았습니다. 수많은 나무를 베어낸 자리에 잔디를 깔고 길을 내고 자연환경을 파괴했지만 GDP는 올라갑니다. 여기서 다시 '스티글리츠-센-피투시 위원회'가 펴낸 보고서를 떠올려봅니다. 보고서의 제목은 《GDP는 틀렸다》입니다.

그럼에도 대선 때마다 대통령 후보들은 1인당 GDP 공약을 내놓습니다. 1인당 4만 달러 시대를 약속합니다. 1인당 4만 달러 시대만 오면 국민 모두가 부자가 될 것처럼 말이죠. 모두가 1인당 GDP 숫자에 집중하는 순간 진짜 내 삶은 보이지 않습니다. 격차는 아예 눈에 들어오지 않습니다.

KB금융그룹에서 발간한 《2022 한국부자보고서》에 의하면 금융자산 10억 원 이상 보유한 개인은 42만 4천 명입니다(2021년). 전년에 비해 3만 명 이상이 증가했습니다. 또 이들이 보유한 부동산 자산은 2,361조 원이나 됩니다(2021년). 전년에 비해 14.7%나 증가했습니다. 보유 주택수 상위 100명이 보유한 주택수가 2만 8천 채가 넘습니다. 반면에 우리 국민의 45%는 무주택자입니다.

백화점 전체 고객의 0.1%가 전체 매출의 20~30%를 책임집니다.

인플레이션으로 경제위기설이 난무해도 명품매장의 긴 줄은 줄어들지 않습니다. 반면에 폐지 줍는 어르신들은 갈수록 늘어나는데, 하루 종일 폐지를 주워도 월 평균 수입이 20만 원이 채 안 됩니다. 그러는 사이 노인 빈곤율과 자살률은 OECD 국가 중 압도적 1위를 유지하고 있습니다.

우리나라 노동자 3명 중 1명은 비정규직으로 일합니다. 대한민국의 비정규직 비율은 OECD 국가 평균의 2배가 넘습니다. 이들의 임금은 정규직의 절반도 채 되지 않습니다. 정규직과 비정규직의 소득격차 또한 OECD 국가 중 가장 높습니다.

코로나19 팬데믹이 전 세계를 휩쓸었습니다. 거의 모든 나라가 천문학적으로 돈을 풀었습니다. GDP 대비 10~30%의 돈을 풀었습니다. 그 돈이 전 세계 부동산과 주식시장으로 몰려듭니다. 이제는 부동산과 주식 가격이 미친 듯이 오릅니다. 부자들의 재산은 가만 앉아서 크게 늘어납니다. 코로나는 모든 사람에게 똑같이 닥쳤는데 부자와 가난한 사람의 격차는 더 크게 벌어집니다.

이번에는 인플레이션이 시작됐습니다. 코로나19 팬데믹으로 너무 많은 돈이 풀리자 깊은 잠에 빠져 있던 인플레이션 괴물이 40년 만에 깨어났습니다. 미국은 기준금리를 0.25%에서 5.50%까지 올렸습니다. 초 단기간에 20배가 넘게 올랐습니다. 오른 금리만큼 부자들 예금 금리도 따라 올라갑니다. 반면에 서민들은 그만큼 대출 이자 금리가 올라갑니다. 빚은 그대로인데 100만 원 이자가 이젠 200만 원이 되었습니다.

금리는 똑같이 올랐는데 한쪽은 자산이 더욱 늘고, 한쪽은 빚이 더 늘어납니다. 모든 사람에게 똑같이 인플레이션이 닥쳤는데 빈부 격차만 더 크게 벌어집니다. 코로나19 팬데믹에도, 인플레이션에도, 아랫목은 펄펄 끓어 장판이 그을리고, 윗목은 시베리아 찬바람에 얼음이 얼고 있습니다. 그런데도 GDP는 이를 전혀 설명하지 못합니다. 오히려 부끄러운 이 격차들을 가리기에 급급합니다.

그래서 GDP는 틀렸습니다. 우리 삶을 있는 그대로 보여주지 못합니다. 그러니 앞으로 대선 후보들은 헛된 1인당 GDP 공약은 하지 말아야 합니다.

대한민국은 민주공화국입니다. '공화'는 말 그대로 모두의 것이란 뜻입니다. '공화국'은 국민 모두가 함께 잘사는 나라를 뜻합니다. 진짜 공화국 시민이라면 커지는 빈부 격차에 부끄러움을 느껴야 합니다.

GDP 자체는 목표가 될 수 없습니다. GDP보다 국민의 삶 자체를 바라볼 수 있어야 합니다. GDP는 틀렸습니다.

기본소득 실험은
실패했다?

핀란드 기본소득 실험에 관한 최종보고서를 들여다보며

코로나19 팬데믹 당시 우리 사회에 재난지원금 지급과 관련하여 '기본소득제'가 큰 논란이 된 적이 있습니다. 마침 2020년 5월 핀란드 정부가 2년간의 기본소득 실험에 관한 최종 보고서를 발표하면서 논란에 더욱 불을 지폈습니다.

핀란드의 보고서가 공개되자 일부 정치권과 다수 언론에서 기본소득 정책은 실패한 정책임이 증명되었다며 한목소리로 비판하기 바빴습니다. 하지만 이는 기본소득 실험의 취지나 목적, 그리고 전체적인 맥락을 제대로 이해하지 못한 채 나온 비판으로 보입니다.

핀란드 중도 우파 연립정권의 시필래Juha Sipila 총리가 기본소득 실험으로 얻고자 했던 것은 기존의 복지 혜택을 축소하고 노동의 유연성을 증가시켜 시장 경제를 활성화함으로써 정부의 역할을 줄이는, 작은 정부를 향한 가능성이었습니다. 즉 진보진영의 복지정책 강화 실험이 아닌, 전통적인 보수우파의 시장경제주의 실험이었던 것입니다.

핀란드가 왜 이런 실험을 시도했는지, 당시 핀란드의 경제 상황을 보면 더 명확히 이해할 수 있습니다. 한때는 전 세계 휴대폰 시장 점유율 1위(41%)를 차지하며 핀란드의 대표기업으로 성장했던 노키아는 휴대전화 사업부문이 마이크로소프트에 헐값에 매각되면서 사실상 몰락의 길을 걷고 있었습니다. 핀란드 경제 성장률은 마이너스 7%까지 감소하였고, 높은 실업률에 심각한 경제 위기를 겪고 있었습니다. 게다가 GDP 대비 높은 사회보장비용 부담으로 재정난까지 겹쳤습니다. 2018년 기준으로 핀란드는 국내총생산 대비 공공사회지출 비중이 28.7%로 OECD 국가 중 3번째로 높았습니다.

즉 이 실험은 시필레 정부가 경제 위기 극복을 위해 기존 복지를 줄이고 근로유인을 높여 시장경제를 활성화하겠다는 의도에서 기획된 보수우파 시장주의 실험입니다. 이 실험의 성패는 복지혜택을 축소하고 시장에 모든 것을 맡겨야 한다는 보수우파의 전통적인 시장주의 경제정책의 성패로 봐야 합니다. 이런 맥락과 취지를 모른 채 일부 보수정당과 보수언론에서 마치 복지혜택을 강화하는 기본소득 실험이 실패한 것처럼 신랄한 비판을 쏟아내는 웃지 못할 해프닝이 벌어진 것입니다.

한편 핀란드의 실험은 전통적인 기본소득제 개념과 철학과는 차이가 컸습니다. 기본소득제는 재산, 소득, 나이, 성별 등에 관계없이 모든 국민에게 매월 기본적인 삶에 필요한 최소한의 생계비를 지급하는 제도입니다. 학계에 따르면 기본소득제 5대 원칙으로 심사 없이 무조건 지급하는 '무조건성', 모두에게 지급하는 '보편성', 지속적으로 지급되는 '정기성', 개인에게 직접 지급하는 '개별성', 현금으로 지급되는 '현금성' 등 이 다섯 가지를 꼽습니다.

그런데 핀란드가 실시한 기본소득 실험은 25세~58세 중 실업자 2,000명을 무작위로 선정하고, 선정된 실업자에게 매월 560유로(약 76만 원)를 조건 없이 지급하는 것이었습니다. 다만 이 대상에 선정되면 기존에 받았던 복지혜택 즉, 실업, 육아, 질병 등과 관련된 수당 등은 일절 받을 수 없고 월 560유로의 기본소득만 받는다는 조건이었습니다. 또한 실업수당(급여)과 달리 기본소득 지급 기간에 다른 소득이 발생하더라도 기본소득 560유로는 그대로 받을 수 있도록 설계했습니다. 즉 실업자가 일자리를 갖게 되면 기존 기본소득 560유로에 추가로 근로소득이 생겨 많은 실업자가 일자리를 찾아 나설 것이라는 기대를 갖고 구상한 실험입니다. 그래서 일자리가 있는 사람은 대상에서 배제하고 철저하게 실업자로 제한했습니다.

실업수당에 의존하던 장기 실업자가 일자리를 얻게 되면 기존에 받던 기본소득에 추가로 근로소득이 생기니 근로의욕이 높아질 것이고, 근로의욕이 높아지면 일자리가 증가하고, 근로소득이 증가하면 소비가 증가하고, 소비가 늘면 다시 생산과 고용이 증가하는, 말 그대로 선순환 경제 성장을 기대한 것입니다. 아울러 실업수당이나 기존 복지비용을 대폭 줄여 국가 재정건전성도 개선하고자 했습니다.

그런데 최종 보고서에 의하면, 애초 기대와는 달리 실업급여를 지급했을 때와 기본소득을 지급했을 때의 고용효과는 거의 차이가 없었습니다. 기본소득을 지급했을 때 연간 노동일수가 겨우 5일 정도 많은 것으로 나타나 고용효과는 사실상 통계적으로 의미 없는 수준이었습니다.

고용이 증가하지 않은 이유는 실업자들이 추가로 근로소득을 얻기 위해 일자리를 찾아 나섰지만 이미 4차 산업혁명이 전 산업에 걸쳐 본격적으로 시작되었고 탈공업화와 디지털 경제 생태계가 부상하면서 일자리 자체가 부족해 구할 수 없었다는 것입니다. 근대 산업사회를 이끌었던 노동 패러다임이 사실상 막을 내리고 있다는 것이 이 실험을 통해 확인되었습니다.

핀란드의 기본소득 실험은 실패했습니다. 하지만 그 실패는 추가소득을 올릴 수 있는 환경만 만들어주면 실업자들이 적극적으로 일자리를 찾아 나설 것으로 믿었던 핀란드 정부의 기대가 실패한 것입니다. 복지혜택을 줄이고 모든 것을 시장에 맡겨야 한다는 보수우파의 시장만능주의 실험이 실패한 것입니다.

이런 맥락을 이해하지 못한 일부 보수언론과 정치권은 핀란드의 기본소득 실험 실패를 비판하기에 여념 없었습니다. 이는 사실상 그들이 늘 옹호해온 시장경제주의와 신자유주의, 시장만능주의의 실패를 자인한 것이나 다름없습니다.

그런데 사실 핀란드의 기본소득 실험은 실패한 실험이 아닙니다. 최종 평가 보고서에 의하면 핀란드 정부가 애초에 기대한 고용증진 효과는 없었지만 실험에 참가해 기본소득을 수령한 대상자 대부분은 사회에 신뢰감이 높아졌고, 사회생활의 활력을 되찾음으로써 자신감을 갖고 삶을 영위할 수 있었다는 것입니다. 애초 의도는 아니었지만 기본소득 지급이 국민의 정신건강을 향상시키고 인간의 존엄성까지 회복하게 하는 긍정적 부작용까지 낳는다는 사실도 덤으로 확인할 수 있었습니다. 게다가 4차 산업혁명의 시작으로 탈공업화와 디지털 경제 생태계가 빠르게 부상하면서 사회 구조적으로 일자리 부족 현상이 심화되고 있음을 이 실험을 통해 직접 확인하는 중요한 계기가 되었습니다.

1~3차 산업혁명이 지구라는 물리적 공간을 토대로 진행되었다면, 4차 산업혁명은 물리적 공간 자체가 없습니다. 1~3차 산업혁명 당시 기술혁신으로 사라진 일자리가 10이라면, 4차 산업혁명은 100에 가까운 일자리가 사라질 수도 있습니다. 단순히 일자리만 사라지는 것이 아닙니다. 다보스포럼, OECD 등의 각종 보고서도 우려를 표했지만 4차 산업혁명이 본격적으로 시작되면 예상을 뛰어넘는 일자리 소멸과 더불어 엄청난 경제적 불평등과 양극화가 나타날 수 있습니다. 그래서 이미 전 세계 많은 국가에서 재산, 소득, 나이, 성별 등에 관계없이 모든 국민에게 매월 기본적인 삶에 필요한 최소한의 생계비를 지급하는 전통적인 기본소득제에 관한 논의가 활발히 진행되고 있는 것입니다.

특히 코로나19 팬데믹으로 경제활동 자체가 통제됨으로써 폐업을 포함, 엄청난 고통을 감내해야 했던 국민이 늘어나자 많은 국가에서 이 난국을 타개할 적절한 정책으로 기본소득 정책을 다시 테이블에 올리기 시작했습니다. 《21세기 기본소득》의 저자인 벨기에 루뱅대의 판 파레이스Philippe Van Parijs 교수는 기본소득제는 점진적으로 많은 시행착오를 겪겠지만 '뒷문으로 슬쩍' 들어올 수밖에 없는 제도라 했습니다.

　우리도 정파적 이해관계에 치우쳐 무조건 찬성과 반대만을 외칠 것이 아니라 AI 인공지능, 로봇 자동화 등으로 야기되는 일자리 부족 문제를 어떻게 해결할 것인지 진지한 고민과 함께 기본소득제에 관한 건강한 논의를 시작해야 할 때입니다. 우물쭈물하는 사이 '뒷문으로 슬쩍' 들어온 기본소득제가 우리 삶을 좌지우지할지도 모를 일입니다.

법인세 논란,
뭣이 중헌디

법인보다 사람이 먼저다

법인세 논란이 있을 때마다 대한민국 법인세가 다른 나라에 비해 높다고 말하는 분들이 많습니다. 법인세가 높아서 투자가 위축되고 생산이 감소하고 고용이 감소하고, 결과적으로 경제가 제대로 성장하지 못한다는 것입니다. 주로 보수정당, 보수언론, 또 기업의 이익을 대변하는 기관에서 오랫동안 이렇게 주장해왔습니다.

이렇게 법인세 논란이 있을 때마다 근본적인 질문 하나가 늘 떠올랐습니다. 그런데 그전에 정말 우리 법인세는 다른 나라들보다 높을까요? 그래서 경제 성장에 방해가 되었던 걸까요?

현재 우리나라 법인세 최고세율은 24%입니다. 여기에 지방세 2.5%를 더해야 합니다. 그래서 우리나라 법인세 최고세율은 26.5%입니다. 그런데 외국도 대부분 법인세에 지방세가 붙습니다(지방세 없이 국세만 있는 나라들도 있습니다).

독일 법인세는 15.8%입니다. 여기에 추가로 지방정부에 내는 법인세 14.1%를 포함하면 총 법인세는 29.9%나 됩니다. 즉 독일의 법인세는 한국보다 높습니다. 미국도 법인세 최고세율은 21%지만 지방정부에 법인세를 따로 냅니다. 현재 미국 전체 50개 주 중 44개 주에서 추가로 주 법인세가 부과되고 있습니다. 예를 들어, 캘리포니아 지방정부 법인세는 8.8%이므로 캘리포니아에 있는 기업의 총 법인세는 29.8%입니다. 아이오와주는 주 법인세가 무려 12%나 됩니다. 주 법인세율이 9%가 넘는 주도 6개나 됩니다. 아이오와에서 영업 중인 기업의 총 법인세는 33%나 되는 셈입니다. 즉 대부분 우리보다 높습니다. 그래서 법인세 최고세율을 제대로 비교하려면 지방정부 법인세까지 포함한 전체 법인세로 비교해야 옳습니다. 지방정부에서 부과하는 법인세도 똑같은 세금인데 이걸 빼놓고 마치 한국의 법인세가 훨씬 높은 것처럼 이야기하는 것은 잘못입니다.

여기서 살펴볼 한 가지, 주마다 법인세가 다른 미국에서 어떤 주는 12%나 되는 법인세를 내지만 6개 주는 내지 않아도 되는데, 왜 기업들은 그 주들로 옮기지 않는 걸까요? 이를 역으로 생각하면, 법인세만 낮추면 기업의 투자가 활성화되고 경제가 성장할 것처럼 주장하지만 실제로는 법인세가 기업이 투자를 결정하는 중요한 기준이 아니라는 겁니다.

이런 명목세율 비교는 사실 큰 의미가 없습니다. 명목세율은 기업이 실제로 내는 세금이 아닙니다. 여기에 각종 공제, 할인, 비과세 항목 등을 적용하고 난 뒤 실제로 내는 세금인 '실효세율'을 비교해야 올바른 비교입니다. 그런데 나라마다 상황이 달라 실효세율을 정확히 산출하는 것은 매우 어렵습니다. 게다가 OECD 국가 대부분이 단일세율이지만 우리는 순이익에 따라 4단계 구간으로 나뉘어 있어서 실효세율에선 큰 차이까지 납니다.

매년 세계은행World Bank은 법인세에 기업의 각종 부담금을 합친 '총 조세 및 부담률'을 발표합니다. 기업의 실질적인 세 부담 측면에서 본다면 이 자료가 훨씬 더 유용한 자료입니다.

'나라살림연구소'의 김용원 연구위원의 보고서(〈법인세 최고세율 인하 정책에 대한 평가〉 22년 6월)에 의하면 우리나라 기업의 총 조세 및 부담률은 OECD 38개국 중 29위입니다. 2019년 기준 우리나라가 33.2%인 반면, 미국은 36.6%, 일본 46.7%, 독일도 48.8%나 됩니다. OECD 평균도 41.6%로 우리보다 훨씬 높습니다.

결론적으로 한국 기업의 조세부담률은 다른 주요 선진국에 비해 낮은 편에 속합니다. 문제는 이렇게 조세부담률이 낮아지고 복지정책이 약화되면 소득 불평등이 커질 수밖에 없다는 것입니다. 불평등이 커지면 경제적 약자들의 교육 기회가 박탈되고 양질의 인적자본

총 조세 및 부담률 비교(2019)

구분	한국	미국	OECD 평균	세계 평균
부담률	33.2%	36.6%	41.6%	40.4%

자료: 세계은행에서 재구성(Total tax and contribution rate (% of profit) | Data)

형성이 어려워져 경제는 지속적인 성장이 힘들어집니다.

법인세 논란이 있을 때마다 이런 질문이 먼저 떠오릅니다. 법인法人은 사람과 같은 자연인은 아니지만 법률적으로 사람과 같은 권리능력과 의무를 부여받은 주체를 말합니다. 즉, 사람은 아니지만 사람과 똑같이 취급해주겠다는 것입니다.

세상의 모든 법인은 우리 사람들을 위해 만들어졌습니다. 사람들이 보다 더 행복하고 잘살기 위해 법인이라는 새로운 주체가 필요했던 것입니다. 그런데 여기서부터 좀 이상합니다. 분명 사람을 위해 만들었는데, 왜 모든 면에서 자연인보다 법인을 훨씬 더 우대하는 걸까요?

IMF 국가부도나 글로벌 금융위기로 기업이나 은행이 파산 위험에 놓이면 일단 기업부터 살리자고 합니다. 그 기업을 살리기 위해 세금을 쏟아붓고, 직원들은 급여가 삭감되거나 회사에서 잘리는 경우가 허다합니다. 그뿐이 아닙니다. 법인이 돈 좀 아끼겠다고 위험하고 힘든 일을 또 다른 법인, 즉 하청업체에 떠넘기고 있습니다. 위험의 외주화입니다. 하청업체의 직원 대부분은 비정규직, 계약직으로 낮은 임금을 받고 일합니다. 법인은 그들에게 위험을 떠넘깁니다. 결국, 먹고살기 위해 출근했는데 일터에서 주검으로 퇴근하는 안타까운 사고가 너무도 빈번하게 일어나고 있습니다. 법인의 이익을 위해 사람이 죽어가고 있는 것입니다.

그 법인이 내고 있는 세금도 정말 이해하기 어렵습니다. 제 친구초아는 개인사업을 하고 있습니다. 장사가 정말 잘돼서 돈을 많이 벌었습니다. 개인사업자는 종합소득세를 내야 합니다. 만약 5억 원을 벌었으면 최소 42% 이상을 세금으로 내야 합니다. 10억 원이 넘어가면 45%를 냅니다. 초아는 걱정이 많아집니다. 그때 또 다른 친구 주하가 멋진 조언을 해줍니다. "뭐가 걱정이야, 내가 세금을 반으로 줄여줄게."

도대체 주하는 어떻게 반으로 줄여준다고 했을까요? 불법, 탈법이 아닙니다. 정의로운지는 모르겠지만 합법적인 방법이 있습니다. 똑같은 돈을 벌어도 법인을 만들면 세금이 반으로 줄어드는 마법 같은 일이 일어납니다. 초아가 똑같은 5억을 벌었지만 개인사업자라면 42% 세금을 내는데 법인인 경우엔 19%만 내면 됩니다. 만약 2억을 벌었다면 개인사업자인 경우 38%를 내야 하지만, 법인이면 9%만 내면 됩니다.

법인이 자연인보다 비교할 수 없을 만큼 훨씬 유리합니다. 법인은 사람이 아니지만 권리능력과 의무를 부여하고 사람과 똑같이 취급하기로 했습니다. 그런데 유독 세금에 있어서만큼은 자연인에 비해 반만 부과합니다. 아무리 생각해도 이해가 되지 않습니다.

여기에 경제적 불평등과 양극화가 갈수록 심화될 수밖에 없는 비밀이 숨어 있습니다. 우리뿐만 아니라 전 세계적으로 경제적 불평등 문제는 갈수록 심각해지고 있습니다. 미국 상위 400명이 보유한 재산이 하위 60%보다 많습니다. 400명의 재산이 200,000,000명이 가진 재산보다 많다는 겁니다. 그리고 그 격차는 갈수록 벌어지고 있습니다.

그래서 경제적 불평등을 줄이기 위해 부자에게 높은 소득세율을 부과하겠다 합니다. 하지만 부자들에게 아무리 높은 소득세율을 부과해도 경제적 불평등은 쉬이 줄어들지 않습니다. 거의 모든 부자가 법인을 갖고 있기 때문입니다. 법인의 세금은 자연인의 세금보다 훨씬 적습니다. 그리고 그 법인을 통해 주식을 사고 채권을 사고 부동산을 삽니다. 주식으로 아무리 많은 수익이 나도 세금이 거의 없습니다. 심지어 주식을 담보로 돈을 빌려 쓰면 소득공제까지 받을 수 있습니다. 이자만 내면 세금이 사라집니다.

테슬라의 일론 머스크는 이 방법을 통해 2015년에 연방소득세를 겨우 6만 8천 달러, 2017년에는 6만 5천 달러밖에 내질 않았습니다. 심지어 2018년에는 단 한 푼도 내지 않았습니다. 일론 머스크의 연방소득세가 일반 중산층 노동자의 세금과 비슷한 수준입니다. 잘못되어도 한참 잘못됐습니다.

세계 최고 갑부인 제프 베이조스 아마존 창업자도 2014년부터 2018년까지 5년간 재산이 990억 달러(지금 환율로 계산하면 약 130조 원)나 늘었습니다. 하지만 같은 기간 납부한 소득세는 9억 7천만 달러에 그쳤습니다. 늘어난 재산의 1%도 채 안 되는 세금입니다. 미국 탐사전문 매체인 〈프로퍼블리카〉에 따르면 미국 최상위 25명의 재산이 5년 동안 4천억 달러가 늘어났지만, 연방소득세는 136억 달러밖에 되지 않았습니다. 실효세율이 겨우 3.4%에 불과했다는 겁니다.

반면, 같은 기간 미국 40대 중산층을 보면 세후 재산이 6만 5천 달러 늘었고 납부한 연방소득세도 6만 2천 달러에 달했습니다. 늘어난 재산만큼 소득세를 낸 것입니다. 부자들은 거의 세금을 내지 않는데 중산층은 소득의 절반가량을 세금으로 내고 있습니다.

그러니 아무리 소득세를 올려도 부의 불균형은 해소되지 않습니

2006-2018 제프 베이조스와 미국 중산층의 재산과 소득세

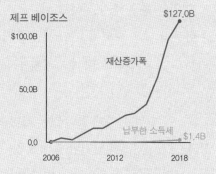

제프 베이조스

$127.0B

$100.0B

재산증가폭

50.0B

0.0

납부한 소득세 $1.4B

2006 2012 2018

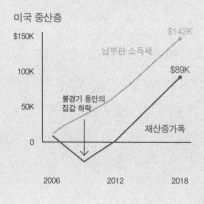

미국 중산층

$142K

$150K

납부한 소득세

100K

$89K

50K

불경기 동안의
집값 하락

0

재산증가폭

2006 2012 2018

자료: 프로퍼블리카

다. 잘못되어도 한참 잘못됐습니다. 정말 경제적 불평등을 완화하고 자산 불균형을 바로잡겠다면 법인세를 올리는 편이 훨씬 더 효과적입니다. 소득세는 올려봐야 감기 환자에 소화제를 주는 것과 다를 바 없습니다.

그러니 법인세가 다른 나라에 비해 높니 어떠니, 많니 적니 하는 논쟁이란 얼마나 쓸데없고 소모적인지 모르겠습니다.

법률적으로 사람과 같은 권리능력과 의무를 부여받은 법인은 사람을 위해 만들었는데, 사람이 법인보다 못한 세상이 되어가고 있습니다. 세상의 주인은 법인이 아니고 사람입니다. 법인이 아니라 사람이 우대받고, 사람이 먼저여야 합니다. 그게 사람 사는 세상입니다.

최저임금에 관한 오해 1

최저임금이 오르면 일자리가 감소한다

대통령 집무실 용산 이전 때도 비슷한 일이 있었습니다. 그때도 전경련(전국경제인연합회)은 용산으로 집무실을 이전하면 무려 3조 3천억 원의 GDP 증가 효과가 있을 것이라 했습니다. 국내 대학의 경제학과에 의뢰한 보고서를 인용했습니다. 정말 민망하고 낯뜨거운 보고서였습니다. 그런데 이번에도 전경련입니다. 전경련의 의뢰로 국내 한 대학에서 〈최저임금 상승이 일자리에 미치는 영향〉이라는 보고서를 냈습니다. 전경련은 보고서를 인용해 최저임금이 1만 원이 되면 일자리가 6만 9천 개 감소한다고 발표했습니다.

자세히 살펴볼 가치도 없는 보고서입니다. 경제학은 원래 정해진 정답이 없습니다. 사람들은 경제학이 사회과학 범주에 속하고 주로 숫자와 데이터를 이론의 근거로 제시하니 마치 수학처럼 정답이 있을 것으로 생각합니다. 그런데 사실은 전혀 그렇지 않습니다. 수학처럼 정답이 있었다면 우리가 IMF 국가부도나 대공황 같은 숱한 경제 위기를 반복적으로 겪었겠습니까?

경제학에는 현실과 전혀 맞지 않는 가정을 전제로 계산하고 그 결과로 만들어낸 이론이 수없이 많습니다. 수많은 경제학 이론에 이런 조건이 붙습니다. 'OO는 없다고 가정한다.' 경제학에서는 이를 '세테리스 패러버스ceteris paribus'라 합니다. 거창하고 뭔가 있어 보이는 말 같지만 사실 별말 아닙니다. 결과에 영향을 주는 변수가 무수히 많을 때는 다른 변수는 없다고 가정하고 계산한다는 뜻입니다. 쉽게 말해 그냥 마음대로 대충 계산했다는 뜻입니다.

그러니 용산 집무실 이전의 경제 효과가 얼마며 최저임금이 1만 원이 되면 일자리가 줄어드니 하는 이야기는 완전 헛소리일 가능성이 매우 높습니다. 사실 최저임금 1만 원이 되면 일자리가 감소할지, 아니면 늘어날지 아무도 모릅니다. 하지만 지나온 과거의 역사와 데이터로 미래를 예측해볼 수는 있습니다. 적어도 과거의 데이터는 '세테리스 패러버스'로 계산하지는 않았습니다.

영국이 70년간 시행해온 최저임금제를 폐지한 적이 있습니다. 레이건과 함께 신자유주의 시대를 열었던 마가렛 대처 수상은 보수정치세력, 보수언론들과 힘을 합쳐 1979년에 최저임금제를 폐지했습니다. 최저임금제를 폐지하면 일자리가 늘고 경제가 성장할 것이라 했지만 기대와 달리 결과는 매우 참혹했습니다. 최저임금제를 폐지한 이후 약 15년 동안 영국 경제는 경기침체와 함께 빈곤상승률이 가파르게 올랐고 심각한 경제적 불평등을 겪었습니다. 빈곤상승률은 같은 기간 다른 유럽 국가들에 비해 두 배 이상 높았습니다. 국민들은 삶이 피폐해지고 생활고로 고통을 받았습니다.

1997년 노동당의 토니 블레어 총리가 집권하면서 다시 최저임금제를 도입했습니다. 그러자 경영자들 중심으로 최저임금제가 부활되면 해고가 늘어나고 실업률이 증가할 것이라며 강하게 반대하고 나섰습니다. 하지만 그들의 주장이 거짓임이 밝혀지는 데는 그리 오랜 시간이 걸리지 않았습니다. 최저임금제가 부활되고 5년도 지나지 않아 놀라운 변화가 일어났습니다. 전체 실업률이 7.5%에서 4.7%로 드라마틱하게 떨어졌습니다. 최저임금제가 다시 도입되자 구매력을 갖춘 건강한 소비계층이 생겨나면서 내수 소비가 살아났고, 살아난 내수를 바탕으로 다시 생산과 고용이 증가하면서 경제 성장률도 크게 높아졌습니다. 물론 경제적 불평등도 눈에 띄게 개선되었습니다. 심지어 보수당의 총리 데이비드 캐머런조차도 최저임금제는 기대했던 것보다 훨씬 더 성공적인 정책이었으며, 실업을 증가시키는 요인으로 작용하지 않았다고 최저임금제를 옹호하고 나섰습니다. 현재도 영국 정부는 지금까지 실시한 수많은 경제정책 중 가장 성공한 것으로 '최저임금제 부활'을 꼽습니다. 가정을 전제로 경제 효과가 얼마 얼마 기대된다는 '세테리스 패러버스'가 아닙니다. 이는 역사적 사실입니다.

문재인 정부 당시 거의 모든 언론은 최저임금 때문에 나라가 망할 것처럼 보도를 쏟아냈습니다. 고용통계가 나오기만 하면 최저임금 때문에 일자리가 사라진 것처럼 왜곡, 아니 조작에 가까운 악의적 보도를 했습니다. 당시 언론 보도만 보면 우리나라는 망해도 벌써 망했습니다. 지금은 아무도 언급하지 않는, 지구상에서 갑자기 사라

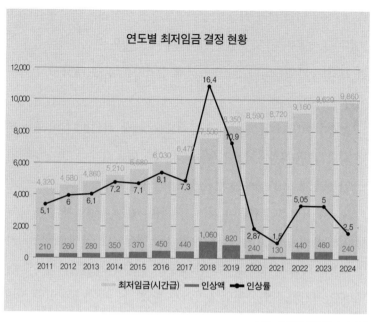

연도별 최저임금 결정 현황

최저임금(시간급) · 인상액 · 인상률

출처: 최저임금위원회 홈페이지

진 나라 베네수엘라행 특급열차는 보수정당과 보수언론의 가장 인기 있는 여행상품이었습니다.

그 시절, 정말 최저임금 인상으로 일자리가 줄어들었을까요? 2018년, 2019년은 최저임금 인상률이 가장 높았습니다. 2018년 최저임금은 16.4% 인상된 7,530원이었고, 2019년에도 10.9%가 증가한 8,350원이었습니다. 모두 최저임금이 두 자리 수 이상 크게 인상됐습니다. 그런데 이상한 일입니다. 오히려 일자리가 늘었습니다. 최저임금과 직접적인 관련이 있는 임금 근로 일자리가 2018년 1분기에 31.5만 개 증가했습니다. 4분기에도 35.9만 개 증가했습니다. 2018년 연간 평균 약 29만 개 임금 근로 일자리가 증가했습니다. 2019년은 1분기에 50.3만 개, 3분기에는 65.3만 개, 4분기에도 59.2만 개나 증가했습니다. 2019년 전체 취업자도 전년 대비 30.1만 명이나 증가했습니다.

그뿐이 아닙니다. 최저임금 인상으로 가장 취약할 것이라고 했던 숙박 및 음식점에서조차 일자리가 증가했습니다. 2018년에는 평균 약 3만 개, 2019년에는 평균 5.5만 개가 증가했습니다. 오히려 최저임금과 직접적인 관련이 있는 고용원이 있는 자영업자 수는 증가했고, 고용원이 없는 자영업자 수가 감소했습니다. 영세 자영업자가 안정적인 임금 근로자로 이동한 것으로 추정됩니다. 여기까지만 살펴봐도 최저임금 인상으로 일자리가 줄었다는 이야기는 일단 신뢰하기 힘듭니다. 참고로 이명박 정부 5년 동안 자영업자 일자리는 28만 개 줄었고, 박근혜 정부 4년 동안은 16만 개 이상 줄었습니다. 보수정부를 탓하려는 게 아닙니다. 최저임금이 오르면 무조건 일자리가 줄어든다는 주장이 틀렸음을 이야기하는 것입니다.

그냥 지어낸 말이 아닙니다. 또 대통령 집무실 이전의 경제 효과 예측처럼 말도 안 되는 추정치도 아닙니다. 지금 당장 통계청에서 확인 가능한 실제 통계 데이터들입니다. 최저임금이 1만 원이 되면 일자리가 줄지, 일자리가 늘지 아무도 알 수 없지만, 합리적인 사람이라면 대학의 세테리스 패러버스에 의한 보고서보다는 과거 최저임금이 올랐을 때의 실제 일자리 통계 데이터나 과거 영국의 사례를 훨씬 더 신뢰할 것입니다.

쐐기를 박는 사례를 하나 더 소개하겠습니다. 최저임금을 올리면 일자리가 감소한다는 주장은 완전 틀린 주장이라는 것을 실증적 사례로 입증한 경제학 교수가 있습니다. UC 버클리대 경제학과의 데이비드 카드David Card 교수입니다. 2021년 노벨 경제학상 수상자이기도 합니다.

미국 뉴저지주는 1992년 4월 최저임금을 4.25달러에서 5.05달러로 인상했습니다. 하지만 바로 인접한 펜실베이니아주는 최저임금을 인상하지 않고 4.25달러 그대로 유지했습니다. 데이비드 카드는 인접한 동네의 최저임금 차이는 최저임금이 고용에 미치는 효과를 확인해보기 좋은 기회라 생각했습니다. 그는 뉴저지와 펜실베이니아 경계에 있는 410개 패스트푸드점을 대상으로 설문조사 등을 통해 약 4년간 고용률을 분석했습니다. 그런데 실험 결과는 기존 경제학 교과서의 내용과는 완전히 달랐습니다. 오히려 최저임금이 오른 뉴저지의 고용률은 증가했고 펜실베이니아의 고용은 그대로 정체 상태를 보인 것입니다.

이처럼 실험군과 대조군 실험 방식을 통해 최저임금 인상과 고용은 특별한 인과관계가 없다는 것을 증명한 공로를 인정받아 데이비드 카드 교수는 2021년 노벨 경제학상까지 수상합니다.

세테리스 패러버스에 의한, 대충 마음대로 이야기한 경제학자의 말을 믿어야 할까요? 아니면 노벨 경제학상 수상자의 말을 더 믿어야 할까요? 킬러 문항이 아닙니다. 누구나 쉽게 정답을 고를 수 있는 문제입니다.

지금부터는 부정부패가 우리 경제에 얼마나 부정적 영향을 끼치는지, 저도 세테리스 패러버스를 사용해 경제적 효과를 추산해보겠습니다. 분명히 말씀드립니다. 세테리스 패러버스를 사용해 대충 마음대로 추산하겠다고요. 그러니 숫자가 정확하니 어떠니 시비 걸지 마시길 바랍니다. 대신 매우 공신력 있는 기관의 추정치나 보고서를 인용하겠습니다.

2013년 세계은행과 세계경제포럼World Economic Forum에서 뇌물 등의 부정부패가 GDP의 3~5%에 해당하는 경제적 손실을 초래한다고 추정한 적이 있습니다. 또 '국민권익위원회'의 의뢰로 서울대도 2017년 11월에 〈부패와 경제 성장의 상관관계 연구〉 보고서를 발표했습니다. 보고서에 따르면 국가청렴도의 국제적 기준이 되는 부패지수CPI(Corruption Perceptions Index)가 5년 동안 10점만 개선되어도 10조 원 추경효과의 2.6배에 해당하는 경제 성장 효과가 있다는 것입니다. 또 매년 2만~5만 개의 일자리가 창출되고 2025년엔 33만 개의 새로운 일자리가 늘어난다고 했습니다.

보고서 내용을 쉽게 말씀드리면, 도이치모터스 주가조작을 하거나, 사무장 병원을 불법 운영해 요양급여를 불법 편취하거나, 뇌물로 퇴직금을 50억 원씩 받거나, 잔고증명서를 불법 위조하는 등의 부정부패가 만연하면 우리 GDP의 3~5%만큼 경제적 손실이 발생한다는 것입니다. 우리나라 1년 GDP를 2천조 원으로 본다면, 무려 100조 원의 천문학적인 경제적 손실이 발생한다는 말이죠. 달리 말하면 도이치모터스 주가조작 범죄 등 자본시장의 근간을 흔드는 중범죄를 엄벌에 처하는 것만으로도 국민소득이 100조 원이나 증가하고 일자리가 33만 개 이상 늘어난다는 것입니다.

천만 번 양보해서 대통령 집무실을 이전하면 경제 효과가 있다고 칩시다. 또 최저임금을 인상하면 일자리가 줄어든다고 합시다. 그래 봐야 경제 효과는 겨우 3조 3천억 원에 그치고 줄어드는 일자리 개 수도 6만 9천 개에 불과합니다. 부정부패를 때려잡는 쪽이 경제적으로도 훨씬 더 이득이 크다는 이야기입니다.

무엇보다 우리 경제는 지금 풍전등화의 위기에 놓여 있습니다. 이럴수록 지식인이라면 제대로 된 목소리를 내야 합니다. 목에 칼이 들어와도 아닌 건 아닌 겁니다. 지식을 팔아야 할 대학교수가 영혼과 양심을 팔아서야 되겠습니까?

최저임금에 관한
오해 2

최저임금이 오르면 저소득층 소득이 감소한다

한경연(한국경제연구원)이 2023년 7월 〈최저임금의 쟁점과 경제적 영향〉이라는 보도자료를 냈습니다. 노동계가 처음 요구한 대로 최저임금이 12,210원이 되면 우리나라 GDP와 저소득층의 소득이 크게 감소한다는 것이 주된 내용이었습니다.

한경연은 전경련(전국경제인연합회)의 산하기관입니다. 그래서 지금까지 한경연의 보고서는 대부분 재벌 대기업의 입장을 주로 반영해왔습니다. 그런데 앞으론 전경련이 아예 한경연을 흡수 합병해 한국경제인협회(한경협)로 '간판'을 바꿔단다고 합니다. 그러니 〈최저임금의 쟁점과 경제적 영향〉 보고서도 재벌, 대기업의 입장만을 대변하는 맞춤형 보고서일 가능성이 높습니다. 객관성, 신뢰성과는 거리가 멀어도 너무 멀어 보입니다.

숫자는 지루하고 재미가 없습니다. 악惡은 괴담이든 아니든 상관없이 내지르며 거침없이 달려가면 그만이지만 선善은 지루하고 재미없는 숫자들로 악이 내지른 거짓들을 하나씩하나씩 증명해 나가야 합니다. 그래서 선의 길은 고되고 힘듭니다. 하지만 사실에 근거한 숫자는 힘이 있습니다. 그 힘을 믿고 우리는 또 지루하고 재미없는 숫자 이야기를 힘들게 해보겠습니다.

2018년과 2019년, 최저임금이 두 자릿수 이상 인상됐습니다. 한경연의 주장대로라면 2018년과 2019년에 저소득층의 소득은 크게 감소했을 것입니다. 정말 그랬을까요? 그때 숫자들은 실제로 어땠을까요?

일단 임금을 받는 일자리가 크게 늘었습니다. 2018년, 2019년 모두 매 분기마다 적게는 24만 개에서 많게는 65만 개까지 늘었습니다. 심지어 가장 취약할 것이라고 했던 숙박 및 음식점에서조차도 일자리가 늘었습니다. 2019년 고용률은 60.9%로 역대 최고치였고, 연간 전체 취업자 증가수도 30.1만 명에 달해 역대급 고용성적을 보였습니다.

임금 일자리가 증가하니 2018년 임금근로자 전체 소득증가율이 전년 동기 대비 7.5%나 증가했습니다. 2004년 이후 최대 폭입니다. 2016년과 2017년에는 단 한 차례도 임금근로자 소득증가율이 경제성장률을 넘어서지 못했습니다. 근로자 가구의 소득이 그대로 정체되어 있었다는 의미입니다.

그런데 이상한 일입니다. 최저임금을 두 자릿수 이상 크게 올렸던 2018~2019년은 모두 임금근로자 소득증가율이 경제 성장률을 넘어섰습니다. 이는 곧 하위 근로소득자의 소득이 증가했음을 의미합니다. 저임금 노동자 비중을 봐도 바로 확인됩니다. 이명박, 박근혜 정부에서 23~24%에 달했던 저임금 노동자 비중이 최저임금을 크게 올렸던 2018년에는 19%까지 대폭 떨어졌습니다. 여기까지만 살펴봐도 최저임금이 오르면 저소득층의 소득이 감소한다는 한경연의 주장은 일단 틀렸습니다.

소득불평등을 나타내는 대표적인 지표가 세 가지 있습니다. 지니계수, 상대적 빈곤율, 5분위 배율입니다. 지니계수가 0에 가까울수록 소득분배가 양호하다는 뜻입니다. 2017년 0.354였던 지니계수

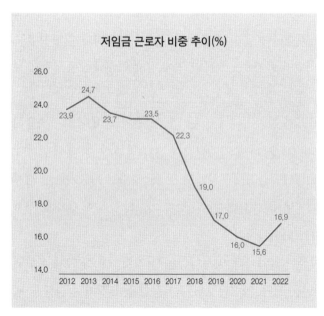

출처: 통계청, OECD 'Earning'

는 2018년 0.345, 2019년은 0.339로 개선되었습니다. 2020년은 무려 0.331까지 떨어졌습니다. 2011년 이후 가장 낮은 수치입니다.

상대적 빈곤율은 중위소득의 50% 이하에 속한 인구수를 전체 인구수로 나눈 비율을 말합니다. 2017년 17.3에서 2018년 16.7, 2019년은 16.3으로 떨어졌습니다. 상대적 빈곤율이 하락했다는 것은 저소득 빈곤층이 줄어들었다는 의미입니다. 5분위 배율도 2018년 기준으로 드라마틱하게 떨어졌습니다.

지어낸 이야기도, 괴담도 아닙니다. 모두 팩트에 근거한 숫자입니다. 이 숫자들이 가리키는 것은 명쾌합니다. 최저임금을 올렸더니 저소득 노동자의 소득이 증가했고, 소득불평등은 크게 줄었다는 것입니다. 그러니 한경연의 보도자료는 일단 신뢰하기 어렵습니다.

그리고 최저임금 결정 때마다 똑같은 내용의 언론 기사들이 쏟아집니다. 이번에도 어김없습니다. 최저임금이 오르면 자영업자가 문을 닫아야 한다거나 빚내서 직원 월급을 줘야 한다는 기사들이 대부분입니다. 지금껏 영세 자영업자의 삶에는 무관심하고 오직 재벌과 대기업 이익에만 관심을 보였던 언론들이 최저임금 결정 시기만 되면 영세 자영업자의 오랜 친구인 척 돌변합니다. 도무지 이해할 수 없는 변신입니다.

미국도 우리나라처럼 최저임금 논란이 크게 일었던 적이 있습니다. 그런데 그 모습은 우리와는 전혀 달랐습니다. 당시 버락 오바마 미국 대통령은 연방정부의 최저임금을 7.25달러에서 최소 15달러 수준으로 올려야 한다고 주장했습니다. 그래야 건강한 구매력을 갖춘 소비 계층과 중산층이 생겨나고 내수시장 회복으로 이어져 미국

지니계수
(처분가능소득)

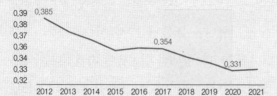

상대적 빈곤율
(처분가능소득)

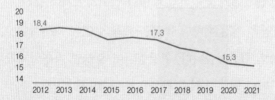

소득5분위 배율

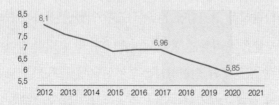

출처: 통계청, OECD 'Earning'

경제도 지속적이고 안정적인 성장이 가능하다고 했습니다. 그는 신년 국정연설에서 "최저임금 인상을 반대하는 사람이 있다면, 그리고 최저임금으로 가족을 부양할 수 있다고 진심으로 믿는다면, 한 번 그렇게 살아보라"라고 일갈하기도 했습니다.

2019년 미국은 20개 주와 21개 도시에서 최저임금을 오바마 주장대로 시간당 15달러까지 44%나 인상했습니다. 당시 대부분의 미국 언론들은 저임금 노동자 약 1,700만 명이 많은 혜택을 볼 것이며 이들의 소득 증가가 미국 경제 성장에 큰 도움이 될 것이라는 논평이나 기사를 내놓았습니다. 눈을 씻고 봐도 우리처럼 최저임금이 올라서 가게가 문을 닫는다느니 경제가 망할 거라는 기사는 찾아볼 수 없었습니다.

그런데 실제로 우리 언론의 주장처럼 최저임금이 올라서 자영업자들이 가게 문을 닫았을까요? 최저임금 논란이 있을 때마다 늘 화제의 중심은 편의점입니다. 언론 보도만 보면 최저임금 인상으로 편의점 점포수가 그동안 대폭 감소했을 것 같지만 사실 점포수는 그동안 계속 늘었습니다. 그럴 만한 이유가 있습니다. 편의점의 경우 점포에서 매출이익으로 100을 벌면 본사가 프랜차이즈 가맹 수수료로 약 30~40을 가져갑니다. 그리고 건물주가 최소 20~25를 가져갑니다. 공과금 등 기타 부대비용도 15~20은 듭니다. 즉 얼마를 벌든 간에 매출이익의 70~80은 사라지고 없습니다. 그러다 보니 한 달에 겨우 1백만 원 남짓의 수익을 올리는 편의점 사장님들이 적지 않습니다.

하지만 본사 사정은 완전 다릅니다. 애초 편의점 점포 사장이 돈을 벌든 말든 상관없이 점포가 늘면 무조건 수익도 느는 구조입니다. 점포 매출이익에서 프랜차이즈 가맹 수수료 30~40을 먼저 가져가기 때문입니다. 그러니 해마다 편의점 점포수가 몇천 개씩 늘어나고 있습니다. 2019년에 37,811개였던 편의점 점포수는 2022년 말 기준 45,975개로 불과 3년 만에 8천 개나 늘었습니다. 편의점 간 거리 제한이나 경쟁심화 문제는 오로지 점포 사장만의 문제로 남습니다.

통계청의 '2021년 소상공인 실태조사'에서도 이는 바로 확인됩니다. '2021년 소상공인 실태조사'에 따르면 소상공인 사장들이 뽑은 가장 큰 경영 애로 사항은 '최저임금'이 아니라 '경쟁심화'가 그 첫 번째였습니다. 그다음으로 '원재료비', '상권쇠퇴', '방역조치' 등의 순서였습니다. 망국적인 논란을 일으켰던 최저임금 문제는 임차료보다도 낮은 순위였습니다. 그러니 언론들이 쏟아낸 기사들도 사실과는 거리가 멀어 보입니다.

최저임금이 오르면 자영업자나 기업들은 당장 경영상 부담이 될 수 있습니다. 그걸 모르는 사람은 없을 겁니다. 하지만 최저임금법은 노동자의 생존권을 보장하기 위한 법입니다. 노동자의 생활안정과 노동력의 질적 향상을 꾀함으로써 국민 경제의 건전한 발전에 이바지하는 것을 목적으로 하고 있습니다. 오늘날 이만큼 살게 된 것도 저임금 노동자의 희생이 있었기에 가능했음을 그 누구도 부인하기 힘들 것입니다. 이제는 그들에게도 그 희생의 크기에 알맞은 처우와 존중이 있어야 합니다. 우리는 함께 잘살아야 합니다. 그래야 더욱 멀리 갈 수 있습니다.

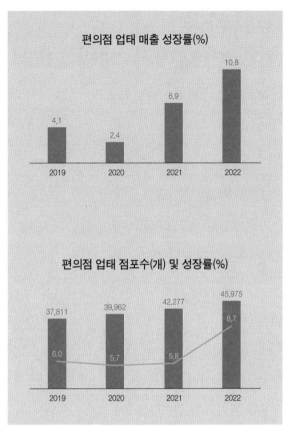

편의점 업태 매출 성장률(%)

2019	2020	2021	2022
4.1	2.4	6.9	10.8

편의점 업태 점포수(개) 및 성장률(%)

2019	2020	2021	2022
37,811	39,962	42,277	45,975
6.0	5.7	5.8	8.7

출처: 산업통상부

국민연금,
협박 마케팅은 제발 그만!

나라가 망하지 않는 한 받을 수 있다

'국민연금' 얘기가 나오면 어김없이 나오는 걱정이 있습니다. 돈은 열심히 냈는데 혹시 연금을 못 받음 어떡하지 하는 걱정입니다. 언론에서도 국민연금 관련 기사에는 늘 '국민연금 고갈'이라는 무서운 단어가 따라붙습니다. 그리고 자연스레 기금이 고갈되면 연금을 받지 못할 것이라는 불안으로 이어집니다.

그런데 국민연금 고갈 문제는 갑자기 툭 튀어나온 문제가 아닙니다. 1988년에 국민연금이 만들어질 때부터 기금이 고갈되도록 설계되어 있었습니다. 납입하는 사람은 많고 받는 사람이 적으면 기금이 계속 쌓이다가, 납입자보다 수령자가 많은 순간을 지나면 그때부터는 기금 적자가 발생합니다. 기금 적자가 계속되면 결국 언젠가는 기금이 고갈되고 그때부터는 자연스레 '부과방식'으로 변경되도록 애초부터 설계돼 있었던 것입니다. 없었던 문제가 갑자기 생겨난 것이 아닙니다.

가능한 늦추면 좋겠지만 언젠가는 적자가 시작되고 기금이 고갈되는 것은 너무나 당연합니다. 그런데 마치 일어나서는 안 되는 일처럼 불안을 조성하고 또 그 불안으로 국민연금에 대한 신뢰도마저 떨어뜨리는 언론 기사가 많습니다. 게다가 미래 세대는 연금을 못 받을 뿐만 아니라 더 많은 비용을 부담할 수 있다는 세대 간 갈등까지 부추깁니다.

국민연금에 대한 신뢰도가 떨어지면 보험료 납입에 대한 거부감만 커집니다. 국민연금 개혁은 필요하지만 필요 이상의 불안감을 조정하고, 기금 신뢰도를 추락시키고, 세대 간 대결을 부추기는 방식으로 논의나 담론이 진행되는 것은 실질적인 개혁에 아무 도움이 되지 않습니다.

결국 국민연금의 기금 건전성은 납입요율이 올라야 가능한데 국민 신뢰도가 떨어지면 납입요율 인상도 어려워집니다. 사실상 국민연금 기금의 건전성을 더 나쁘게 훼손하는 것이나 다름없습니다. 그리고 국민연금 개혁 방향도 기금의 재정건전성 문제에 초점을 맞출 것이 아니라 국가가 어떻게 국민의 안정적인 노후를 보장할 것인지를 고민하는 방향으로 가야 합니다.

국민연금의 재정 추계는 5년마다 이루어집니다. 지난 4차 재정 추계(2018년) 때는 기금 소진 시점이 2057년이었습니다. 이번 5차 재정 추계(2023년)에서는 2055년으로 2년 앞당겨졌습니다. 그런데 이를 두고 국민연금이 좌초될 위기, 난파 위기라며 공포심을 조장하는 목소리가 높습니다. 정기적으로 국민연금의 재정 추계를 하는 이유는 재정건전성을 그때그때 정확히 평가하기 위함입니다. 출생률과 사

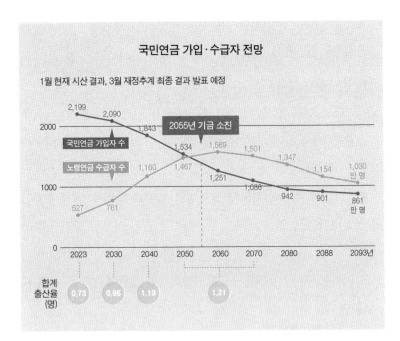

국민연금 가입·수급자 전망

1월 현재 시산 결과, 3월 재정추계 최종 결과 발표 예정

2055년 기금 소진

국민연금 가입자 수

노령연금 수급자 수

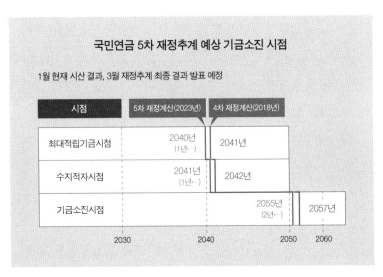

국민연금 5차 재정추계 예상 기금소진 시점

1월 현재 시산 결과, 3월 재정추계 최종 결과 발표 예정

시점	5차 재정계산(2023년)	4차 재정계산(2018년)
최대적립기금시점	2040년 (1년←)	2041년
수지적자시점	2041년 (1년←)	2042년
기금소진시점	2055년 (2년←)	2057년

자료: 국민연금 재정추계전문위원회

망률, 경제 성장률, 기금운용 수익률 등이 연금 수지에 큰 영향을 미치는데 5년마다 정확히 기금의 재정건전성을 평가해 부족한 부분을 개선하고 또 미리 대응하기 위함입니다.

특히 우리나라는 사실상 지구상에서 가장 낮은 출생률을 기록하고 있습니다. 제가 태어난 1970년대에는 매년 백만 명씩 신생아가 태어났습니다. 지금은 겨우 25만 명 수준입니다. 무려 4분의 1로 줄었습니다. 게다가 과거처럼 고성장을 기대할 수도 없습니다. 다른 요소에 크게 변동이 없다면 저출산, 고령화, 그리고 저성장으로 인해 기금 고갈 시점은 앞당겨질 수밖에 없습니다.

그리고 고갈 시점이 2년 앞당겨진 추계는 지금 조건이 그대로 유지된다는 조건하에서 나온 추계입니다. 국가가 재정을 지원하거나 납입요율을 올리면 기금 소진 시점은 더 늘어납니다. 1988년 국민연금 출범 당시 납입요율은 3%였습니다. 그런데 소득대체율은 무려 70%에 달했습니다. 지금 생각해보면 정말 말도 안 되는 조건으로 출발한 것입니다. 돈은 아주 적게 내면서 연금은 많이 받도록 설계된 것이지요. 사실상 포퓰리즘 정책입니다. 군사 쿠데타로 집권한 전두환 정권이 정통성 결여를 이런 선심성 정책으로 메우려 했던 것으로 보입니다.

그 이후 역대 정부는 국민연금 보험료 납입요율은 올리고 또 받을 연금은 줄여야 하는, 모든 국민이 싫어하는 무거운 짐을 떠안게 되었습니다. 기금 소진 시점을 늘리거나 소득대체율을 높이려면 현실적으로 납입요율을 올리거나 또 납부기간을 늘리는 것 외에 특별한 방법이 없습니다. 납입요율 인상은 대다수 국민의 불만을 사고 또 세대 간, 계급 간 갈등 등 많은 논란이 낳을 수도 있습니다. 그래서 충분한 논의와 국민적 합의과정이 필요합니다.

조금 이상하게 들릴지도 모르지만, 국민연금 기금 소진은 달리 생각하면 바람직한 현상이기도 합니다. 국민연금과 국민건강보험은 강제 저축의 성격을 갖고 있습니다. 싫든 좋든, 누구나 돈을 내야 합니다. 저축을 강요해놓고 낸 돈보다 적게 돌려주겠다면 국민연금이 제대로 운영될 리 없습니다. 당연히 낸 돈보다 더 많이 돌려받아야 합니다. 그렇다면 언젠가는 적자가 되고 또 기금이 소진되는 시점이 올 수밖에 없습니다. 다만 이때 기금의 적자는 지속가능해야 합니다. 우리 사회가 감당할 수 있는 수준의 적자여야 한다는 말입니다. 또 국가 재정이 필요한 시점이 온다면 기금의 적자를 감당할 만한 수준으로 적정하게 유지시킬 수 있어야 합니다.

기금을 쌓아두고 연금을 지급하는 제도를 '적립방식'이라 하고, 쌓아둔 기금 없이 현재 일하고 있는 사람이 낸 보험료로 은퇴자들에게 연금을 지급하는 제도를 '부과방식'이라 합니다.

우리 국민연금은 현재 적립방식을 택하고 있는데, 그래서 기금 소진 여부가 늘 문제가 됩니다. 국민연금 재정 추계를 통해 기금 고갈 시점이 다가오면 지급방법을 자연스레 부과방식으로 바꿀 수밖에 없습니다. 우리보다 앞서 국민연금제도를 실시했던 나라들도 대부분 초기에는 적립방식으로 시작했다가 기금이 소진되고 제도가 성숙되면서 부과방식으로 전환된 사례가 많습니다.

부과방식으로 바꾼다 하더라도 보험료를 납입하는 사람은 적고,

연금을 받는 사람이 훨씬 많아지면 세대 간 갈등이나 기금의 신뢰성에 문제가 생길 수 있습니다. 그때는 지금의 군인연금이나 공무원연금처럼 국가 재정으로 기금을 지원할 수밖에 없는 상황이 올 수 있습니다. 그래서 기금의 적자는 국가 재정으로 감당할 만한 수준을 유지하는 것이 중요합니다.

국민연금에 국가 재정이 들어간다고 하면 제일 먼저 국가부채를 걱정하는 분들이 많습니다. 정부가 그동안 국가의 재정건전성을 과도하게 강조하다 보니 우리도 모르게 국가부채가 조금만 늘어도 큰일이라도 날 것처럼 생각합니다.

국민연금의 가장 중요한 목표는 기금의 재정건전성이나 국가 재정건전성이 아니라 국민의 안정적인 노후생활 보장입니다. 게다가 우리의 재정건전성은 지구상의 어떤 나라와 견주어도 양호한 수준입니다. 우리나라의 국가채무는 GDP 대비 50%가 채 되지 않습니다. 우리 경제 규모 등을 감안할 때 사실 양호해도 너무 많이 양호한 편입니다. 그러다 보니 보수적인 IMF나 OECD에서조차 대한민국에는 보다 더 적극적인 재정 정책이 필요하다고 핀잔까지 주는 실정입니다.

참고로 지금도 기초연금과 공무원연금, 군인연금 등 공적 연금에 매년 국가 재정이 사용되고 있습니다. 기초연금에는 매년 20조 원이, 기타 복지정책에도 국가 재정이 쓰입니다. 국민연금도 결국 복지정책으로 봐야 하는데 국민연금에만 국가 재정을 사용할 수 없다고 선을 긋는 것은 말이 안 됩니다.

결론적으로 말씀드리면, 국가가 망하지 않는 한 국민연금은 반드시 받을 수 있습니다. 그리고 기금 고갈 시점까지는 아직 시간이 충분해서 기금의 재정건전성을 확보할 여러 방안을 강구할 수도 있습니다. 기금 고갈 시점이 결국 오더라도 연금 지급을 위한 재원 마련을 적립방식에서 부과방식으로 바꾸어 지급할 수도 있습니다. 그리고 필요한 시점이 오면 국가 재정을 사용해서라도 반드시 국민연금을 지급하게 됩니다. 전 세계적으로 170개국이 넘는 국가가 공적연금제도를 운영하고 있지만 연금 지급을 못한 나라는 단 한 곳도 없습니다.

그런데도 과도한 공포분위기를 조성해 국민연금 제도 자체에 대한 신뢰를 떨어뜨리고 납입요율 인상도 어렵게 만드는 것은 결과적으로 기금의 재정건전성을 더욱 훼손하는 일입니다. 실질적으로 국민연금 개혁에도 아무 도움도 되지 않습니다. 실제로 제 주위에는 해지할 수 있다면 국민연금을 즉시 해지하고 다른 개인연금 상품에 가입하고 싶다는 분들이 많습니다.

2023년 4월 말 기준 국민연금의 기금적립금은 976조 원입니다. 1988년 이후 2022년까지 연평균 누적수익률은 5.11%입니다. 976조 원 중 무려 531조 원이 운용수익금입니다. 1988년 이후 연금보험료로 757조 원을 적립했고 운용수익으로 531조 원의 실적을 거뒀습니다. 지금까지 총 301조 원을 연금으로 지급해서 현재 기금적립금이 976조 원입니다. 즉 어떤 금융상품보다 국민연금 수익률이 훨씬 좋다는 걸 말씀드리는 겁니다. 민간 보험사의 연금 상품은 각종 사업비와 운용 수수료 등 제비용이 매우 많은 편입니다. 제비용을 제하고 나면 연금 수익률은 겨우 1~2%에 그치는 경우도 많습니다.

반면에 국민연금은 기금 운용에 관한 비용이 매우 적어 수익률 대부분을 가입자에게 돌려줍니다. 연금으로 돌려받는 수익률만 비교해도 국민연금이 민간 보험사 연금 상품보다 훨씬 더 높습니다. 그러니 국민연금을 해지하고 민간 보험사의 다른 연금 상품에 가입하겠다는 것은 수익률이 좋은 상품을 해지하고 수익률이 더 낮은 상품에 가입하겠다는 말입니다. 결코 옳은 판단이 아닙니다.

그리고 민간 상품과 달리 국민연금에는 소득재분배 기능이 녹아 있습니다. 소득에 따라 수익비가 다릅니다. 수익비란 쉽게 말해 내가 낸 돈에 비해 수령하는 연금의 비율을 말합니다. 내가 낸 돈만큼 연금을 받는다면 수익비는 1이 되고, 낸 돈의 두 배를 받으면 2가 됩니다. 저소득계층은 본인이 낸 보험료에 비해 상대적으로 더 많은 연금을 받도록 설계돼 있습니다. 수익비가 높다는 이야기입니다. 반면에 고소득계층은 저소득계층에 비해 상대적으로 연금 수익률이 떨어집니다. 수익비가 상대적으로 낮습니다. 국민연금의 이러한 소득 재분배 기능은 계층 간 소득격차를 줄임으로써 사회통합에도 기여합니다.

결론적으로, 국민연금은 민간 보험사 상품에 비해 수익률도 좋을 뿐 아니라 경제적 불평등 해소에도 기여하고 있는 사회적 의미까지 포함된 연금 상품입니다.

국민연금이 뒤늦게나마 '스튜어드십 코드'를 도입했습니다. 스튜어드는 대저택에서 일하는 집사를 말하는데, 집안일을 도맡아 하는 집사처럼 수탁받은 돈을 내 돈처럼 제대로 관리하겠다는 뜻입니다.

주식회사의 중요 의사 결정은 주주총회에서 이루어집니다. 그 결정은 당연히 주식을 가장 많이 보유한 주주가 가장 큰 힘을 발휘합니다. 우리나라 재벌, 대기업의 주식 보유 수량이 워낙 적어 국민연금은 많은 국내 기업들의 최대 주주이거나 또는 대주주입니다. 국민연금이 스튜어드십 코드를 도입했다는 의미는 앞으로 국민의 재산을 적극 보호하고 또 불리기 위해 기업들의 주주총회에 적극 개입하겠다는 뜻입니다.

삼성물산과 제일모직의 합병과정에서 국민연금이 보유한 삼성물산 주식의 가치가 크게 하락하여 연금도 큰 손실을 본 적이 있습니다. 정치가 재벌의 이익을 위해 부당하게 개입했고 그 결과 국민이 맡긴 소중한 자산이 막대한 손실을 입었습니다. 향후에는 어떤 부당한 외압에도 스튜어드십 코드를 철저히 준수해 공정하고 투명한 운영으로 국민의 자산을 지킬 수 있어야 합니다.

국민연금에 대한 과도한 불안 조성이나 근거 없는 분노는 오히려 신뢰도를 훼손해 기금의 재정건전성을 더욱 악화시킬 우려가 있습니다. 책임감 있는 언론과 정당이라면 국민이 정확히 인식하고 이해할 수 있도록 노력하고 도와야 합니다. 부당한 정치 개입이나 외압으로 재벌의 이익을 지킬 것이 아니라, 스튜어드십 코드를 준수해 소중한 노후자금을 지켜야 합니다. 그래야 국민연금이 안정적인 노후생활을 보장하는 복지 프로그램으로 지속 가능할 수 있습니다.

갑자기 언론에서 사라진 나라
'베네수엘라'

좌파 포퓰리즘으로 망한다는 주장에 대하여

문재인 정부 5년 동안 보수정당과 일부 보수언론들은 특히 우리 경제와 관련하여 사실 여부와 관계없이 이념적으로 폄훼하고 비난하기에 여념이 없었습니다. 그중 심심찮게 등장했던 비난 중 하나가 바로 우리 경제를 '베네수엘라'와 비교하는 것이었습니다. '베네수엘라행 특급열차를 탔다' 식의 비난이 쏟아졌습니다. 그런데 왜 굳이 지구 반대편에 있는 남미의 베네수엘라를 언급했을까요?

이들은 베네수엘라 경제의 몰락을 '좌파 포퓰리즘' 때문이라고 생각합니다. 그래서 문재인 정부의 경제정책도 좌파 포퓰리즘으로 규정하고 우리도 결국 베네수엘라처럼 망해간다는 논리를 내세웠습니다. 그런데 베네수엘라 경제는 정말 좌파 포퓰리즘 때문에 망했을까요?

베네수엘라 경제가 가장 좋았던 전성기를 주로 1970~1980년까지라고 많은 이들이 얘기합니다. 1980년 1인당 국민소득의 세계 평균은 약 2,600달러 수준이었는데 베네수엘라의 1인당 국민소득은 약 4,800달러에 달했습니다. 무려 세계 평균의 두 배에 가까웠던 것이죠. 당시 우리나라의 1인당 국민소득은 겨우 1,900달러 수준인데 비해 베네수엘라는 남미 최고의 부자나라였습니다. 석유 매장량 세계 1위 국가인 베네수엘라는 수출의 90%가 석유였습니다.

경제학에 '자원의 역설'이란 용어가 있습니다. 풍부한 자원에 대한 의존도가 높아지면서 자국 내 제조업, 첨단산업 등 다른 산업들이 발전할 수 있는 기회를 잃고, 결국 경제 성장이 둔화되고 국민들의 삶이 나빠져가는 현상을 말합니다. 이 '자원의 역설' 사례를 가장 잘 보여주는 나라 중 하나가 바로 베네수엘라입니다.

석유를 팔아 자국 내 달러가 쌓이게 되면, 자국 통화가치가 오르고 수입품 가격은 계속 낮아져서 결국 필요한 물품 대부분을 수입에 의존하게 됩니다. 그러다 보니 국내 제조업 기반은 크게 취약해졌고, 급기야 농산물까지 전부 수입하기 시작하면서 농촌까지 거의 폐허가 되고 식량 자급량마저 최악으로 떨어졌습니다.

이런 '자원의 역설'로 베네수엘라에는 오직 석유산업밖에 없는 기형적인 구조가 만들어졌습니다. 여기에 석유가격이 급락하자 경제는 심각한 위기를 겪습니다. 게다가 석유 수출로 벌어들인 돈은 부패한 정치권과 결탁한 극소수 석유 기득권이 거의 독차지했습니다. 석유 기득권의 부정부패는 갈수록 심해졌고 벌어들인 달러를 해외로 빼돌리면서 내수경제도 빠르게 무너져 갔습니다. 또 빈부격차와 경제적 불평등이 갈수록 심화되면서 결국 베네수엘라 경제는 버티지 못하고 주저앉아버립니다.

당시 최소한의 끼니조차 해결하기 어려웠던 빈곤가구가 무려 전체 국민의 50%에 달했습니다. 이런 국가 위기상황에서 국민의 지지를 바탕으로 등장한 인물이 우고 차베스입니다. 우고 차베스는 1999년부터 암으로 사망하는 2013년까지 집권하면서 베네수엘라의 경제 체질 개선과 산업 발전을 위하여 많은 개혁정책을 시도했습니다.

대표적인 개혁정책으로 먼저 소수 기득권의 배만 불렸던 석유산업을 국영화시켰습니다. 이렇게 벌어들인 돈으로 식량 자급률을 높이고 빈민 감소를 위한 국가소유의 토지 분배, 빈민 슬럼가 개선 및 사회적 기반시설 확충 등 지역공동체 형성, 부모가 일할 수 있도록 빈민을 위한 종일학교 운영, 무상교육 등 공공학교 시스템 확대, 빈민층을 위한 무상의료 및 저가주택 공급, 금융 산업 및 협동조합 활성화 등에 주력했습니다.

이러한 개혁정책에 힘입어 차베스 집권 초기 재정의 사회적 지출 비용은 GDP 대비 약 13%에서 2006년에는 무려 40%까지 늘어났습니다. 우리나라의 보수정당과 보수언론은 이 지점을 포퓰리즘 정책이라 지적합니다. 그리고 이런 포퓰리즘 정책 때문에 베네수엘라 경제가 결국 망했다고 비판합니다. 그런데 사실은 이때부터, 소수의 부패한 석유 기득권이 독차지했던 석유 산업의 수익이 빈민을 포함한 일반 국민 전체에게 돌아가기 시작했고, 경제적 불평등과 빈부격차가 완화되면서 경제 데이터들이 눈에 띄게 좋아졌습니다.

1999년부터 2013년까지 베네수엘라 GDP는 약 3.4배 이상으로 늘었고, 50%가 넘었던 빈곤가구율이 2011년에는 약 25%까지 대폭 감소했습니다. 1980년 이후 1998년까지는 1인당 국민소득이 20%

이상 감소했지만 1999년 차베스 집권 이후부터 1인당 국민소득은 연 2% 이상 증가하였습니다. 당시 우고 차베스 대통령은 노동자, 빈민계층을 포함한 일반 국민들에게 압도적인 지지를 받았습니다. 미국의 '버니 샌더스' 의원과 영국의 '제러미 코빈' 노동당 대표도 우고 차베스의 개혁정책에 배울 부분이 많다고 높이 평가했습니다. 그래서 이때를 '제2의 베네수엘라 전성기'라고 평가합니다.

 사실 베네수엘라의 진짜 문제는 차베스 사후에 벌어집니다. 2014년 당시 100달러를 넘었던 석유 값이 2015년엔 50달러, 2016년엔 20달러대로 대폭락했습니다. 석유산업밖에 남지 않은 기형적 산업구조에서 유가가 대폭락하자 베네수엘라 경제 전체는 휘청거렸습니다. 미국이 셰일가스 개발에 성공하면서 국제유가의 하락 추세는 더욱 견고해졌습니다. 중동에서 가장 많은 석유를 수입했던 미국이 셰일가스 개발로 이젠 세계 최대 원유생산국이 된 것이지요.

 게다가 차베스를 눈엣가시처럼 여겼던 부패한 석유 기득권 세력은 미국과 손잡고, 미국이 베네수엘라에 대한 정치, 경제적 제재 등을 가하면서 이후 걷잡을 수 없을 정도로 심각한 경제난을 겪습니다. 돈을 세는 대신 돈의 무게를 달아서 물건 값을 치러야 할 만큼 살인적인 하이퍼인플레이션에 시달렸습니다. 한때는 인플레이션이 100,000%를 넘었습니다. 100만 원의 가치가 한순간에 10원이 된 겁니다.

 경제난이 심해지면서 살인율이 전 세계 1위를 기록할 만큼 치안도 나빠졌습니다. 지금까지 수백만 명이 베네수엘라를 탈출했고, 최소한의 먹거리조차 해결하지 못해 전 국민의 평균 몸무게는 무려 10kg 이상 감소했습니다. 게다가 이젠 원유 가격이 오른다 해도 베네수엘라 경제는 갑자기 좋아지기도 힘든 구조입니다. 베네수엘라 원유는 초중질유로 불순물이 많은데 정제시설을 제대로 갖추지 못해 품질은 더욱 떨어지고, 수입국은 더욱 감소하고 있습니다. 기득권의 부정부패로 유전을 방치하다 보니 유전 관리비용만 크게 증가하고 있는 것입니다.

결론적으로, 베네수엘라가 망한 진짜 이유는 정치권과 결탁한 석유 기득권 세력의 부정부패, 석유산업에만 의존한 기형적 산업구조, 민주주의 부재와 무능력한 외교력, 석유이권 등으로 인한 미국의 제재 및 갈등 등으로 요약할 수 있습니다. 적어도 좌파 포퓰리즘으로 베네수엘라 경제가 망했다는 말은 사실상 잘못됐습니다.

또한 반도체, 2차 전지, 자동차 등 제조업 강국인 우리 경제는 베네수엘라처럼 될 수도 없습니다. 코로나19 팬데믹으로 전 세계 경제 성장률이 크게 후퇴할 때도 우리는 OECD 국가 중 사실상 경제 성장률 1위였습니다. 세계 7번째로 30-50 클럽(인구 5천만 이상, 1인당 국민소득 3만 달러 이상)에도 가입했고, UN이 역사상 처음으로 우리나라를 중진국에서 선진국 그룹으로 편입시켰습니다. 이제 대한민국은 명실공히 선진국이라는 말입니다.

경제학에 '자기실현적 위기'라는 말이 있습니다. 가짜 뉴스 등으로 과도하게 경제 위기를 조장하면 실제로 실물 경제를 위축시켜 국가 경제가 큰 위기에 빠질 수 있다는 경제학 용어입니다. 오히려 우리가 가장 경계해야 할 부분은 '자기실현적 위기'를 위해 사실과 다른 이야기를 아무 검증 없이 이념적으로 비난하는 정당이나 일부 언론들이 아닐까요?

전두환 시절
경제가 좋았다고요?

민주주의의가 발전해야 경제도 성장한다

전두환은 광주시민을 무참하게 총칼로 짓밟은 학살자였습니다. 수많은 사람들을 불법체포하고 잔인한 고문을 자행하며 무자비한 인권탄압을 일삼았던 독재자였습니다.

일부 정치권에서 전두환 시절 쿠데타와 5.18만 빼면 정치는 잘했다고 평가한 적이 있습니다. 또 권위주의 독재정부가 산업화의 기반을 만들어 우리 경제가 좋아졌다는 식의 평가도 심심찮게 볼 수 있습니다. 정치적 평가와 별개로 전두환 시절 우리 경제가 좋아졌다는 말을 군이 하고 싶었는지는 모르겠습니다. 하지만 이는 사실이 아닙니다.

1998년 아시아 출신 최초로 노벨 경제학상을 수상한, 인도의 경제학자 아마르티아 센이 이에 대해 명쾌한 답을 내놓은 적이 있습니다. 그의 결론은 독재정권 덕분에 경제가 발전한 것이 아니라 독재에 끊임없이 저항하며 민주주의와 정치적 자유를 발전시켰기 때문에 경제 발전이 가능했다는 것입니다. 즉, 센은 실질적 민주주의가 정착되고 정치적 자유가 보장될 때 경제도 제대로 발전할 수 있다고 본 것입니다.

실제로 많은 경제학자들이 한국 경제의 황금기를 1987년부터 1996년까지 10년간으로 봅니다. 10년 동안 평균 경제 성장률이 무려 8%가 넘었습니다. 물론 3저 현상(저달러, 저금리, 저유가)의 영향도 있었습니다. 그런데 그 시기가 바로 아마르티아 센의 주장처럼 우리나라에서 실질적 민주주의와 정치적 자유가 보장되기 시작한 시점입니다.

1987년 6월 민주화 항쟁 이후 비로소 우리 사회는 절차적 민주주의를 갖추기 시작했고 실질적으로 정치적 자유와 민주주의가 시작되었습니다. 그리고 87년 여름 노동자 대투쟁 이후 노동조합이 대거 구성되면서 노동자들은 사실상 처음으로 저임금 구조에서 벗어나기 시작했습니다. 평균 임금인상률이 한 해에 19%가 넘어서는 등 그 이후 노동자의 소득이 빠르게 증가하면서 우리 사회에도 구매력을 갖춘 중산층이 처음 등장합니다. 지금 노동조합 조직률은 약 14%(2021년 기준) 수준인데 1989년 당시는 20%를 넘었고 조합원도 무려 200만 명이 넘었습니다. 민주주의가 제 모습을 갖추기 시작했고 노동조합으로 노동권이 강화되고 소득이 크게 증가하면서 초고도 성장의 발판을 마련한 것입니다.

자본주의의 첨병이라는 미국 경제도 좋았던 시절과 나빴던 시절을 살펴보면 센의 주장이 틀리지 않았음을 알 수 있습니다. 폴 크루그먼^{Paul Krugman} 교수는 미국 경제의 황금기를 1940~1970년대로 보고 그 시기를 '대번영의 시대'라 불렀습니다. 그리고 그 대번영의 시대를 열게 한 가장 중요한 동력으로 노동권 강화와 노동자의 소득 증가, 그리고 일관된 증세정책을 들었습니다.

우리나라 현재 최고 소득세율은 45%입니다. 연소득 10억 원 이상인 경우에 적용됩니다. 그런데 미국 대번영 시기의 최고 소득세율은 무려 91%에 달했습니다. 그것도 한두 해만 적용된 것이 아니라 20년간 유지되었습니다. 최고 증여세율은 77%나 됐고 법인세도 무려 45%에 달했습니다. 대번영 시기에 증세정책이 얼마나 강력했는지를 보여주는 지표들입니다.

그 세금을 통해 댐도 짓고 도로도 건설하는 등 각종 SOC 사업으로 일자리를 만들어냈습니다. 빈부격차 해소와 중산층 복원을 위해 사회보장법을 제정하고 사회복지제도도 한층 강화했습니다. 그 영향으로 대공황 이전에는 상위 1%가 국가 전체 부의 25% 정도 차지하고 있었지만 대번영의 시기에는 약 10% 수준까지 크게 하락했습니다. 그만큼 빈부격차가 해소되고 소비 여력을 갖춘 중산층이 두꺼워진 것입니다. 그 중산층의 소비가 크게 활성화되면서 미국 경제가 대번영의 시대로 진입한 것입니다. 또한 약 10% 수준에 그쳤던 노조가입률은 1945년에는 35%까지 크게 증가했습니다.

반면, 2001년 노벨 경제학상 수상자 조지프 스티글리츠 교수는 1980년대 이후 레이건 대통령이 열었던 신자유주의 시대를 '대격차 시대'라 불렀습니다. 그 시기에 미국의 경제 성장이 가장 왜곡되고 경제적 불평등이 커졌다는 것입니다. 그러면서 대격차 시대의 시작을 바로 노조 탄압에서 찾고 있습니다. 1980년대 이후 신자유주의가 본격적으로 시작되자 노동자의 노동권이 약화되고 소득이 줄면서 갈수록 빈부 격차가 커졌고 이에 내수 소비가 줄어들면서 결국 미국 경제가 크게 흔들렸다는 것입니다.

즉, 미국과 한국 모두 노동권이 강화되고 노동자의 처우가 개선되고 소득이 증가하면 경제 전체가 호황기를 맞이했고, 반면에 민주주의와 노동권이 약화되고 노동자의 처우가 나빠지면 경기 침체가 발생하고 경제적 불평등이 커졌다는 것을 알 수 있습니다.

현 정부의 노동조합에 대한 인식을 보면 정말 걱정스럽습니다. '경제사회노동위원회'는 노사 간 갈등을 조정하고 양극화 해소와 사회통합을 도모하여 경제의 균형 발전에 기여하는 것을 목적으로 설립된 조직입니다. 하지만 경사위 위원장은 모 현장을 방문한 자리에서 노조가 없어서 감동받았다는 발언을 했습니다. 군사독재정권에서도 들어보지 못한 말입니다. 대놓고 노동조합을 적대하거나 '악마화'하는 발언을 서슴지 않습니다. 심지어 화물연대 파업에 대해서는 북한의 핵위협과 마찬가지라는 표현까지 사용했습니다. 지금 정부는 노동3권을 부정하고 위헌적인 업무개시명령만 내릴 뿐, 노사 갈등을 조정하려고 노력하는 모습은 일절 찾아볼 수 없습니다.

공교롭게도 최근 우리 경제는 매우 급속히 나빠지고 있습니다. 2022년 무역수지 적자 규모는 473억 달러에 달했습니다. 유사 이래 사상 최대 수준입니다. 올해(2023년)도 3월까지의 무역 적자 규모가 벌써 225억 달러나 됩니다. 13개월째 연속 적자입니다. 13개월 연속 무역수지 적자는 IMF 외환위기 이후 처음입니다.

IMF, OECD 등 주요 경제기구는 세계 대부분 국가의 경제 성장률 전망치를 상향 조정하고 있습니다. 반면 우리나라는 계속 하향 조정 중입니다. 해외 투자은행들은 올해 우리나라 경제 성장률이 1%대도 유지하기 힘들 것이라고 예상합니다. 무려 25년 만에 일본에도 역전당할 위기에 놓인 것입니다. 주가지수와 채권가격은 자고 나면 떨어집니다. 한마디로 나라 경제는 풍전등화의 위기입니다.

아마르티아 센은 실질적 민주주의의가 정착되고 정치적 자유가 보장될 때 경제도 제대로 성장한다고 말합니다. 지금이야말로 그의 이야기를 정말 새겨들어야 할 때가 아닐까요?

2장

사람의 경제학을
위하여

대한민국은
민주공화국?

대우해양조선, 누구는 구제하고 누구는 압살하는가

분식회계. 기업이 회계장부를 작성할 때 실적을 고의로 부풀리는 행위를 말합니다. 분식에서 분粉이라는 한자는 '화장할 때 쓰는 가루'를 뜻하고 식飾은 '곱게 칠한다'는 뜻입니다. 말 그대로 분식은 화장을 하듯 회사 장부를 곱게 칠해 원래 실적을 숨긴다는 뜻입니다. 한마디로 회계장부 사기 범죄입니다.

대우조선해양은 2012년부터 2014년까지 3년에 걸쳐 분식회계 범죄를 저질렀습니다. 회계사기 규모도 무려 수조 원에 달합니다. 당시 경영진은 정말 무능력했던 것으로 보입니다. 셰일가스 혁명으로 인한 해양플랜트 사업의 위기를 전혀 예상하지 못했고, 중국의 세계 공장 역할이 끝나가면서 글로벌 교역량이 급감하던 세계 경제의 큰 흐름조차 전혀 읽지 못했던 것 같습니다. 게다가 영업 손실이 크게 났음에도 엄청난 수익이 난 것처럼 회계장부를 조작했고, 조작된 실적을 바탕으로 임직원들은 무려 수천억 원의 성과급 잔치를 벌였습니다. 결국 감당할 수 없는 적자가 발생해 공적자금이 약 10조 원 가까이 투입되었습니다. 회계장부를 조작하고, 조작된 회계장부를 근거로 천문학적 규모의 성과급 잔치를 벌였던 기업에 국민 세금을 무려 10조 원이나 퍼 부은 것입니다. 말 그대로 이익의 사유화, 손실의 사회화입니다.

회사가 이 지경에 이른 근본적 책임과 원인은 경영진의 범죄와 무능력, 그리고 최대주주의 사실상 방조에 가까운 관리 소홀에 있습니다. 하지만 가장 큰 고통을 감내해야 했던 이들은 경영진도 최대주주도 아닌 대우조선해양 하청업체 직원들이었습니다.

2016년 당시 하청업체 직원의 연간 평균 소득은 약 4,974만 원이었습니다. 그런데 2021년 기준 평균 소득은 겨우 3,400여만 원 수준입니다. 5년 동안 무려 30%나 삭감된 것입니다. 그동안 물가상승률까지 감안하면 사실상 50% 넘게 삭감된 것이나 다름없습니다. 조선소에서 수십 년간 숙련 노동자로 일했는데도, 여전히 최저임금 수준의 급여를 받고 있었던 것입니다.

2020년부터 국내 조선업계는 호황 국면으로 접어들었습니다. 2021년에는 사상 최대 실적을 달성하면서 사실상 세계 1위 자리를 되찾았습니다. 그런데도 생산의 약 80%를 담당하는 하청업체 직원의 임금은 전혀 회복되지 않았고 여전히 최저임금 수준을 받고 있었습니다.

'귀족노조'도 아니고 과한 것을 요구한 것도 아닙니다. 이들은 단지 사람답게 살고 싶어 파업에 나섰습니다. 임금 인상이 아니라, 6년 전에 받았던 임금 그대로 회복시켜달라는 게 조건의 전부였습니다.

그것이 그렇게 무리한 요구였을까요?

새 정부는 2022년 새로운 세제개편안을 발표했습니다. 한마디로 재벌 대기업, 부자들 세금은 수조에서 수십조 원 줄여준다는 것이었습니다. 또 부동산 공시가격을 낮추면서 다주택자의 보유세가 수백만 원에서 수천만 원 줄었다는 언론 보도가 쏟아졌습니다.

이 정부는 부자들의 세금 감면에는 최선을 다하는 모습을 보여줍니다. 심지어 빚내서 코인에 투자하고, 주식에 투자하고, 부동산에 투자했던 개인들의 대출이자를 탕감해주겠다는 발표도 있었습니다. 금융부문 민생안정대책이란 이름으로 발표한 자금이 무려 125조 원에 달했습니다. 빚을 성실히 갚고 있는 사람들에 대한 역차별 논란과 도덕적 해이를 유발한다는 비난이 쏟아졌습니다. 하지만 죽을 각오로 일해도 겨우 최저임금 수준의 낮은 임금을 받는 하청업체 노동자들의 파업에는 법과 원칙만을 강조하며 공권력을 투입하겠다는 으름장을 놓았습니다.

2019년 북한 어민 2명이 동료 선원 15명을 잔인하게 살해하고 도주하다 우리 군에 체포돼 결국 다시 북한으로 송환된 사건이 있었습니다. 검찰은 북한의 흉악살인범 북송 사건과 관련하여 문재인 정부 당시 장관급 인사 4명을 결국 재판에 넘겼습니다. 귀순 의사가 있었던 그들도 대한민국 국민이고, 그들의 인권도 대한민국 헌법과 법률로 마땅히 보호받았어야 한다는 것이었습니다. 엽기적이고 흉악한 살인 범죄를 저지르고 탈출한 북한 살인마들의 인권도 그토록 소중하게 여겼던 정부가 1㎥ 철제구조물 안에 한 달 동안 스스로를 가뒀던 우리 노동자의 생존권은 왜 그토록 무시했는지 정말 이해하기 어렵습니다.

결국 정부의 공권력 투입 으름장에 하청업체 노조는 사측 요구안인 4.5%에 그대로 도장을 찍었습니다. 사실상 백기투항으로, 하청업체 노동자의 임금은 여전히 우리 사회의 가장 낮은 임금인 최저임금 수준으로 남았습니다.

그리고 사측과 합의 도장을 찍었다고 모든 게 끝난 것도 아닙니다. 대우조선해양은 하청업체의 파업을 불법으로 규정짓고 그 불법 파업으로 인해 매출 손실이 발생했다며 노조 간부들을 상대로 손해배상청구 소송을 제기했습니다. 손해배상청구 금액도 무려 470억 원에 달합니다(정말 기막힌 일은 대우조선해양이 분식회계 범죄를 저질러 내지 않아도 될 법인세를 납부했다고 세무당국을 상대로 법인세 환급 소송을 제기했다는 사실입니다).

최저임금 수준의 임금을 받는 하청업체 노동자들에게 수백억 원이 있을 리 만무합니다. 이는 실제로 발생된 손해를 보전받겠다는 것이 아니라 사실상 노조 자체를 와해시키고 다시는 파업을 못 하도록 하겠다는 협박용 소송에 가깝습니다. 지금까지 사측의 손배소로 인해 쌍용차 직원 등 수많은 사람들이 생활고와 심리적 압박을 견디지 못해 스스로 목숨을 끊었습니다. 사측의 손배소는 사실상 힘없는 노동자를 향한 살인 행위나 다름없습니다.

2022년 6월 국토교통부는 화물노동자들에게 안전운임제 지속 추진과 적용품목 확대를 약속했습니다. 하지만 정부는 사전에 화물노동자들과 어떤 협의도 없이 그 약속을 깨고 안전운임제 '일몰 3년 연장'이라는 후퇴된 안을 내놓았습니다. 사실상 화물노동자를 파업으로 내몰았다고밖에 볼 수 없습니다.

화물노동자 대부분은 2~3시간 쪽잠을 자면서 하루 12시간 가까이 운행을 합니다. 그럼에도 손에 쥐는 것은 겨우 최저임금 수준의 낮은 임금입니다. 그런데도 정부나 일부 언론은 '귀족노조'라 공격하고 노조를 '악마화'하거나 아예 노조 자체를 말살하려 합니다. 대부분의 화물노동자는 차량 할부금과 유류비, 차량 유지비 등을 제하고 나면, 최대한 운송 건수와 운전 시간을 늘려야 겨우 적자를 면할 수 있는 구조입니다. 그만큼 교통사고가 일어날 확률은 높아집니다. 지금도 고속도로 사망 사고의 64.8%가 화물차로 인해 일어납니다. 1년 동안 무려 700여 명의 애먼 사람들이 고속도로 위에서 사망합니다. 그 교통사고가 이웃에게, 또 내 가족에게도 닥칠 수도 있습니다.

그런데도 정부는 갈등을 조정하기는커녕 오히려 부추기거나 공권력 투입 등 폭력적인 모습만 보이고 있습니다. 심지어 국가 경제에 초래할 위기를 막겠다는 명분으로 위헌 논란이 있는 '업무개시명령'까지 처음으로 발동했습니다.

국가 경제를 위기에 빠트릴 정도로 화물노동자가 중요하다면 그들의 처우 개선을 위해 노력하고 갈등 조정에 최선을 다하는 모습이 먼저여야 합니다. 하지만 강력한 법적 처벌과 그 책임을 엄중하게 묻겠다는 말만 무한 반복하고 있습니다. 이런 방법은 사실상 해결이 아니라 억압에 가깝습니다.

우리 헌법 제1조 1항은 '대한민국은 민주공화국이다'라고 명시하고 있습니다. 공화국을 뜻하는 '리퍼블릭republic'은 로마 공화정에서 나온 말입니다. 라틴어 '레스 푸블리카res publica'가 어원으로 그 뜻은 '공공의 것'이라는 의미입니다. 즉 '공화국'은 모든 사람을 위해 사회의 모든 자원과 식량을 골고루 나누는 나라를 말합니다. 국가가 재벌과 부자와 자본의 이익만을 좇는다면 그건 민주공화국이 아닙니다. 그저 '부자관리국가' '재산관리국가'에 지나지 않을 뿐입니다. 진짜 민주공화국 시민이라면 경제적 불평등이 커지고, 수저계급론이 나오고, 빈부격차가 커지는 것에 부끄러움을 느낄 수 있어야 합니다.

자본이 아닌, 사람이 행복해야 사람 사는 세상입니다. 경제도 정치도, 자본이 아닌 사람을 향해야 합니다. 대한민국 헌법 제1조 1항은 '대한민국은 민주공화국이다'라고 규정하고 있습니다. 하청업체 노동자에게도, 화물 노동자에게도, 이 땅의 모든 국민에게 대한민국 헌법 제1조 1항은 똑같이 적용되어야 합니다. 그래야 진짜 민주공화국입니다.

'산업전사'라는 표현은
제발 이제 그만!

주 69시간 근무제 추진, 장시간 노동의 강요

    우리나라는 현재 근로기준법에 정해진 주당 노동시간 40시간에 연장 가능시간 12시간을 합쳐 '주 52시간제'를 시행하고 있습니다.

    윤석열 대통령은 후보 시절에 일주일에 120시간까지 일할 수 있어야 한다고 농담처럼 말했던 적이 있습니다. 그게 농담이 아니었나 봅니다. 대통령으로 당선된 지 1년이 채 안 되서 실제로 '유연근무제'라는 이름으로 한 주에 69시간까지 일할 수 있게 하겠다고 '주 69시간 근무제' 추진을 야심차게 밝혔습니다.

    이미 우리나라는 노동시간이 많기로 악명 높습니다. OECD 회원국 38개국 중 연평균 노동시간이 두세 번째로 많습니다. 2021년 기준 연평균 노동시간이 1,915시간이나 됩니다. 우리보다 노동시간이 많은 나라는 칠레, 멕시코 등 중남미 국가들뿐입니다. 노동시간이 많다 보니 국가행복지수도 OECD 국가 중 최하위 수준에 머물고 있습니다.

2008년 노벨 경제학상을 수상한 폴 크루그먼 뉴욕 시립대 교수가 전경련의 초청으로 2018년 한국을 방문했던 적이 있습니다. 당시 전경련 부회장은 정부가 갑자기 주당 최대 노동시간을 52시간으로 정하는 바람에 기업들이 많이 힘들어한다는 취지로 발언하며 이에 대한 그의 생각을 물었습니다. 그 질문에 폴 크루그먼은 깜짝 놀라면서 "뭐라고요? 한국 같은 선진국에서 주 52시간이나 일한다고요? 훨씬 더 많이 줄여야 하지 않나요?"라고 대답했습니다. 더 이상 전경련 부회장은 질문을 이어가지 못했습니다.

전 세계 대부분의 나라는 노동자의 건강권 확보와 생산성 향상을 위해 근무시간을 줄이는 쪽으로 노력하고 있습니다. 사실상 주요 선진국 중 우리나라만 거꾸로 역행하고 있는 것입니다.

많은 외신도 시대 흐름에 역행하는 '주 69시간 근무제' 추진에 대해 매우 놀랍다는 반응과 함께 사실상 조롱에 가까운 비판 기사를 내보냈습니다. 미국 NBC는 3월 22일 방송에서 "악명 높은 장시간 노동의 일중독 문화가 있는 한국의 경우 과도한 노동과 관련한 우려가 특히나 심각한 편"이라고 지적하며 그 결과 자살률이 선진국 중 가장 높고, 합계 출생률은 0.78로 세계최저수준이라고 꼬집어 비판하였습니다. CNN도 "노동자의 정신 건강과 생산성을 향상시키기 위한 노동시간 단축이 전 세계 곳곳에서 인기를 끌고 있지만, 적어도 한 국가는 이를 놓치고 있는 것 같다"라며 우리나라의 '주 69시간 근무제' 논란을 조준해 보도하였습니다.

영국의 토마스 모어Thomas More는 1516년에 출간한 장편소설《유토피아》에서 시민들은 스스로 원하는 일을 오전 3시간, 오후 3시간 하루 6시간만 일해도 충분히 풍요로운 세상을 만들 수 있다고 했습니다. 지금 논란이 되고 있는 '기본소득' 개념도 《유토피아》에서 처음 제시됐고, 공공주택, 공공의료, 공공교육 등을 통해 경제적 불평등이 없는, 말 그대로 유토피아 같은 세상을 꿈꿨습니다. 1516년이면 중종이 연산군을 폐위시키고 반정을 통해 왕위에 올랐던 때로 훈구파와 성리학적 명분을 중시하는 사림파가 극렬한 정치적 갈등을 빚던 시기입니다. 그 시기에 벌써 토마스 모어는 하루 6시간 노동제, 기본소득, 공공주택, 공공의료 등을 이야기했다는 것에 놀라지 않을 수 없습니다.

미국 대공황의 구원투수 존 메이너드 케인스John Maynard Keynes도 1930년 출간한 《후손을 위한 경제적 가능성Economic Possibilities for Our Grandchildren》에서 기술이 빠르게 진보하고 생산성이 높아지면 결국 인간의 노동시간은 하루 3시간만 일해도 충분한 시대가 온다고 예측했습니다. 약 100년 전에 마치 AI, 4차 산업혁명을 예견한 듯 기술의 진보가 순식간에 인간의 노동력을 대체할 것이라고 예측했던 것입니다. 그 통찰이 정말 대단한 것은, 줄어드는 일자리와 노동시간이 문제가 아니라 기술의 진보로 얻은 사회적 부를 어떻게 골고루 나누느냐가 문제의 본질임을 적시한 점입니다. 100년 전에 이미 '기본소득'의 시대를 예고한 것입니다. 실제로 최근 미국 실리콘 밸리에서 가장 활발하게 논의되는 부분이 바로 '기본소득'입니다.

그런데 우리 정부는 왜 세계 각국의 언론들조차 조롱하듯 비판하는 '주 69시간 근무제'를 그토록 강하게 추진하려 했던 걸까요?

'베블런 효과(가격이 상승하는데도 수요가 오히려 증가하는 현상)'로 유명한 미국의 경제학자 소스타인 베블런Thorstein Bunde Veblen은 1899년에 '유한계급론'을 발표했습니다. 여기서 '유한계급'은 한가한 계급을 뜻합니다. 일하지 않고 기득권과 자본이 가져다주는 자본이득으로 그냥 놀고먹는 사람들을 가리킵니다. 이들은 변화를 싫어합니다. 일하지 않아도 편히 무위도식할 수 있는 지금 이 순간이 가장 행복하기 때문입니다. 그래서 이들 대부분은 보수적인 경향을 보인다고 했습니다.

그런데 베블런은 가난한 사람들도 마찬가지로 보수화된다고 주장합니다. 다만 그 이유는 유한계급과는 정반대입니다. 이들은 하루를 살아내기도 매우 힘듭니다. 내일을 생각할 여유조차 없습니다. 지옥 같은 현실이지만 당장 시키는 일에 순응해야 겨우 하루를 먹고 살 수 있습니다. 이들도 마찬가지로 변화를 싫어합니다. 작은 변화에 혹시 그 나쁜 일자리마저 사라지면 어쩌나 두렵기 때문입니다.

실제로 오늘날 대부분 국가에서 빈곤계층이 보수정당의 주요 지지층이라는 사실은 당시 베블런의 통찰이 얼마나 날카로웠는지를 보여줍니다. 사실 가난한 사람들이 넘쳐나서 낮은 임금으로 노동을 착취를 가능하게 하는 것은 '자본'과 '권력'의 오래된 전략이었습니다. 자본가 입장에서는 최저임금 수준의 일자리조차 서로 갖겠다고 치열하게 싸워야 더 낮은 임금으로 노동자 착취를 극대화할 수 있어서입니다.

지금 69시간이니, 60시간이니 하면서 노동시간을 늘리려 하는 세력들의 노림수가 바로 이것인지도 모릅니다. 가난한 사람이 넘쳐나고 나쁜 일자리조차 서로 갖겠다고 치받고 싸워대면서도 그들이 보수정당을 탄탄하게 지지하는 콘크리트 지지층이 되는, 그런 세상을 만들고 싶은지도 모릅니다. 그래서 틈만 나면 가난한 을과 을의 싸움을 부추기고 갈라치는지도 모르겠습니다.

고용노동부가 뇌심혈관질환 직업병을 판단할 때 기준으로 삼는 '과로'에 대한 정의는 '4주 동안 1주 평균 64시간 일한 경우'로 정의한 적이 있습니다. 세계보건기구WHO와 국제노동기구ILO도 주 55시간 이상 노동은 건강에 치명적인 영향을 끼칠 수 있다는 보고서를 발표하기도 했습니다.

이미 지금도 택배, 물류센터, 건설현장 등의 일터에서 장시간 일하다 과로사했다는 가슴 아픈 뉴스를 심심찮게 봅니다. 주 69시간 일할 수 있게 하겠다는 것은 사실상 '가난한 서민은 일하다 죽어도 좋다'는 말처럼 들립니다.

지구상에서 거의 우리나라만 노동자를 가리켜 '산업전사'라고 부르고 있습니다. 죽을 각오로 일하든지, 아니면 일하다 죽어도 좋다는 의미에서 그리 쉽게 사용하는지도 모르겠습니다. 실제로 그 산업전사들은 하루에도 서너 명씩, 살기 위해 일터에 나왔다가 떨어져서, 끼여서, 깔려서 주검으로 퇴근하고 있습니다. 지옥 같은 하루들이 계속되는데도 또 다른 한편에선 아무렇지도 않은 듯 무덤덤한 하루가 무심하게 지나고 있습니다.

주 69시간 근무제를 추진하고 여전히 장시간 노동을 강요하는 이

들이 있습니다. 마음껏 일할 수 있는 자유를 주기 위한 것이란 핑계도 빠트리지 않습니다. 그 일할 자유를 핑계로 오늘도 현대판 콜로세움에 산업전사를 몰아넣고 있습니다. 그 안에서는 하루도 빠트리지 않고 생존을 위한 처절한 결투가 벌어집니다. 콜로세움 맨 꼭대기 전망 좋은 자리에 앉은 그 누군가는 오징어 게임보다 더 처절하고 잔인한 전투를 즐기며 환호와 박수를 보내고 있는지도 모릅니다. 그건 살육의 현장이지 사람 사는 세상이 아닙니다.

기생충과
불평등

긴급재난지원금 정책을 돌아보며

영화 〈기생충〉이 92회 미국 아카데미 시상식에서 4관왕을 달성하며 한국 영화의 새 역사를 썼습니다. 손에 땀을 쥐게 하는 긴박하고 탄탄한 스토리와 배우들의 수준 높은 연기, 그리고 영화가 세상에 던지고자 했던 강렬한 메시지 등으로 전 세계 수많은 영화팬들에게 많은 사랑을 받았습니다. 〈기생충〉은 제목에서처럼 좁은 반지하에 살고 있는 가난한 가족이 마치 기생충처럼 호화로운 생활을 하는 부자 가족의 삶에 침투하는 과정을 그리고 있습니다. 이 영화는 송강호 가족의 기생충 같은 삶을 통해 1980년대 이후 신자유주의가 득세하면서 갈수록 심화되는 경제적 불평등과 양극화 문제를 정면으로 거론합니다.

저도 부산에서 대학을 졸업하고 1997년 상경해 살았던 곳이 종로구 효자동 근처의 반지하 단칸방이었습니다. 우연히 회사 동료들을 집에 데려간 적이 있었는데 그때 당황해하던 친구들의 표정을 지금도 잊을 수가 없습니다. 그때나 지금이나 반지하의 이미지는 여전히 우리 사회에서 가난의 상징이었던 것입니다.

서울에 큰 비가 내렸던 2022년 여름, 신림동 반지하에 살던 가족 3명이 수해로 참변을 당했습니다. 그 죽음이 '수해' 때문인지 아니면 '가난' 때문인지 저는 지금도 답할 수 없습니다.

개인적으로 영화 〈기생충〉에서 가장 인상에 남는 장면과 단어가 있습니다. 바로 '냄새'에 관한 장면입니다. 아무리 씻어도, 새 옷을 갈아입어도 사라지지 않고 계속 남아 있는 냄새, 바로 송강호 가족의 가난의 냄새입니다. 영화는 출생과 함께 정해진 조선시대의 신분제처럼 아무리 노력해도 가난을 벗어날 수 없는 '세습 자본주의'를 '냄새'에 빗대 비판합니다. 여전히 우리는 소득 상위 10%가 전체 소득의 50% 이상을 차지하고 있고, 소득 하위 70%는 전체 소득의 20%도 채 안 됩니다. 그리고 그 불평등의 골은 갈수록 더 심해지고 있습니다.

명품가게와 고급 자동차 매장은 코로나19 팬데믹에도 매출이 50% 이상 증가하고 여전히 긴 줄이 늘어섭니다. 하지만 다른 한쪽에서는 폐지를 주워 하루를 겨우 살아내는 어르신들도 갈수록 늘어갑니다. 우리나라는 OECD 국가 중 여전히 노인 빈곤율과 자살률이 1위입니다. 부모가 소득 하위 10% 또는 상위 10%인 경우, 자녀들도 같은 계층에 머물 가능성이 90% 이상이나 높아졌습니다. 운 좋게 돈 많은 부모를 만나면 한평생 부자로 살지만, 가난한 부모에게서 태어나면 평생 가난을 면치 못한다는 이야기입니다. 과거 신분제 사회처럼, 부지불식간에 가난을 천민이나 백정 대하듯 멸시와 조롱의 대상으로 자연스럽게 배우고 익히고 있는지도 모를 일입니다. 이렇게 괴물로 변해가는 세습 자본주의를 영화는 조롱과 멸시를 담은 가난의 냄새에 비유한 것입니다.

코로나19 팬데믹이 한창일 때 '긴급재난지원금' 지급과 관련해 보편적 복지와 선별적 복지가 크게 논란이 된 적이 있습니다. 그런데 뜬금없이 영화 〈기생충〉에서 송강호와 이선균 배우가 소환됐습니다. '이선균과 같은 부자들에게 왜 재난지원금을 줘야 하느냐?' '송강호 같은 가난한 사람들에게 더 두텁게 지급하는 것이 더 옳은 일 아니냐?' '전 국민에게 똑같이 지급해야 경제 효과 측면과 조세정의에 더 부합한다'라는 등 많은 논란이 있었습니다. 우리 사회에 아주 오래되고 케케묵은 보편적 복지와 선별적 복지에 관한 논쟁입니다.

무상급식 때도 비슷한 논란이 있었습니다. 삼성 이재용 부회장 같은 부자들 자녀에게도 공짜 점심을 주는 것은 세금 낭비가 아니냐? 하는 논란입니다. 그런데 여기서 '공짜 점심'은 사실과 다릅니다. 무상급식 재원은 국민의 세금입니다. 일반적으로 고소득층이 더 많은 세금을 냅니다. 재벌 회장은 일반인과는 비교할 수 없을 만큼 고액의 세금을 냅니다. 사실 이재용 부회장의 자녀들은 공짜 점심이 아니라 아주 비싼 점심을 먹는 겁니다.

코로나19 팬데믹으로 전 국민이 큰 고통을 겪었습니다. '사회적 거리두기'란 이름으로 음식점, 술집, 카페 등은 강제로 문을 닫아야 했습니다. 특히 골목 경제가 가장 빠르게 무너졌습니다. 그래서 급히 나온 것이 '긴급재난지원금' 정책입니다. 이것은 경제 위기가 닥쳐 불황이 계속될 때, 국민의 기본적인 생활 안정을 도모하면서 소비와 총수요를 증가시켜 경기 침체를 극복하고 경제가 선순환 성장하도록 돕는 것이 목적입니다. 쉽게 말해 장사를 못해 어려움을 겪는 자영업자에게 일부 보조금을 지원하는 것이 아니라, 전 국민에게 소비할 수 있는 돈을 지급하고 그 소비가 결국 자영업자의 매출을 증가시키도록 하는 정책입니다. 그런 의미에서 보면 당시 긴급재난지원금 정책은 복지정책이라기보다는 사실 경제정책으로 봐야 합니다.

일부 언론과 정치권은 재정건전성까지 언급하며 가난한 '송강호'에게 더 두텁게 지원하는 것이 사회 정의에 더 부합한다며 목소리를 높였습니다. 이 주장은 얼핏 설득력이 있어 보이지만 송강호 가족을 선별하는 데는 행정비용과 행정력도 많이 들 뿐 아니라, 그 경계도 애매해서 오히려 저소득층의 갈등과 불만을 더 키울 가능성이 높습니다. 을과 을의 갈등을 부추기고 국민통합에도 전혀 도움이 되지 않습니다. 긴급재난지원금은 재정승수효과로 유효 수요를 최대한 증대시키고 자영업자와 소상공인 등의 어려움도 덜어주면서 불황을 극복하겠다는 긴급한 경제정책이기 때문에 선별적 지급은 목적에도 맞지 않고 그 효과도 반감시킬 뿐입니다.

한편 스웨덴의 발테르 코르피Walter Korpi와 요아킴 팔메Joakim Palme 교수는 유럽 11개국 자료를 분석하여 발표한 논문 〈재분배의 역설〉에서, 저소득 선별복지에 집중하는 국가일수록 오히려 저소득층에 돌아가는 복지 혜택이 역설적으로 줄어든다는 것을 증명하기도 했습니다.

선별적 복지가 강화되면 중산층과 고소득층은 아무 혜택도 못 받고 세금만 부담하는 세금 순부담자로 남게 됩니다. 이는 장기적으로 국민 전체의 조세저항을 부추기는 결과를 낳고, 조세저항이 커지면 결국 재벌, 대기업, 고소득층이 부담하는 세금도 줄고 국가가 거둬들이는 세수 규모도 줄게 됩니다. 세수 규모가 줄어들면 사회안전망을 두텁게 하는 정책이나 전반적인 복지정책들은 결국 약화될 수밖에 없습니다. 결과적으로 오히려 경제적 불평등과 양극화를 더욱 심화시킬 가능성이 높아진다는 것입니다.

지금까지 코로나19 펜데믹으로 긴급재난지원금이 수차례 지급됐습니다. 2020년 5월의 1차 긴급재난지원금(약 14조 원)은 전 국민에게 지급되었습니다. 그 외는 대부분 취약계층, 자영업자, 특수형태근로종사자 등에 한해 선별적으로 지급되었습니다. 사실상 대한민국이 보편적 복지와 선별적 복지의 정책 효과에 대한 거대한 실험장이 된 것입니다.

그 결과는 너무나 극명하고 뚜렷하게 나타났습니다. 전 국민을 대상으로 지급한 1차 재난지원금 지급 이후 통계청 및 한국은행 등의 통계자료를 보면 전통시장 매출은 20%, 카드사 가맹점 매출도 27% 증가하는 등 민간소비가 눈에 띄게 증가했고 서민 경제와 지역 경제가 활성화되면서 GDP 추가 하락을 막는 결정적 역할을 했음이 증명되었습니다. 또한 선별로 지급됐을 때보다 전 국민에게 보편적으로 지급됐을 때 전체 가계 평균소득 증가율이 더 높았고, 5분위 배율 등 소득분배 효과도 훨씬 더 좋았습니다. 발테르와 요아킴 교수의 통찰이 옳았음이 증명된 것입니다.

하지만 개인적으로 가장 의미 있게 생각하는 것은, 숫자로 확인되는 경제적 성과가 아니라 우리 국민이 사회 경제적 연대를 통해 어려움을 함께 극복해낸 성공 사례가 소중한 사회 자산으로 축적된 부분입니다. 재난지원금의 소비활동 자체가 단순한 소비행위가 아닌, 작게는 우리 동네 가게 매출을 늘려 지역 경제를 살리고, 크게는 국가적 경제 위기를 함께 극복하는 사회경제 운동의 의미로 처음 인식되기 시작한 것입니다. 즉, 공동체 연대의 거리를 좁히며 함께 경제 위기를 극복할 수 있다는 소중한 경험 자산이 된 것이죠. 그럼에도 불구하고 기재부와 보수정당 등의 반대로 1차 이후의 긴급재난지원금이 모두 선별적으로 지급된 점은 지금 생각해도 두고두고 아쉽습니다.

재정건전성과 국가부채비율이 나빠진다는 것이 주된 이유였지만 사실 그 평계는 궁색하기 짝이 없습니다. 우리나라의 국가부채비율은 OECD 주요 국가에 비해 매우 양호합니다. 사실상 주요 선진 국가 중 가장 좋다고 해도 그리 틀린 말이 아닙니다. 재정건전성을 양호하게 유지하는 이유는 위기 때 효과적으로 사용하기 위함입니다. 재정 정책의 가장 중요한 목적은 재정건전성이 아니라 국민의 삶을 안정적으로 돌보는 것입니다. 큰 산불이 나서 화마가 언제 동네를 덮칠지 모르는 급박한 상황인데 한가하게 내년 농사를 위해 저수지 물을 아끼겠다는 말이나 다름없습니다.

그리고 긴급재난지원금이 지급되더라도 그들의 주장처럼 GDP 대비 국가부채비율이 바로 높아지지 않습니다. 국가부채비율은 분자인 국가채무와 분모인 GDP 크기에 따라 그 비율이 변하게 되어 있습니다. 긴급재난지원금 지급으로 분자가 증가하더라도 분모인 GDP도 그만큼 증가하면 국가부채비율은 증가하지 않습니다. 화폐 승수효과로 소비가 더욱 활성화되면 GDP가 더욱 커지므로 오히려 국가부채비율은 더 줄어들 수도 있습니다.

보수정당의 반대야 그렇다 치지만 당시 기재부의 반대는 여전히 이해하기 어렵습니다. 혹시 다른 저의가 있어서 반대한 것은 아닌지 많은 사람이 의심하는 이유입니다. 선별적 지원을 주장한 이유가 재정 지출을 최소화하기 위한 것은 아니었는지, 재정 지출이 줄어들면 징수 세금을 줄일 수 있고, 그것을 줄이겠다는 말은 결국 지금처럼 부자감세로 이어져 결과적으로 기득권 부유층의 혜택을 챙기기 위함은 아니었는지, 사람들은 의구심을 품고 있습니다.

경제는 '경세제민'의 줄임말입니다. 국민을 구할 수 있어야 그게 진짜 경제입니다. 국가는 우리가 어려울 때 손을 잡아주고, 쓰러지면 일으켜 세워주는 따뜻한 가족이 되어야 합니다.

악은 '가난'에서가 아니라 '불평등'에서 오는 법입니다. 경제적 불평등이 커지면 사회 통합을 해치고 지속 가능한 경제 성장도 불가능해집니다. 국민 인적 자원의 발달에도 악영향을 미쳐 우리 경제의 미래 동력까지 상실하게 됩니다.

송강호도 이선균도, 우리 모두가 함께 잘살아야 합니다. 그것이 국가의 존재 이유입니다.

'묻지 마 범죄'와
경제 불평등

신자유주의가 남긴 상흔

2013년 4월 8일 영국 마가렛 대처 전 수상이 세상을 떠났습니다. 그러자 수많은 영국 사람들이 거리로 뛰쳐나왔습니다. 마가렛 대처의 죽음을 슬퍼하고 추모하기 위해서가 아니라 자축하기 위해서였습니다. 거리로 뛰쳐나온 군중은 샴페인을 터트리며 환호했습니다. '딩동, 마녀가 죽었다Ding-Dong, The Witch Is Dead'라는 경쾌한 노래가 거리마다 울려 퍼졌습니다. 〈오즈의 마법사〉에서 나쁜 마녀가 죽었을 때 나오는 신나는 노래입니다. 이 오래된 노래는 유행을 한참 역주행하며 결국 영국 음원차트 1위까지 올랐습니다.

1980년 이후 약 30년간 '신자유주의'가 전 세계에 맹위를 떨쳤습니다. 미국의 레이건 대통령과 함께 마가렛 대처가 신자유주의 빗장을 열었습니다. 교육부장관 시절 7살 아이들의 우유 급식까지 중단했던 대처는 총리가 되자마자 노조를 탄압했고 국영기업들을 민영화했습니다. 수많은 사람들이 갑자기 일자리를 잃었습니다. 그리고 대처는 작은 정부를 표방하며 대대적인 감세정책을 폈습니다. 감세 정책으로 돈이 부족해지자 복지 재정마저 대폭 줄였습니다.

결국 영국 경제는 성장을 멈췄고 중산층은 몰락했고 경제적 불평등은 갈수록 심해졌습니다. 상위 10%를 제외한 90% 영국 시민이 이전에 비해 큰 생활고를 겪었습니다. 심지어 이혼율이 크게 증가하고 가족이 해체되는 등 사회 전체가 붕괴될 징후마저 여기저기서 나타나고 있었습니다.

대처가 퇴임한 1990년에는 영국 어린이 중 무려 28%가 빈곤선 이하의 가난에 시달렸습니다. 영국이 자랑했던 복지시스템 '요람에서 무덤까지'는 온데간데없이, 가난이 그 자릴 대신했습니다. 가난이 '요람에서 무덤까지' 지속되고 있었습니다.

일찍이 프랑스 철학자 미셸 푸코가 신자유주의의 특징에 대해 촌철 같은 표현을 한 적이 있습니다. 미셸 푸코는 신자유주의 시스템의 가장 큰 특징은 '살게 하거나, 죽게 내버려두기'라고 했지요. 즉 가만히 있으면 그냥 죽을 수밖에 없다는 겁니다. 죽음이 기본이고, 돈과 자본의 가치에 충실히 아부해야 살 수 있다는 것입니다.

당시 영국의 《가디언Gadian》지는 사설을 통해 '마가렛 대처의 유산은 인간 정신을 파괴한 사회 분열, 이기심, 탐욕뿐이었다'라고 일갈했습니다.

"사회? 그런 건 없다"라고 했던 마가렛 대처는 틀렸습니다. 그런 게 없었던 것이 아닙니다. 사악한 신자유주의 마녀가 '사회'를 없앴던 것입니다. 마가렛 대처가 죽던 날, 영국 거리마다 축가가 울려 퍼진 이유입니다.

우리나라도 전 세계를 강타한 신자유주의의 파고를 피하진 못했습니다. IMF 외환위기와 함께 강제로 수입된 신자유주의는 큰 태풍이 휩쓸고 간 것처럼 대한민국 곳곳에 큰 상처를 남겼습니다. 갈수록 부자는 더 부자가 되었으며 가난한 사람은 더욱 가난해졌습니다.

우리나라 노동자 3명 중 1명은 여전히 비정규직으로 일하고 있습니다. OECD 국가 평균의 2배가 넘는 비율입니다. 비정규직 임금은 정규직의 절반도 채 되지 않습니다.

2022년 '가계금융복지조사'에 따르면 소득 상위 20%가 가진 자산이 하위 20%에 비해 무려 64배가 넘는 것으로 나타났습니다. 통계청의 '가계동향조사'에 따르면, 2023년 현재 상위 20%의 월평균 소득은 1,100만 원이 넘는 반면 하위 20%의 소득은 110만 원이 채 되질 않습니다. 무려 10배 가까이 차이가 납니다. 우리나라 주택 보유 상위 100명이 보유한 주택수가 2만 8천 채가 넘습니다. 반면에 우리 국민의 45%는 여전히 내 집이 없습니다. 상위 10%가 우리나라 땅의 97%를 소유하고 있습니다. 아랫목은 펄펄 끓는데, 윗목은 냉골도 이런 냉골이 없습니다.

신자유주의가 남긴 상흔은 깊고 참담합니다. 왜곡된 성장과 경제적 불평등은 재앙에 가깝습니다. 2008년 리먼 사태 이후 전 세계 경제학계, 정치학계는 뒤늦게나마 신자유주의에 대해 통렬한 반성과 함께 미련 없이 사망선고를 내렸습니다. 자본주의 본산이라 일컫는 IMF조차 신자유주의는 틀렸다고 여러 차례 언급하며 사실상 파산을 선언했습니다. 민영화를 통한 경쟁, 경쟁을 통한 효율이라는 30년간의 신앙이 미신이었음이 판명된 것입니다. 마가렛 대처의 죽음과 함께 신자유주의도 사실상 사망한 것이나 마찬가지였습니다.

그런데 이미 사망한 신자유주의 무덤을 파헤치려는 사람들이 있습니다. 마가렛 대처의 망령을 좇으려는 사람들이 있습니다. 그들은 여전히 신자유주의의 시신을 끌어안고 무섭게 질주 중입니다. 기어이 부자는 더 부자로 만들고, 가난한 사람은 더욱 가난하게 만들겠다는 것입니다.

낙수효과를 맹신하며 부자감세를 적극 추진 중입니다. 2023년 올해 상반기에도 이미 법인세, 양도소득세 등 부자들 세금은 대폭 줄어들었습니다. 부자감세 영향으로 올 상반기에만 세수가 40조 원이나 펑크가 났습니다. 그런데도 추가로 신혼부부에게 3억 원까지 증여세를 면제해주겠다고 합니다.

누군가에게 3억은 푼돈일 수 있겠지만, 자녀의 결혼에 한 푼도 도와줄 수 없는 부모도 여전히 많습니다. 오히려 형편이 넉넉지 못한 그들은 자녀 결혼에 어떤 조세혜택도 받을 수 없습니다. 조세 정의와 형평성에도 맞지 않습니다. 무엇보다 그들이 느낄 상대적 박탈감은 큰 상처로 남을 수 있습니다. 게다가 재정건전성을 그토록 강조했던 정부가 세수에 구멍이 나는데도 부자감세를 계속 추진한다는 것은 자기모순에 가깝습니다.

재정이 부족하니 공공요금은 계속 올립니다. 이미 전기요금, 가스요금이 폭탄 수준으로 올랐습니다. 대중교통요금도 크게 올랐습니다. 얼마 전 결정 과정에서 큰 홍역을 치렀던 최저임금은 전년에 비해 겨우 2.5% 오른 9,860원으로 최종 결정되었습니다. 그런데 서민이 주로 이용하는 서울 시내버스 요금은 25~33%나 올랐습니다. 버스로 출퇴근할 경우 하루에 교통비만 적게는 600원, 많게는 1,500원 이상 더 부담해야 합니다. 최저임금은 겨우 2.5% 올랐는데 대중교통요금은 30%나 오른 것입니다. 공공요금을 이렇게 올리면 인플레이션을 더욱 자극하는 부정적인 결과도 초래하지만, 이미 물가가 올라 서민의 허리가 휘고 있는데 공공요금까지 오르면 그 고통은 배가 됩니다.

그래서 OECD 주요 선진국 대부분은 에너지 관련 보조금을 서민에게 지급했습니다. 전기와 가스요금 등 실생활과 직접 관련 있는 부분은 가격 상한제도 실시했습니다. 또 재원 마련을 위해 천문학적 수익을 거둔 에너지 기업에 '횡재세'를 도입하기도 했습니다. 대부분 적극적인 증세정책을 통해 코로나와 인플레이션으로 고통받은 서민의 삶을 보다 더 보살피고자 한 것입니다.

그런데 우리는 오히려 복지 예산을 줄였습니다. 2023년 기준 전체적인 국가 예산은 약 5% 정도 증가했음에도 오히려 서민의 복지 예산은 이전에 비해 줄었습니다. 그래서인지는 알 수 없지만 정부는 '긴급 생계비대출' 제도를 만들었습니다. 50만 원을 먼저 빌려주고 이자를 잘 갚으면 추가로 50만 원을 더 빌려준다는 것입니다. 그런데 그 이자가 무려 15.9%입니다. 이것이 정녕 정부의 작품인지 악덕 사채업자의 행태인지 헷갈리기 시작합니다. 15.9%라는 이자에 놀라기도 전에 정말 슬펐던 것은 그 고리에도 불구하고 단돈 100만 원을 빌리겠다고 늘어선 줄이 끝이 보이지 않을 정도였다는 것입니다.

노조를 탄압하는 듯한 태도도 마가렛 대처를 빼닮았습니다. 조선업 하청업체의 파업이 있었습니다. 조선업이 실적을 회복하고 다시 호황기를 맞이하자 5년 전에 삭감된 급여를 원상회복시켜달라는 것이 파업의 이유였습니다. 하지만 정부는 노사 간 조정자 역할 대신 오로지 법과 원칙만을 앞세우며 공권력 투입만 강조했습니다. 결국 노조는 백기투항하고 말았습니다.

건설노조 파업에는 '건폭'이라는 단어를 사용하며 노조를 조직폭력배 취급하는 모습을 보였습니다. 건설 노동자 관련 대대적 압수수색이 있었고 많은 사람들이 구속되었습니다. 결국 건설노조 간부 양회동 씨가 노조 탄압에 저항하며 극단적 선택을 하는 안타까운 사고까지 있었습니다. 화물연대의 파업에는 '북핵의 위협'과도 같다는 표현까지 서슴지 않았습니다. 노동조합도 결국 국민인데 '북한의 핵'만큼 위험하다고 본 것입니다.

대한민국에는 마가렛 대처의 망령이 떠도는 듯합니다. 계속 이런 식이라면 부자는 더 부유해지고 가난한 사람은 더 가난해질 수밖에 없습니다. 신자유주의의 효과는 너무나 극명하게 비대칭적이어서 가난한 사람들에게 훨씬 더 가혹합니다. 가난할수록 정부의 재정 정책에 의한 공공서비스 의존도가 훨씬 더 높기 때문입니다.

더불어 함께 살아가는 사회가 될 수 없습니다. 잔인한 '대격차의 시대'입니다.

격차가 벌어지는 사이, 대한민국 한복판에서 끔찍한 일들이 벌어지고 있습니다. 한낮에 불특정 다수를 향해 흉기를 휘둘러 사람들이 다치고 사망하는 끔찍한 사건들이 발생하고 있습니다. 이른바 '묻지 마 범죄'들입니다. 이젠 대놓고 특정 장소에서 또 다른 범죄를 예고하는 글들이 여기저기서 올라옵니다. 어제는 불특정 다수 중 누군가가 희생을 당했지만 오늘은 나를 덮칠지도 모릅니다.

사실 '묻지 마 범죄'라는 것은 없습니다. 동기 없는 범죄는 없다는 말입니다. 명명은 매우 중요한 문제입니다. '묻지 마 범죄'라고 해버리면 원인을 알 수 없고 대책도 세울 수 없다는 뜻이 됩니다. 그래서 2022년 1월부터 '이상동기 범죄'라 명명하고 공식 통계로 분류하며 관리하기 시작했습니다. 그 이후 이상동기 범죄의 원인과 특성을 파악하기 위해 많은 연구 결과가 있습니다. 대부분 '사회적 삶에서의 상대적 박탈감', '사회 단절로 인한 소외감' 등이 주요 원인이었습니다. 물론 정신병력에 의한 범행도 있었으나 비정신장애인의 범죄율이 정신장애인의 10배가 넘었습니다. 즉, 신자유주의가 초래한 경제적 불평등과 양극화, 중산층의 붕괴가 '이상동기 범죄'의 주요 원인이라는 이야기입니다.

불평등과 차별이 심해질 때 심지어 자기 자신도 해쳐가며 공동체를 적으로 간주하고 위해를 가하는 자멸적인 결정과 공격적인 행동을 저지릅니다. 개인이 사회와 단절되고 관계성이 약화되어 분노를 조절할 기회가 없어지면서 순간적으로 이상동기 범죄가 발생한다는 것입니다. 그러니 서울 시내 한복판에 장갑차를 세우고 무장특공대를 배치한다고 해결될 일이 아닙니다. 가석방 없는 종신형을 도입하며 처벌을 강화한다고 묻지 마 범죄가 사라질 리 없습니다.

노스캐롤라이나 대학 키스 페인 교수는 악은 '가난'이 아니라 '불평등'에서 나온다고 했습니다. 부자감세를 즉시 멈춰야 합니다. 무너지고 있는 중산층을 살려내야 합니다. 긴축이 아닌 적극적 재정정책을 펼쳐야 합니다. 그래서 경제적 불평등과 사회적 갈등을 줄여야 합니다. 그것만이 묻지 마 범죄를 멈추게 할 수 있는 유일한 방법입니다.

"자유주의자들은 시장이 잘 돌아가도록 하기 위해 연대나 동정심 같은 감정을 억누르라고 가르친다. 사유재산과 계약의 자유, 자유경쟁 같은 이념을 더 확장해야 한다고 주장한다. 이것이 소위 그들이 말하는 '시장의 마술'이다.

하지만 나는 '시장의 마술'보다 '인간 온정의 마술'에 대해 이야기하고 싶다. 사회의 목적은 인간의 삶과 동떨어진 그 어떤 것을 추구하는 이념이 아니다. 사회의 목적은 인간을 넘어서서 멀찍이 있는 그 무엇도 아니다.

사회와 제도는 지금 이곳에 있는 인간을 위한 것이다. 각자 삶의 목표를 성취해가며 그들의 일상을 돕는 것이다. 사회와 연대의 목적은 사회 구성원 모두가 사회의 자원을 활용해 삶의 크고 작은 과제를 성취해 나가는 것이다. 이것이 바로 복지사회의 출발점이자 목적이다."

스웨덴의 민주주의와 사회복지시스템을 완성한 올로프 팔메 스웨덴 전 총리의 연설문 중 일부입니다. '사람은 상품이 아니다'라는 장엄한 선언이었습니다. 어떤 경우에도 사람을 상품으로 봐선 안 되며 모든 사람은 시장에서 퇴출되지 않고 사람답게 살 권리가 있다는 것입니다. 사회의 존재 목적은 인간을 행복하게 만드는 데 있다는 것입니다. 소외된 인간을 만들지 않겠다는 것입니다.

2011년 《이코노미스트》는 스웨덴에 대해 '길을 안내하는 반짝이는 북극성'이라 표현했습니다. 스웨덴의 민주주의와 사회복지시스템은 전 세계가 가야 할 방향이며 그 길잡이 역할을 하고 있다는 뜻입니다. 늦은 건 없습니다. 지금이라도 저 반짝이는 북극성을 길잡이 삼아 우리도 뚜벅뚜벅 걸어가야 합니다. 사람보다 소중한 것은 없기 때문입니다.

쓰디쓴 실업과
달디단 '시럽'

실업급여 제대로 알기

　　고용보험은 일자리를 잃은 노동자의 생활안정 및 재취업을 지원하는 사회보험 제도입니다. 실업급여는 고용보험의 피보험자가 실직한 경우 일정기간 동안 급여를 지급하여 실직자 및 가족의 생활안정을 도모하고 노동시장으로 재진입할 수 있도록 도와주는 사회안전망입니다.

　그 실업급여를 '시럽급여'라 표현한 정치인들이 있습니다. 눈치 없고 재미없는 아재개그가 아닙니다. "밝은 얼굴로 와서 실업급여를 받아 명품 선글라스를 끼고 해외여행에 다녀온다고 한다." 심지어 이런 말까지 했습니다. 비자발적 퇴직, 즉 다니던 직장에서 잘려서 받는 돈인데 그 돈을 '달콤한 보너스'라고 지칭합니다. 잘린 것도 서러운데 '달콤한 보너스'라니, 조롱도 이런 조롱이 없습니다.

　'실업급여제도 개선 공청회'에서 실업급여가 최저임금보다 많다는 고용노동부 자료에 근거해 쏟아낸 말들입니다. 최저임금 노동자는 세금 떼고 나면 179만 9,800원을 받는데, 놀면서 받는 실업급여가 184만 7,040원이나 된다는 것입니다. 그래서 실업급여 하한선(현재 80%)을 낮추거나 아예 없애는 방안을 추진하겠다고 합니다.

먼저, 우리 사회 가장 낮은 곳에서 일하는 사람들의 임금, 최저임금과 실업급여의 많고 적음을 따지는 것 자체가 정말 치사하기 짝이 없습니다. 이 논란을 지켜보는 것조차 부끄럽고 민망합니다. 게다가 고용노동부가 제출한 자료도 신뢰하기는 어려워 보입니다. 계산법이 아무래도 이상합니다. 고용노동부 자료는 최저임금 급여에 근로소득세와 4대 보험료 등을 합쳐 10.3%를 일괄 공제한 후 실업급여와 추정 비교했습니다. 실제로 받은 돈을 직접 비교한 것도 아닙니다.

근로소득자 37.2%는 세금을 내지 않습니다(2020년 기준). 면세점이 37.2%였습니다. 최저임금을 받는 사람 대부분은 면세점 이하일 가능성이 높습니다. 근로세득세를 내지 않는다는 이야기입니다. 또 소규모 사업장의 노동자 중 월평균 보수가 260만 원 미만이면 고용보험과 국민연금 보험료의 80%를 3년간 지원하는 '두루누리 사업'의 지원을 받습니다. 2022년 기준 두루누리 사업의 지원을 받은 노동자는 약 77만 명에 이릅니다. 즉 10.3%를 일괄 공제한 고용노동부 계산법은 과장됐습니다. 현실을 전혀 반영하지 않고 계산한 급여를 근거로 실업급여 하한선을 낮추거나 아예 없애는 방향으로 정책을 펴겠다는 것입니다.

설령 고용노동부의 자료대로 실업급여 수급자가 최저임금 노동자보다 더 많은 돈을 받는다 하더라도, 그 돈은 직장 다니면서 열심

116

히 낸 고용보험료에서 나오는 돈입니다. 노동자 본인이 0.9%를 내고 사업주가 또 0.9%를 냅니다. 나랏돈으로 적선하듯 던져준 돈이 아닙니다. 또 고용보험은 실업급여로만 돈이 나가는 것도 아닙니다. 대부분의 나라에서는 국가 재정이 부담하는 직업훈련과 출산휴가에 드는 돈까지 우리는 고용보험이 부담합니다. 국가 세금으로 감당할 돈까지 고용보험에서 나가다 보니 정작 사회보험의 실제 기능인 실업급여까지 축소되는 경향이 있습니다.

그리고 실업급여는 직장을 그만둔다고 무조건 받는 돈이 아닙니다. 실업급여를 받기 위해선 굉장히 까다로운 조건을 통과해야 합니다. 일단 직장에서 해고돼야 합니다. 본인이 자발적으로 그만두면 받을 수 없습니다. 그리고 적극적이고 지속적으로 일자리를 찾고 있음을 증명해야 합니다. 또 근무기간과 고용보험 가입기간도 일정기간 충족해야 합니다. 이 모든 것을 충족해야 간신히 받을 수 있는 돈이 바로 실업급여입니다.

그래서 2022년 기준 전체 실업급여 수급률이 21.3%에 불과하고 임시, 일용직은 겨우 15.8% 수준에 그친 것입니다. 특히 30세 미만은 6.9% 수준밖에 되질 않습니다. 이 숫자가 가리키는 것은 여전히 실업급여를 못 받는 사람이 많다는 것입니다. 30세 미만의 젊은이들은 이직이 잦거나 노동 시간 자체가 짧아 고용보험의 적용을 받지 못하는 경우가 대부분입니다. 그리고 스스로 그만둔 모양새를 취하지만 사실상 잘린 것이나 다름없는 사람도 많습니다. 그들은 단돈 십 원도 받을 수 없습니다. 회사를 하루만 다녀본 사람이라면 충분히 공감할 수 있을 것입니다.

'민컴Mincome 프로그램'이라는 것이 있습니다. 캐나다 중부 마니토바주의 아주 작은 도시 도핀Dauphin에서 1974년부터 5년간 실시한 주정부의 기본소득 공식 프로그램입니다. 빈곤선 이하의 소득을 버는 1,300가구를 무작위로 선정해 일자리가 있든 없든 매년 3,300달러를 지급하고 어떤 변화가 있는지 관찰하는 프로그램이었습니다. 지금 돈 가치로 환산하면 약 2,500만 원가량을 매년 공짜로 지원한 것입니다.

보수정당과 일부 언론의 주장대로라면 이 돈을 지원받은 사람들 대부분은 달콤한 '시럽'을 맛보기 위해 다니던 직장을 그만두고 명품 선글라스를 사서 해외여행을 떠났겠지요. 놀아도 돈을 주면 누가 일하겠냐는 것이 보수정당과 언론들의 오래된 주장이었으니 말입니다.

민컴 프로그램 시행 이후 도핀시 전체 노동시간이 조금 줄긴 했습니다. 그런데 남성은 고작 1%, 여성도 겨우 3% 남짓 줄었습니다. 사실상 노동시간 변화는 없었다고 봐야 합니다. 그리고 1~3% 줄어든 전체 노동시간도 놀러 다니느라 준 것이 아닙니다. 자기계발을 위한 공부나 새로운 기술 습득, 가족을 돌보기 위해, 또 아이를 더 낳기 위해 노동시간을 줄인 것입니다.

민컴 프로그램의 성과는 이것이 끝이 아닙니다. 기본소득을 지급했던 도핀에 정말 놀라운 일들이 벌어졌습니다. 도핀 주민들은 이전에 비해 훨씬 건강해졌습니다. 프로그램 시행 이전과 비교할 때 병원 입원율이 8.5%나 떨어졌습니다. 가정 폭력 등 사회 범죄는 42%나 감소했습니다. 상대적 빈곤율이 제로에 가깝게 떨어졌고 심지어 아이들이 똑똑해지기까지 했습니다. 아이들의 학교 성적이 크게 향상된 것입니다. 민컴 프로그램을 분석한 마니토바대 경제학과 에블린 포르제Evelyn Forget 교수는 당시에는 많은 논란이 있었지만 완벽하게 성공한 정책이었다고 극찬을 아끼지 않았습니다.

이처럼 대부분의 서민은 여윳돈이 생겼다고 일을 그만두고 놀러 다니지 않습니다. 언제나 내일의 더 나은 삶을 위해, 또 가족을 위해 오늘을 열심히 준비합니다. '시럽급여'를 타겠다고 직장도 그만두는 도덕적으로 타락한 잠재적 범죄자들이 아닙니다.

올해 세수 펑크는 최소 60조 원 정도일 것으로 예상합니다. 많은 경제 전문가들이 부자감세정책의 결과라고 지적합니다. 부족해진 세수 때문에 정부도 '긴축재정'을 계속 강조합니다. 긴축재정의 기조에 발맞추려고 무리하게 실업급여 하한선을 낮추거나 아예 없애겠다는 건 아닌지 모르겠습니다.

실업급여를 줄일 수 있는 좋은 방법이 있습니다. 직원을 안 자르면 됩니다. 정규직으로 채용하면 됩니다. 전체 노동자들을 정규직으로 채용하면 실업급여를 지급할 일도 없습니다. 넉넉한 고용보험기금으로 스스로 직장을 그만둔 사람들까지 실업급여를 지급할 수 있습니다.

농담 같지만 사실 정치가 진짜 고민해야 되는 지점이 바로 여기입니다. 어떻게 하면 서민이 해고 걱정 없이 열심히 일할 수 있는, 그런 좋은 일자리를 많이 만들까 고민해야 합니다. 왜 저소득층은 짧은 주기로 취업과 실업을 반복하는지, 그 구조적 문제를 고민해야 합니다. 그것이 정치가 존재하는 이유입니다.

대한민국 헌법 제34조 1항은 '국민은 인간다운 생활을 할 권리를 가진다'라고 규정하고 있습니다. 일자리를 잃더라도 삶을 포기하지 않고 인간다운 생활을 할 수 있도록 국가는 이를 보장해야 한다는 것입니다. OECD도 우리나라 고용보험의 적용 범위가 좁다고 지적하며 적용 범위 확대를 위해 지속적으로 노력하라고 권고했습니다. 실업급여는 급류에 휩쓸려도 목숨을 지켜주는 구명조끼 같은 것입니다. 더 튼튼한 구명조끼를 마련해주지는 못할망정 뺏어가서야 되겠습니까?

실업급여의 하한선을 낮출 것이 아니라 선진국에 비해 여전히 낮은 실업급여의 보장성을 더 강화하도록 해야 합니다. 그것이 국가의 마땅한 책무이며 헌법의 가치를 지키는 일입니다.

선거 때만 선심을 베푸는 청년 문제

청년을 위한 진짜 정책이 필요하다

선거 때만 되면 여야, 진보, 보수 가릴 것 없이 쏟아내는 공약과 정책이 있습니다. 바로 '청년 문제'와 관련된 공약과 정책들입니다. 선거 당락을 떠나 모든 역량을 쏟아붓더라도 반드시 해결하겠다는 말까지 덧붙입니다. 심지어 '청년팔이'란 말이 나올 정도로 달콤한 말과 많은 공약이 쏟아집니다. 하지만 선거가 끝나면 언제나처럼 '청년문제'는 또 뒷전입니다.

그러는 사이 '아프니까 청춘이다'라는 시적 표현은 현실에서 매일같이 살이 베이는 아픔을 감내해야 하는 사실적 표현으로 바뀌어갑니다. 이젠 '청년'이란 단어 속 그 푸름이 젊은 나이를 의미하는 건지, 고통과 아픔에 시퍼렇게 멍이 든 푸르스름을 의미하는 건지 모르겠습니다.

이미 우리 사회는 개천에서 용 나던 시절도 끝났습니다. '세 살 불평등이 여든까지 간다'라는 우스갯소리가 현실이 되어갑니다. 수저

계급론이 당연한 현실로 받아들여집니다. 실제로 부모가 소득 하위 10% 또는 상위 10%인 경우에, 그 자녀도 같은 계층에 머물 가능성이 90% 이상이나 높아졌습니다. 태생적 운에 따라 어떤 인생으로 살아갈지가 정해집니다.

소위 명문대학이라는 SKY(서울대, 고려대, 연세대) 신입생 비중도 갈수록 고소득층 자녀가 늘어나고 있습니다. 부모의 경제력이 자녀의 대학을 좌우합니다. 그 대학 졸업장은 취업 스펙이 되어 다시 대기업 정규직, 공기업 등 양질의 일자리를 보장합니다. 이른바 '교육 사다리'는 부러진 지 오래되었습니다.

돈 없고 가난한 경제적 약자의 교육 기회가 박탈되면 사회의 인적 자본이 훼손되고 국가 경쟁력이 약화되며 경제의 지속적인 성장도 불가능합니다. 그러니 '공정'이란 가치에 더 민감할 수밖에 없습니다. 노력이 아닌, 출생 환경이 결과로 이어지는 현실을 그대로 체험하고 자란 세대입니다. 기회는 균등하고, 과정은 공정하고, 결과는 정의로울 것이라는 거창한 구호는 허공의 메아리처럼 들립니다. 그러니 최소한, 과정만이라도 공정해야 한다고 목소리를 높이는 것입니다.

게다가 과거처럼 공업화와 고도 성장기도 사라졌습니다. 그만큼 좋은 일자리 찾기도 어렵습니다. 많은 청년이 단기계약직이나 비정규직, 편의점 아르바이트 등으로 하루를 살아냅니다. 힘든 하루를 살아내는 그 청년들 대부분은 말끔하고 화려한 유니폼을 입고 일합니다. 그 유니폼이 당장의 아픈 현실과 고통을 가려줍니다. 하지만 그들이 받는 급여는 유니폼의 화려함과는 반비례합니다. 유니폼을 입고 있는 이들 대부분은 우리 사회의 가장 낮은 임금인 최저임금 수준을 받습니다.

많은 청년이 그 유니폼에서 벗어나기 위해 노력하지만 이제는 그 노력 자체에도 돈이 듭니다. 2020년 기준 청년들의 취업준비로 지출된 비용만 평균 380만 원이었습니다. 노력비용치고는 상당히 비싼 편입니다. 그래서인지 2023년 2월 기준 통계청에 따르면 취업 준비도 하지 않고 그냥 '쉬었다'라고 답한 청년층이 50만 명이나 됩니다. 통계청 조사에서 '쉬었음'은 현재 일하지 않는 사람들 중에서 '지난 1주일 동안 주로 무엇을 했느냐'는 질문에 그냥 '쉬었다'라고 답한 이들입니다. 2018년에는 35만 명 수준이었는데 무려 14만 명이나 증가했습니다. 통계 작성 이래 가장 많은 숫자입니다. 취업 준비조차 할 수 없을 만큼 주머니가 비었거나, 아님 아무 의욕도 없는 무기력한 상황이거나, 그나마 좋은 일자리는 하늘에 별 따기만큼 찾기 어렵다는 이야기입니다.

'쉬었다'라고 답한 청년들이 계속 늘어난다면 국가 전체적으로 생산성이 떨어지고 경제 성장도 둔화될 것은 불 보듯 뻔한 일입니다.

그나마 운 좋게 취업에 성공한 청년도 40% 이상이 비정규직, 계약직으로 첫 직장을 시작합니다. 게다가 비정규직의 시간당 임금은 정규직의 65% 수준밖에 안 됩니다. 믿기 힘들지만 우리 사회는 여전히 일터에서 일하다 목숨을 잃는 사람들이 하루에 4~5명이나 됩니다. 24살 꽃다운 나이에 목숨을 잃은 김용균 씨처럼, 그들 대부분은 비정규직이고, 계약직이고, 파견직인 청년들입니다.

그러다 보니 지방직 공무원 시험도 경쟁률이 치솟고 수많은 청년이 몰려듭니다. 공무원은 비정규직도 아니고, 계약직도 아니고 파견직도 아닙니다. 시쳇말로 정년까지 잘릴 염려도 없습니다. 출산, 육아로 고립돼 경력 단절을 걱정할 필요도 없습니다. 지방대 출신도 소위 '지잡대' 출신이라는 편견과 불이익에 신경 쓰지 않아도 됩니다. 불편한 편견과 시각을 견뎌야 하는 장애인에게도 마찬가지로 똑같은 기회가 주어집니다. 누가 봐도 공무원 시험이 다소 '공정'하게 여겨집니다. 오늘도 좁디좁은 고시촌 쪽방이 몰려 있는 노량진에는 외롭게 혼자 컵밥을 먹는 청년들이 가득합니다.

청년들의 주거문제는 더욱 심각한 상황입니다. 서울 거주 1인 청년 가구의 주거 빈곤율은 무려 40%가 넘습니다. 주거 빈곤율은 1인 가구 기준 최소 주거면적이 14제곱미터(4.2평)에도 못 미치는 공간에서 살고 있거나, 월 소득 대비 주택임대료가 20%를 초과하는 상태를 말합니다. 사실 우리나라의 최소 주거기준 면적도 혼자 살아내기엔 너무 좁습니다. 집이 좁기로 유명한 일본의 최소 주거기준 면적도 7.5평(25제곱미터)입니다. 영국은 11.5평(38제곱미터)이나 됩니다.

4.2평이면 최소한의 기본 생활가구조차 갖출 수 없는 공간입니다. 먹고 자는 것 외에 할 수 있는 것이 거의 없습니다. 여행가방 하나에 인생 전체를 구겨 넣을 수 있을 정도로 좁은 공간입니다. 사실상 '청년 난민'이나 다름없습니다.

2020년 기준 1인 청년 가구의 월평균 소득은 약 243만 원이었습니다. 그중 주거비, 식비, 교통비 등 기본 생활비가 차지하는 비중이 44%나 됐습니다. 월세로만 최소 50~80만 원을 지출하고 있습니다. 소득이 없는 청년도 최소한의 살 곳은 필요합니다. 어쩔 수 없이 대출에 기대야 합니다. 청년층의 총 대출 중 주거 관련 대출 비중이 80%를 넘어섰습니다. 지금처럼 고금리가 계속되면 기본적인 생활조차 불가능합니다.

일부 정치권과 언론에서는 부동산 부자들의 종부세 몇십만 원만 올라도 하늘이 무너질 듯 분노를 쏟아냅니다. 청년들의 최저임금 몇백 원만 올라도 나라 경제가 한순간에 망할 것처럼 온갖 비판을 퍼붓습니다. 하지만 집 한 채도 없는 청년들이 한 해에 800~1,000만 원의 주거비용을 세금처럼 내고 있는데도 청년들의 주거 문제에 분노하는 언론 기사는 찾기 힘듭니다. 아예 관심조차 없습니다.

집이 있는 청년층도 어렵기는 마찬가지입니다. 금융감독원의 '연령별 주택담보대출 현황' 자료에 따르면 20~30대 주택담보대출에서 제2금융권이 차지하는 비중이 약 40%였습니다. 특히 20대의 주택담보대출이 가장 가파르게 증가했습니다. 2019년 12월말 대비 2021년 12월의 제2금융권 주택담보대출 총액은 52%가 넘게 증가했습니다. 젊은 만큼 신용도가 높지 않아 훨씬 더 높은 금리를 주고 제2금융원에서 대출받아 집을 산 청년층이 많다는 이야기입니다. 달리 말하면 인플레이션 시대에 금리가 오르면 가장 큰 타격을 받을 세대도 청년층이라는 말입니다. 그런데도 마치 남일 걱정하듯 사회면 헤드라인을 장식하는 0.78% 합계 출산율 기사는 정말 뜬금없어 보입니다.

최소한 과정만이라도 공정하길 바라며 '공정성'에 민감한 모습을 보이면 일부 언론과 정치권은 청년의 그 공정성을 정파적으로 이용하기 바쁩니다. 동계올림픽 여자 아이스하키 단일팀 때도 그랬고 인천공항 비정규직의 정규직 전환 때도 그랬습니다. 하지만 청년들의 절박한 현실과 아픔에는 철저히 눈을 감습니다.

그러는 사이 '돈도 실력이야 니네 부모를 탓해'라는 조롱이 청년들의 가슴을 멍들게 합니다. 전직 검사 출신 국회의원의 아들이 겨우 2~3년 일하고도 퇴직금 50억 원을 챙겨가는 현실에 또 절망합니다. 그러니 더 이상 '공정'이니 '정의'니 하는 단어를 믿지 않습니다. 마찬가지로 모든 것을 바꾸어보겠다는 '정치'와 정치인들의 말 또한 믿지 않습니다. 정치를 믿지 않으니 투표도 하지 않습니다. 정치에 대한 기대가 무너져 투표를 포기하기도 하지만, 최저임금의 화려한 유니폼은 청년들을 한가하게 투표장에 갈 수 있게 내버려두지도 않습니다. 말끔한 유니폼의 계약직 일자리는 선거일에도 대부분 쉬지 않습니다. 우리 청년 대부분이 '정치'가 힘이 되는 경험을 해본 적이 없습니다. 그래서 대부분 정치를 더 이상 믿지 않습니다. 투표장에 갈 수 없는 이유가 많아집니다.

차라리 형편없는 액수지만 최저임금이라도 손에 쥐어주는 사장님을 훨씬 더 믿는지 모릅니다. 정치에 대한 기대보다는 경기가 좋아지면 손님이 많아지고, 매상이 증가하고, 매출이 증가하고 그럼 시급이라도 조금 더 올려주겠다는 '사장님 말씀'에 대한 기대가 훨씬 더 큰지도 모릅니다. 정치니 복지니 하는 이야기는 너무 멀리 있고, 경기가 좋아져야 한다는 사장님의 말씀은 너무나 가까이 있습니다. 많은 청년이 사장님의 정치적 이념이나 생각과 닮아가는 건 자연스러운 일입니다. 서로의 입장은 하늘과 땅 차이이지만 역설적으로 사장님의 이해관계와 비정규직, 계약직 청년들의 이해관계는 같아지고 있습니다. 이해관계가 사장님을 빠르게 좇아갑니다. 이렇게 또 보수화되는 청년들이 늘어갑니다.

달리 거창한 방법이 있는 것도 아닙니다. 멀리 있는 정치를 청년 곁으로 가까이 끌고 와야 합니다. 코로나19 팬데믹 당시 1차 재난지원금이 전 국민에게 보편적으로 지급됐습니다. 1차 재난지원금 지급으로 민간소비가 증가하고, 자영업자 매출이 크게 증가하고, 나아가 서민 경제와 지역 경제가 활성화되면서 GDP의 추가 하락까지 막은 적이 있습니다.

마찬가지로 우리 청년에게도 정치가 힘이 되는 모습을 보여줘야 합니다. 정치가 힘이 돼준 기억들이 소중한 경험으로 쌓이게 해야 합니다. 절박한 현실과 아픔에 진심으로 공감하면서 실질적인 '힘'이 되어줘야 합니다. 그래야 청년의 삶이 조금이라도 나아지는 진짜 대책을 세울 수 있습니다.

청년을 위한 '기본소득'도 좋습니다. 청년을 위한 '공공임대아파트'도 좋습니다. 넘어져도 일어설 수 있도록 돈도 주고 시간도 줘야 합니다. 청년층의 고금리 대부업 이용자가 이미 수십만 명을 넘었습니다. 대출금 상환을 제때 하지 못하면 사실상 정상적인 사회생활은 불가능합니다. 아니, 앞으로 영원히 사회에서 배제될지도 모릅니다. 그러니 청년 '기본 대출'이라도 해줘야 합니다.

재벌 대기업, 부자들 세금은 수십조 원씩 감세해줍니다. 그러면서 부자감세가 우리 경제를 더욱 살찌게 한다는 말도 잊지 않습니다.

마찬가지로 청년을 위한 '기본소득', '기본 대출', '공공임대아파트'는 청년들이 꿈을 포기하지 않도록 하는 최소한의 지원이고 미래에 대한 최소한의 투자입니다. 《21세기 기본소득》의 저자인 판 파레이스 교수는 기본소득에 관해 '모든 사회 구성원에게 실질적인 자유를 주는 것'이라고 했습니다. 청년에게도 실질적인 자유를 줄 수 있어야 합니다. '사장님의 힘'이 아니라 '정치의 힘'으로 실질적인 자유를 주어야 합니다.

'농부는 굶어 죽어도 씨앗을 베고 죽는다農夫餓死枕厥種子'라고 했습니다. 다산 정약용의 속담집 《이담속찬耳談續纂》에 나오는 구절입니다. 농부는 배가 고파 굶어 죽을지언정 살아남은 자식들이 다시 농사를 지을 수 있도록 씨앗을 남겨둔다는 말입니다.

청년은 단순한 복지 대상이 아닙니다. 우리 미래의 씨앗입니다. 미래의 씨앗이 병들면 미래도 없습니다. 지금이라도 정치가 청년에게 힘이 되고, 곁을 지켜야 합니다. 그래야 우리에게 내일도 있습니다.

산불이 덮쳐오는데
저수지 물은 손대지 마라?

재정건전성 논란 살펴보기

대한민국만큼 재정건전성 논란이 많은 나라도 흔치 않을 겁니다. 재정건전성 논란이 이념 논쟁으로 변질된 지도 오래되었습니다. 재정에 대한 이슈가 진보와 보수를 가릅니다. 한쪽은 국가 미래를 생각하면 국가부채만큼 중요한 것도 없으니 국가부채를 무조건 줄여야 한다고 이야기합니다. 다른 한쪽은 경제가 안 좋을수록 재정이 제 역할을 할 수 있어야 국가 미래를 위하는 길이라고 주장합니다. 그러다 보니 정말 중요한 것은 놓치게 됩니다. 이념 논쟁으로 의미 없는 것들만 논란으로 남습니다.

최소 생계조차 힘든, 은퇴한 노령층조차도 국가부채를 걱정하며 복지 확대를 반대합니다. 복지가 확대되면 그 혜택은 대부분 본인에게 돌아가는데도 말이죠. 2007년 노무현 정부 당시 처음으로 종합부동산세를 도입했습니다. 당시 종부세 대상은 전국 1,800여만 가구 중 최상위 2%에만 해당되는 세금이었습니다. 그런데 종부세와 전혀 관련 없는 98% 국민의 대다수가 반대했습니다. 때마침 보수언론은 부자들이 종부세 부담만큼 서민에게 월세를 더 얹어 받을 것이라는 '반시장적' 기사를 쏟아냅니다. 이젠 서민이 부자들을 걱정합니다. 그 불만의 화살이 종부세를 도입한 정부를 향합니다.

코로나19 팬데믹 당시에도 비슷한 일이 벌어집니다. 정부의 적극적인 지원이 필요하다고 답한 국민이 80%가 넘었습니다. 하지만 정부가 적극적인 지원을 위해 세금을 올려야 하느냐고 물었더니 국민 60%가 반대합니다. 앞뒤가 안 맞는 얘기입니다.

정부가 재정건전성을 강조합니다. 경제 위기가 닥쳤을 때 경기를 살리는 마중물 역할을 하고, 국민의 삶을 안전하게 보살피기 위함입니다. 그런데 경기부양이나 국민의 생활 보장은 뒷전이고 재정건전성 자체가 목적이 된 듯합니다. 무너지는 민생을 걱정하는 것이 아니라 무너지는 재정건전성을 걱정합니다. 잘못돼도 한참 잘못됐습니다.

국가부채는 무조건 적을수록 좋다고 생각합니다. 완전 잘못된 생각입니다. 부채는 적고 많은 게 중요한 것이 아니라 경제상황과 경제규모, 재정상태, 경제 성장률 등을 감안하여 적정하게 가져가는 것이 가장 좋습니다.

2018년에 기재부에서 국채 발행을 담당하다 퇴직한 직원의 적자국채 발언이 크게 논란이 된 적이 있습니다. 적자국채는 세수가 예상보다 덜 걷혀 그 부족분을 채우기 위해 발행하는 국채를 말합니다. 당시 그는 적자국채를 굳이 발행할 필요가 없었는데도 어떤 부당한 압력에 의해 국채 발행이 있었고 그만큼 이자 부담이 늘어났으니 재정을 낭비했다고 주장했습니다. 적자국채 발행 자체가 '악'이고 발행을 줄이는 것이 절대 '선'인 것처럼 주장했습니다. 또 보수진영에서는 포퓰리즘 퍼주기 정책으로 국가 재정을 거덜낸다며 일제히 비판의 목소리를 높였습니다.

이 주장이 타당한지를 살펴보려면 먼저 글로벌 경제상황이 어땠는지 살펴봐야 합니다. 당시 글로벌 경제는 2012년 이후 급속히 세계 교역량이 감소하는 모습을 보였습니다. 대외 수출의존도가 높았던 우리 경제는 바로 타격을 받았습니다. 2011년까지 매년 15~30% 수출 증감률을 보였던 수출 성적이 2015년에는 -8.0%까지 줄어들었습니다. 2017년 문재인 정부 이후 수출 증가율은 15.8%로 다시 반짝 상승했지만, 사실 반도체 성적을 빼면 전체 수출 실적은 크게 감소했고 세계 교역량 역시 감소추세에 있다는 것을 누구나 알 수 있었습니다.

게다가 미·중 무역전쟁이 본격화했으며 영국의 브렉시트, 미국의 보호무역주의가 한층 강화되면서 IMF, OECD 등에서도 2019~2020년 세계 경제 성장률을 모두 하향 조정하는 등 글로벌 경기침체를 모두가 예상한 시점이었습니다. 세계 경제는 매우 급박하게 돌아가고, 수출로 먹고사는 우리나라는 가장 큰 타격을 받을 것으로 예상되었습니다.

이런 상황에서 전 기재부 직원의 발언이 나온 것입니다. 경기 침체가 예상되면 일자리도 늘리고, 공공투자도 늘리고, 사회안전망도 더욱 두텁게 하는 확장적 정책이야말로 기본에 가까운 상식적인 정책입니다. 정부라면 마땅히 취해야 할 정책입니다.

게다가 당시는 저금리 상황이었습니다. 그리고 경기 침체에 대응하기 위해 기준금리를 지속적으로 낮추던 시점이었습니다. 즉 국가부채를 늘려도 이자 상환 부담이 많지 않았다는 이야기입니다. 오히려 효과적이고 적절한 재정 지출이 경기 회복의 마중물 역할을 하고, 경기 회복 속도가 빨라지면 국가채무비율의 분모에 해당되는 GDP도 함께 커져 국가채무비율은 오히려 감소할 가능성도 있었습니다. IMF 재정점검보고서나 기타 보고서에서도 이 같은 내용이 여러 차례 언급되었습니다. GDP 대비 1%의 재정 지출은 1~2년 후 GDP를 2.7%, 민간투자 유발효과도 10.1%나 증가시키고 고용촉진 효과도 상당하다고 말입니다.

재정건전성을 제대로 이해하는 사람이었다면 지금은 오히려 국채를 더 많이 발행해서라도 선제적으로 경기 침체에 대응해야 한다고 주장해야 했던 겁니다. 정부는 가정도 기업도 아닙니다. 가계부와 재무제표처럼 흑자가 목표가 아닌 것입니다. 경기 상황에 따라 적자를 감수하더라도 적극적으로 돈을 쓸 수도 있고 여유가 생기면 다시 돈을 갚을 수도 있습니다. 그런데도 적자국채 발행은 무조건 잘못이며 재정건전성은 늘 양호하게 유지해야 한다는 주장은 국민의 안전한 삶보다는 재정건전성 자체가 목표라고 자인한 것과 다름없습니다.

사실 문재인 정부 역시 돈을 너무 안 써서 문제였습니다. 글로벌 경제 침체를 예상하고 확장적 재정 정책을 펴겠다고 공언한 문재인 정부에서도 2017년, 2018년 연속 초과세수가 발생했습니다. 경기

부양을 위해 재정을 풀겠다고 했지만 애초 의도와 달리 결과적으로는 민간에서 세금을 더 걷은 꼴이 되었습니다. 글로벌 경제 흐름상 어느 때보다 더욱 확장적인 재정 정책이 필요한 때였지만 사실상 긴축 재정 정책을 편 것입니다.

많은 이들이 문재인 정부 5년 동안 방만하게 돈을 펑펑 썼다고 비판하지만, 전혀 사실이 아닙니다. 오히려 거의 매년 초과세수가 발생했습니다. 문재인 정부가 애초 확장적 재정 정책을 목표로 했다면 사실상 실패한 셈입니다. 재정 기득권 세력에 포위당해 정부의 철학을 국정에 제대로 반영하지 못했으니까요.

우리나라 재정건전성은 양호해도 너무 많이 양호한 편입니다. 그 내용을 조금만 자세히 들여다보면 바로 대한민국의 빚은 매우 양호한 양질의 빚이라는 걸 확인할 수 있습니다.

2022년 기준 우리 국고채 발행 잔액은 1,000조 원 정도 됩니다. 거의 대부분이 원화 표시 채권입니다. 달러나 엔화가 아닌 우리나라 원화로 빌린 돈입니다. 게다가 내국인, 즉 대한민국 국민이 국채의 80%를 보유하고 있습니다. 우리나라 은행, 보험사, 국민연금 등에서 우리 국채를 대부분을 들고 있습니다. 국채 이자가 지급되더라도 국민의 주머니로 다시 들어가는 돈입니다. 국채 이자는 그냥 버려지는 돈이 아닙니다. 국민 수중으로 돌아간 국채 이자가 국내에 재투자되거나 소비활동에 쓰이면 경제에도 도움 되는 일입니다.

그리고 우리나라 국가부채 중 약 30~40%는 금융자산이 있는 금융성 채무입니다. 이건 빚이라 할 수 없는데, 금융자산만 팔면 바로 상환할 수 있기 때문입니다. 들여다볼수록 우리나라 빚은 안전하고 건전한 빚인데도 틈만 나면 적자국채가 어떻고 재정건전성이 어떻고 문제 삼는 사람들이 있습니다. 다른 의도가 있다고 의심할 수밖에 없습니다.

우리는 90년대 후반 IMF 외환위기를 겪었습니다. 그러다 보니 우리의 DNA에는 무조건 '빚은 나쁘다'라는 생각이 깊게 자리 잡고 있습니다. 그러나 국가의 빚과 가정의 빚은 전혀 다릅니다. 국가가 빚을 내서 돈을 쓰면 그 돈은 어디로 갈까요? 우리 가정이나 기업들 주머니로 다시 들어옵니다. 국가가 빚을 내서 쓴 만큼 가계나 기업들 주머니는 채워집니다. 정부 입장에서는 적자지만, 가계나 기업의 입장에선 수입이 늘어납니다.

그래서 선진국 대부분에서 지난 20년간 국가부채는 크게 증가했지만, 가계부채는 거의 늘지 않았습니다. 국가가 더 많은 빚을 내고 국민 대신 돈을 쓴 것입니다. 그런데 우리는 걸핏하면 재정건전성 공포분위기를 사회 전반에 퍼뜨립니다. 국가가 돈 쓰기 싫다는 것이지요. 국가가 쓸 돈의 대부분은 기득권 고소득자 주머니에서 나와야 합니다. 저들이 저렇게 재정건전성을 강조하는 이유입니다.

최근 주요 선진국은 정부가 더 많은 빚을 내서 더 많은 돈을 쓰려고 노력하고 있습니다. 그럴 만한 이유가 있습니다. 한 나라의 경제는 크게 정부, 기업, 가계로 나눕니다. 이 세 군데가 쓴 돈을 다 합치면 GDP가 나옵니다. 세 주체 모두 돈을 써야 일자리가 만들어지고 소비가 증가하고 생산이 늘고 경제가 성장합니다. 그런데 2008년 이후 가계나 기업은 돈을 더 쓸 여력이 없어졌습니다. 세 주체 중 가계가 무너지면 그 경제는 아주 장기간 불황을 겪을 수밖에 없고 원상 태로 회복하는 것도 사실상 불가능에 가깝습니다. 그러니 국가가 더 돈을 쓰는 겁니다.

민생을 돌보고 국민의 안전한 생활을 보장하는 것이 국가의 존재 이유입니다. 국민의 삶이 어려워지는데 재정건전성 걱정을 앞세워 돈을 쓰지 않는다면, 국가와 정부가 왜 존재하는지 그 이유를 잊었 다고 볼 수밖에 없습니다.

우리나라 빚은 매우 안전하고 건전한 빚이라고 말씀드렸습니다. 사실 코로나19 시대에 우리 정부는 훨씬 더 많은 돈을 썼어야 했습 니다. 우리나라 가계부채는 세계 최고 수준이었고 우리 기업의 GDP 대비 투자 비중도 OECD 국가 중 이미 최고 수준이었습니다.

GDP 대비 우리나라 가계부채비율은 22년 말 기준 105%가 넘어 섰습니다. 이미 주요 선진국 중 가장 높은 수준입니다. 하지만 가계 부채 규모는 이게 전부가 아닙니다. 한국경제연구원에 따르면 전세 보증금까지 포함한 가계부채 규모는 2022년 말 기준 무려 2,925조 원에 이릅니다. 여기에 개인사업자 대출까지 포함하면 3,000조 원도 훌쩍 넘습니다. 가계부채발 경제 위기가 터지면 감당하기 힘들 정도 의 큰 위기에 봉착할 수 있습니다. 그래서 IMF 등 국제 경제기구들 도 우리나라 가계부채 위험성을 수차례 경고하고 있습니다.

남은 것은 정부밖에 없었습니다. 정부가 훨씬 더 많은 돈을 써야 했는데 결과적으로 국가부채는 거의 늘지 않고 사실상 가계부채가 더 많이 증가했습니다. 가계가 훨씬 더 많은 돈을 썼다는 이야기입 니다. 기억나시겠지만 재난지원금 지급 때마다 선별적 지원이다 보편적 지원이다 논란만 많았지 결과적으로 정부가 쓴 돈은 코끼리 비스킷 수준에 그쳤습니다.

재정건전성을 신주단주 모시듯 하며 전 국민 재난지원금 지급을 반대한 이들에 가로막혀 재정은 제 역할을 할 수 없었습니다. 하지만 그렇게 반대한 이들은 법인세와 부자감세에는 침묵하거나 오히려 적극 찬성합니다. 그것들만큼 재정건전성을 해치는 직접적인 정책도 없는데 말입니다. 이런 이율배반이 없습니다. 보수적인 정부는 더욱 노골적으로 이런 모습을 보입니다.

미국은 약 6조 달러(한화 약 7,920조 원)를 국민 주머니에 직접 찔러 줬습니다. 그리고 양적완화 통화 정책으로 약 5조 달러의 돈을 시중에 풀었습니다. 코로나 2년 동안 미국의 국가채무는 약 5.8조 달러 늘어났습니다. 원화로 환산하면 7,650조 원이 넘는 돈입니다. 국가채무가 GDP 대비 17%나 늘었습니다. 재정건전성을 가장 강조하는 독일도 국가채무가 GDP 대비 10% 넘게 증가했습니다. 우리 돈으로 환산하면 600조 원이 넘습니다.

영국, 프랑스, 이탈리아 등 주요 선진국 대부분에서도 GDP 대비 국가채무는 15~20% 넘게 증가했습니다. 대부분 GDP 대비 10~30%의 천문학적인 돈을 코로나19 위기 극복을 위해 쏟아부었습니다. 그러니 국가채무비율이 늘어나는 것은 당연합니다. 하지만 가계채무비율은 더 줄어들었습니다.

2021년 기준 우리나라 국가채무는 GDP 대비 47% 수준이었습니다. 미국은 116%, 일본 260%, 독일 69%, 영국 106%, 이탈리아 150%, 프랑스 112%. 싱가포르 140% 등 대부분 우리보다 국가채무비율도 훨씬 높았습니다. OECD 국가 평균 국가채무비율은 약 130% 수준입니다. 그런데도 우리보다 훨씬 더 많은 돈을 쓴 겁니다. 새로운 글로벌 기준은 경제 위기가 닥쳤을 때 경기도 살려내고 경제적 불평등도 줄이기 위해 정부가 더욱 적극적인 역할을 해야 한다는 것입니다.

정리하자면, 우리나라의 GDP 대비 국가채무비율 47%는 경제 규모 등을 감안할 때 사실 양호해도 과하게 양호한 편입니다. 금융자산이 있는 금융성 채무, 즉 금융자산을 상환하면 바로 갚을 수 있는 금융성 채무를 제외하면 국가채무비율은 훨씬 더 양호한 수준입니다. 우리 국채 80%는 국민이 갖고 있는, 대부분 원화표시 채권입니다. 채무비율도 매우 양호하지만 빚 내용도 매우 건전합니다. 오죽했으면 보수적인 색채가 강한 IMF나 OECD조차도 대한민국은 훨씬 더 많은 돈을 써야 한다고 주장하겠습니까? 사실상 재정의 직무유기나 다름없습니다.

정부가 재정건전성을 양호하게 유지하는 이유는 경제 위기 등이 닥쳤을 때, 경기도 부양시키면서 국민의 안전한 삶을 보장하는 데 있습니다. 기업이 문을 닫고 자영업자가 가게를 닫고 많은 국민이 일자리를 잃어갈 때 국가 재정이 경기 부양의 마중물이 되고, 공공의 일자리를 늘리고, 취약계층의 삶을 더 따뜻하게 보살필 수 있어야 합니다. 코로나19 팬데믹으로 더욱 심해지는 경제적 불평등까지 완화할 수 있어야 합니다.

재정건전성보다는 당연히 국민의 삶이 먼저여야 합니다. 뒷산에 큰불이 나서 화마가 곧 마을을 덮칠지도 모르는데 한가하게 저수지에 물에 충분한지 아닌지 따지고 있어선 안 됩니다. 저수지 물은 비가 오면 다시 차오르기 마련입니다.

3장

정치가
밥 먹여준다

부정부패가
GDP를 갉아먹는다

엘리엇, 메이슨 소송을 통해 보는 교훈

뇌물 등의 부정부패는 우리가 생각하는 것보다 훨씬 심각하게 국가의 경제 성장을 방해하거나 경제적 손실을 초래할 수 있습니다. 사회에 부정부패가 만연해지면 생산성이나 효율성이 감소하고, 세수가 부족해지고, 외국인 투자가 감소하고, 자원의 효율적 배분보다는 왜곡된 배분이 일어나거나 각종 사업비용이 증가하는 등 광범위하게 경제 전반에 걸쳐 악영향을 끼칠 수 있습니다. 게다가 공정성, 형평성, 투명성 등 민주주의 근간을 훼손하고 사회 전반에 불신감을 키워 사회통합도 방해할 수 있습니다.

2018년에 국민권익위원회는 부패와 경제 성장의 상관관계에 관해 서울대에 용역 의뢰를 했습니다. 당시 서울대의 〈부패와 경제 성장의 상관관계 연구〉 보고서에 의하면 부패인식지수가 개선되면 경제 주체들의 공정성이 보장되고 생산성이 올라 국민 1인당 GDP 4만 달러 돌파 시점이 3년 이상 앞당겨진다고 나타났습니다. 아울러

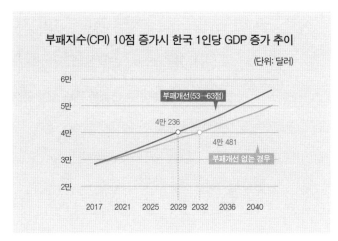

부패지수(CPI) 10점 증가시 한국 1인당 GDP 증가 추이

(단위: 달러)

부패개선(53→63점)

4만 236

부패개선 없는 경우

4만 481

자료: 국민권익위원회, 부패와 경제 성장의 상관관계 연구

부정부패만 없어도 10조 원의 추경 효과의 2.6배에 해당하는 경제적 효과가 발생한다고 추산했습니다.

중국 칭화대에도 이와 비슷한 연구 결과가 있습니다. 1990년대 중국의 부정부패가 중국 GDP의 무려 13~16%에 해당하는 경제적 손실을 초래했다는 것입니다(칭화대 후안강 교수, 〈부패가 유발하는 경제적 손실에 대한 추계〉). 세계은행과 세계경제포럼에서도 뇌물이나 부정부패가 GDP의 3~5% 정도의 경제적 손실을 초래할 수 있다고 추산한 적이 있습니다.

부정부패를 줄여야 GDP도 증가하고, 공정한 증세가 이루어져 국민 복지도 개선되고 국가 경제도 지속적으로 성장 가능하다는 것은 상식입니다만, 각종 연구 결과를 봐도 부정부패가 얼마나 경제적 손실을 초래하는지 수치로 증명됩니다.

2023년 6월 20일, 미국 헤지펀드 '엘리엇 매니지먼트'(이하 엘리엇)가 제기한 국제투자분쟁ISDS(Investor-State Dispute Settlement) 소송에서 우리 정부가 패소하면서 약 1,300억 원(환율 1,288원 기준)의 손해배상금을 물게 되었습니다. 지난 2015년 박근혜 정부 당시 삼성물산과 제일모직 간의 합병 과정에서 정부가 부당하게 개입했고 그 결과 자신들이 투자손실을 입었다며 한국 정부를 상대로 ISDS 소송을 제기했지요. ISDS 중재 재판부는 그 내용을 인정해, 한국 정부는 엘리엇에게 배상액, 법률비용, 지연이자 등을 포함해 총 1,300억 원을 지급하라고 최종 선고한 것입니다.

재벌의 불법, 편법 경영 승계 사건과 별개로 ISDS 제도 자체는 한미 FTA 체결 당시에도 대표적인 독소조항으로 논란이 많았던 사안입니다. ISDS는 현지 정부의 부당한 시장 개입으로 외국인 투자자나 기업이 손실을 봤을 때, 그 투자자나 기업이 세계은행 산하의 국제투자분쟁해결기구에 소송을 낼 수 있는 제도입니다. 그런데 세계은행의 지분은 미국 월가가 가장 많이 갖고 있습니다. 세계은행 총재도 대부분 미국인이거나 유럽인입니다. 즉, 월가 관련 기업이나 투자자본이 소송을 제기하면 편향된 판정을 할 가능성이 매우 높다는 얘깁니다.

또 외국 기업이 우리 정부를 상대로 소송을 제기하는데도 우리 사법부가 아닌 국제기구가 소송을 담당합니다. 당연히 우리 사법 주권이 침해를 받습니다. 아울러 공공을 위한 정부의 공공정책도 상당히 위축될 수 있습니다. 국민 전체를 위한 공공정책이 조금이라도 외국 투자자에게 손실을 끼칠 경우 소송이 제기될 수 있기 때문입니다.

ISDS 제도가 대표적인 독소조항으로 거명되는 것은 그런 이유 때문입니다.

엘리엇 매니지먼트는 주주 행동주의 투자자인 폴 엘리엇 싱어Paul Elliot Singer가 1977년에 만든 회사입니다. 그동안 벌처vulture 펀드로 세계 금융시장에서 유명세를 떨쳤습니다. 벌처는 '대머리 독수리'를 뜻합니다. 벌처 펀드는 썩은 동물의 사체도 마다하지 않고 끝까지 파먹는 대머리 독수리처럼 자본시장에서 수익 추구만큼은 피도 눈물도 없이 지독한 펀드를 뜻합니다. 이 대머리 독수리(엘리엇)는 간혹 실제 야생의 대머리 독수리보다 훨씬 지독한 모습을 자본시장에서 보였습니다.

2001년 아르헨티나는 심각한 재정위기로 1,000억 달러의 디폴트(채무불이행)를 선언했습니다. 당시 국채 가격이 80% 이상 폭락하면서 휴지조각으로 변하자 엘리엇은 이를 헐값에 매수한 뒤 결국 10년 소송 끝에 모두 제값을 받아내며 엄청난 수익을 낸 적이 있습니다. 폴 싱어는 소송을 통해 아프리카에 정박 중인 아르헨티나 군함을 압류하거나 심지어 아르헨티나 대통령 전용기까지 압류를 시도하는 등 정말 대담하고 지독한 모습을 보였습니다. 결국 10년이 넘는 법정 공방 끝에 아르헨티나 국채 투자로 무려 392%의 엄청난 수익을 얻고 완승을 거뒀습니다.

이런 지독한 수익 추구로 엘리엇 매니지먼트의 연간 평균 수익률은 무려 15%에 이릅니다. 조그만 틈이라도 포착하면 그 틈을 이용해 온갖 소송으로 결국 제값 이상의 돈을 받아내기 때문입니다. 이 지독한 대머리 독수리가 우리나라 상공에 나타나 먹잇감을 찾아 빙

빙 돌더니 결국 우리 빈틈을 집요하게 파고들어 논란의 ISDS 소송을 등에 업고 막대한 수익을 챙기게 된 것입니다.

대머리 독수리보다 더 지독한 모습이 또 있습니다. 2015년 당시 엘리엇이 삼성물산과 제일모직 합병에 반대하자 삼성물산이 엘리엇과 맺은 '비밀 합의'가 있었다는 언론 보도가 있었습니다. 이 합의에 따라 삼성물산은 이미 724억 원을 엘리엇에 지급했다는 것입니다. 만약 비밀 합의가 사실이라면 엘리엇은 724억 원을 받고도 손해를 봤다며 다시 ISDS 소송을 제기한 것입니다. 그 결과 한국 정부로부터 1,300억 원이나 더 받은 겁니다.

애초에 삼성이 상속세를 모두 내고 정상적으로 경영 승계 작업을 했다면 정부의 무리한 개입도 없었을 테고, 그 과정에서 뇌물 제공 등 불법과 편법도 발생하지 않았을 것입니다. 그랬다면 엘리엇과 비밀 합의도 필요 없었고 ISDS 소송도 없었을 것이며 1,300억 원이라는 막대한 국부가 유출되지도 않았을 것입니다. 게다가 국민의 소중한 자산인 국민연금이 수천억 원에 달하는 천문학적 손실을 입는 것 또한 피할 수 있었을 것입니다.

이처럼 부정부패는 국가 경제에 막대한 손실을 초래합니다. 또한 이런 사건이 터질 때마다 대부분 우리 국민의 혈세로 해결합니다. 부정부패를 저질러 국부를 유출한 당사자는 따로 있는데 왜 국민이 매번 대가를 치르며 손해배상금을 물어야 하는지 쉽게 납득이 되지 않습니다. 그리고 무엇보다 정의롭지도 않습니다.

향후에도 동일한 부정부패 사건이 재발치 않도록 이번 엘리엇 사건을 교훈삼아 사후대책도 철저히 마련해야 합니다. 엘리엇 ISDS 소송에 직접적인 책임이 있는 사람들에게 끝까지 구상권을 청구해야 합니다. 그래야 부정부패를 줄일 수 있고 경제적 정의도 회복할 수 있습니다. 또 재벌의 이익에 국민의 노후자금인 국민연금이 동원되는 일이 없도록 국민연금의 '스튜어드십 코드'를 더욱 강화해야 합니다. 스튜어드십 코드는 독립적이고 공정한 주주활동을 위해 도입한 제도로, 국민연금은 국민의 소중한 노후자금의 수탁자로서 책임을 다하기 위해 2018년 7월 도입했습니다. 삼성물산-제일모직 합병 건을 국민연금이 외압에 의해 찬성한 것을 반성하는 의미에서 도입했지만 제대로 이행하고 있는지는 여전히 의문입니다. 아울러 ISDS의 심각성을 깨닫고 ISDS를 폐지하거나 전면 개선할 수 있도록 힘을 기울여야 합니다.

삼성물산과 제일모직이 합병된 지 8년이 지났지만, 이를 둘러싼 법정공방은 여전히 진행 중입니다. 어떤 결과가 나올지는 아무도 모릅니다. 하지만 국정농단 재판과 관련하여 대법원은 이미 박근혜 전 대통령과 이재용 회장, 국민연금에 압력을 행사한 당사자들에게 유죄를 인정했습니다.

엘리엇 소송이 전부가 아닙니다. 같은 내용의 소송이 하나 더 남았습니다. 헤지펀드 메이슨도 우리 정부가 삼성물산과 제일모직 합병 과정에 부당하게 개입해 2억 달러(약 2,600억 원)를 손해봤다며 2018년 9월에 ISDS 소송을 제기했습니다. 엘리엇 소송 결과로 인해 이젠 메이슨 소송도 비슷한 수준의 판정이 나올 가능성이 매우 높아졌습니다. 4조 7천억 원의 천문학적 수익을 거두고 먹튀한 론스타가 제기한 ISDS 소송에도 패소해 약 3,000억 원의 손해배상금을 지급해야 합니다. 2021년에도 이란계 기업이 ISDS 소송을 제기해 우리 정부가 730억 원을 지급하라는 판정을 받았습니다.

재벌들의 불법, 편법 승계를 옹호할 생각은 추호도 없습니다. 다만 그 불법 행위에 책임을 묻고 손해배상을 청구해야 할 당사자는 우리 한국이어야 합니다. 한국에서 벌어진 일을 우리 사법부가 아닌 국제기구가 소송을 담당하는 것은 사법 주권이 심각하게 침해받는 일입니다. 이참에 ISDS 독소조항도 전면 폐지나 개선 방안을 적극 모색해야 합니다.

다시 강조하지만 주가조작, 분식회계, 정경유착, 뇌물공여 등 부정부패만 없어져도 GDP 5% 이상의 경제적 손실을 줄일 수 있습니다. 우리나라 GDP를 2,000조 원으로 추정하면 부정부패를 없애려는 노력만으로 100조 원 이상의 경제적 효과를 볼 수 있다는 이야기입니다. 베네수엘라도 석유 기득권 카르텔의 부정부패와 민주주의 가치가 무너지면서 나라가 망했습니다.

부정부패가 우리 GDP를 갉아먹습니다. 부정부패를 줄여야 합니다. 아니 없애야 합니다. 그래야만 민주주의 가치를 회복하고 사회적 신뢰도를 높일 수 있으며 경제도 지속적인 성장이 가능합니다.

중국 혼밥?
홀대?

대중국 무역을 위태롭게 만드는 자, 누구인가

코로나19로 전 세계 경제가 침체를 겪던 2021년에도 중국의 무역 규모는 6조 달러가 넘었습니다. 당시 중국의 무역수지 흑자 규모가 무려 6,700억 달러에 달했습니다. 명실상부한 세계 1위 무역국가였습니다.

2021년 한·중 무역 규모는 3,015억 달러로 전년 동기 대비 20% 넘게 증가했습니다. 한국과 중국 수교 첫해인 1992년의 두 나라 무역 규모는 겨우 64억 달러였습니다. 무려 50배 가까이 증가한 것입니다. 이런 상전벽해도 없습니다. 이제는 우리나라 수출의 약 25%를 중국이 차지하고 있습니다. 홍콩까지 포함하면 무려 30%가 넘는 규모입니다. 전체 수출에서 중국이 차지하는 비중은 이처럼 절대적입니다. 무역 규모도 가장 크지만 우리나라의 최대 무역 흑자국도 바로 중국(홍콩 포함)입니다.

2021년 당시 우리나라 전체 무역수지 흑자는 약 295억 달러였습니다. 그런데 중국(홍콩 포함)에서만 약 600억 달러에 달했습니다. 중국이 없었다면 약 300억 달러 적자였다는 이야기입니다.

2021년 당시 우리나라 전체 무역 성적을 살펴보면, 수출 실적은 6,450억 달러로 역대 최대였고 수출 순위 세계 7위였습니다. 무역액 전체 규모도 1조 2,596억 달러로 세계 8위 규모에 무역수지도 295억 달러 흑자로 13년 연속 흑자를 기록했습니다. 우리 경제에 중국이 큰 역할을 했다는 것은 부인할 수 없는 현실입니다.

이런 양호한 대중국 무역 성적은 그냥 이루어진 것이 아닙니다. 갑작스런 한반도 사드 배치 결정으로 중국의 한한령(한류 제한령) 경제 보복이 있었습니다. 당시 우리 경제도 큰 충격을 받았습니다. 중국에 진출해 있던 기업들뿐만 아니라 한창 뜨고 있던 K-드라마, K-POP 등 한류문화까지 큰 위기를 맞았습니다.

2017년 문재인 대통령은 대통령에 당선되자마자 중국으로 달려 갔습니다. 그런데 중국의 한 서민식당에서의 아침식사가 문제가 되었습니다. 대통령이 중국으로 달려간 이유나 의미는 온데간데없고 느닷없이 '혼밥' 이슈가 터졌습니다. 대통령이 중국에서 혼밥을 먹으며 홀대를 당했다는 것입니다. 대부분의 언론과 보수정당은 연일 문재인 대통령을 깎아내리기 바빴습니다. 정말 홀대를 당했다면 홀대를 한 중국을 비판해야 하는데 어찌 된 일인지 홀대당한 자국의 대통령에만 비난을 퍼부었습니다. 그 이해할 수 없는 비난은 지금까지도 걸핏하면 소환되고 있습니다.

하지만 혼밥 사건의 실체는 이렇습니다. 당시 문재인 대통령이 찾왔던 중국의 식당은 용허씨엔지앙永和鲜浆이라는 대표적인 서민식당입니다. 우리나라로 치면 평범한 가정식 백반집 같은 곳입니다. 저역시 중국에서 1년 정도 생활하면서 몇 번 가본 적이 있고 이후에도 베이징에 가면 꼭 한 번씩 들렀던 곳입니다. 그다지 크지 않고 또 시설도 고급스럽지 않은, 동네 어디에서나 볼 수 있는 아주 평범한 식당입니다. 하지만 중국 서민들이 아침 식사로 가장 좋아하는 우리나라 만두국과 비슷한 훈툰馄饨, 두유와 비슷한 또우지앙豆浆, 꽈배기처럼 생긴 요우티아오油条의 맛은 베이징 시내에서 최고라 해도 과언이 아닙니다. 서민들이 즐겨 찾는 식당답게 가격도 우리 돈으로 5~6천 원에 2~3가지 메뉴를 실컷 먹을 수 있는 곳입니다.

문재인 대통령은 그 용허씨엔지앙 식당에서 서민들과 어울려 현지에서 가장 인기 있는 메뉴로 아침 식사를 한 것입니다. 그런데 그장면을 두고 혼밥 홀대를 당했다고 기회만 생기면 지금까지도 비난하고 있는 것입니다.

그런데 당시 중국의 현지 반응은 국내와는 완전 달랐습니다. 한국의 대통령이 중국을 방문해서 중국인들이 가장 즐겨 찾는 식당에서 서민들이 가장 좋아하는 메뉴로 중국인과 함께 아침 식사를 했다는 자체만으로 중국 언론의 탑뉴스가 됐습니다. 그런데 그게 전부가 아니라 중국인들이 진짜 감동했던 포인트는 따로 있었습니다.

문재인 대통령은 아침 식사를 마치고 난 후 남은 음식을 모두 포장해 나왔습니다. 제가 중국에 처음에 갔을 때 저녁때마다 동네 어르신들이 까만 비닐봉지를 들고 다니는 걸 보고 도대체 저게 뭘까 궁금했는데, 그 궁금증은 얼마 안 가 풀렸습니다. 집 근처 동네 식당에 갔는데 2~3명가량이 4~5인분은 돼 보이는 음식을 시켜놓고 드시고 계셨습니다. 중국 사람들은 평소에 좀 많이 먹나보다 생각했는데, 식사를 마친 분들 대부분이 남은 음식을 포장해서는 까만 비닐봉지에 싸서 들고 나가는 겁니다. 그래서 저녁때가 되면 사람들이 너나 없이 까만 비닐봉지를 들고 다닌 것이었지요. 문재인 대통령은 남은 음식을 챙겨 나오는 중국 서민들의 따바오打包(포장하다는 뜻) 음식 문화까지 사전에 꼼꼼히 챙긴 겁니다.

당시 중국 언론과 SNS는 그야말로 난리가 났습니다. 진정으로 중국 국민 13억 명과 함께한 의미 있고 감동스러운 아침 식사였다는 평가가 중국 현지에서 흘러나왔습니다. 당시 심각했던 중국의 경제보복을 풀기 위해 절박한 심정으로 방문 일정과 행사 등 모든 과정을 꼼꼼하게 챙긴 사례입니다. 머리로만이 아니라 따뜻한 가슴으로 준비한 진정성을 중국 국민이 알아본 것입니다. 혼밥이 아니었습니다. 13억 중국인과 함께한 의미 있는 아침식사였습니다. 이것이 당시 대통령 혼밥 사건의 실체입니다. 정부의 간절함과 절박함, 진정성으로 중국의 경제보복 난제를 풀어낸 것입니다.

그 이후 중국의 태도는 완전 바뀌었습니다. 빠르게 한·중 사이가 복원되었고, 중국과의 경제도 빠르게 이전 성적을 회복했습니다. 2021년에는 대중국 수출이 전년에 비해 23%나 증가한 1,629억 달러의 성적을 기록했습니다. 오히려 중국이 먼저 우리에게 '전략적 협력 동반자' 관계를 넘어서는 새로운 단계로 나가자고 제안했습니다. 특히 한중 자유무역협정FTA 2단계 협상을 조속히 마무리하고 '역내포괄적 경제동반자 협정RCEP'의 조속한 발효와 '한중일 자유무역

지대' 건설까지 신속히 추진하자며 적극적인 모습을 보였습니다. 문재인 정부 5년간 대중국 무역수지 실적은 무려 1,780억 달러 흑자를 기록했습니다. 오랫동안 계속된 중국 무역수지 흑자 덕분에 해외에서도 한국을 가리켜 '구조적 무역 흑자국'이라 불렀습니다. 혼밥도 아니었고 홀대도 아니었습니다. 어떤 외교적 행보와도 비교할 수 없는, 위기에 빠진 경제를 살려낸 값진 아침 식사였습니다.

2022년 윤석열 정부가 들어섰습니다. 들어서자마자 인도태평양경제프레임워크^{IPEF} 동참을 선언했습니다. IPEF는 미국의 주도로 추진되는 아시아-태평양 지역의 경제협력체입니다. 중국은 빠져 있는, 사실상 중국 봉쇄 프레임 워크입니다. 우리가 IPEF에 동참을 선언하자 중국은 크게 반발했습니다. 2022년 6월 우리는 북대서양조약기구^{NATO}에 참석해 경제수석이 중국 성장이 둔화되고 있고, 중국을 통한 수출 호황시대는 끝나가고 있다고 공개적으로 발언했습니다. NATO는 러시아의 군사적 위협에 대처하는 군사동맹 결사체입니다. 2022년 NATO는 안보를 위협하는 도전 국가로 중국을 처음으로 명시했습니다. 그런 분위기에서 우리나라가 사실상 '탈중국'을 선언한 것입니다. 그러자 중국도 노골적으로 우리의 행보에 경고의 목소리를 냈습니다. 앞으로 우리 국익에 심각한 손실을 초래할 수 있다고 말입니다.

어떤 외교든, 외교에서 자국의 국익보다 중요한 것은 없습니다. 우리나라 전체 무역의 25%를 차지하는 대중국 무역은 홍콩까지 포함하면 30%가 넘습니다. 게다가 중국에 대한 중간재 대외의존도는 갈수록 증가하고 있습니다. 10년 전과 비교하여 일본으로부터 중간재 수입의존도는 21.0%에서 12.8%로 크게 감소한 반면, 중국으로부터 수입의존도는 19.4%에서 28.3%로 크게 증가했습니다. 이처럼 중국은 수출과 수입 모두에서 매우 중요한 무역 파트너입니다. 그래서 지금까지는 이념이 아닌 국익을 가장 우선에 두고 전략적으로 어려운 선택을 해왔습니다. 그리고 높아진 위상과 국력을 바탕으로 우리가 만든 프레임에서 균형 잡힌 시각으로 중국과 미국에 전략적으로 잘 대응해왔습니다. 하지만 윤석열 정부 이후 어렵게 쌓아온 노력들은 한순간에 물거품이 되었습니다. 중국에 대한 우리 정부의 외교적 행보는 정말 이해할 수 없는 것들입니다.

2022년 11월 아세안 및 G20 정상회의가 있었습니다. 실수를 만회하고 우리 국익을 위한 새로운 외교 전략을 세울 수 있는 절호의 기회였습니다. 하지만 정부는 오히려 '한국 정부 최초의 독자적 인도-태평양 전략'을 발표하고 기존의 '탈중국' 노선을 한층 강화한 시그널을 보였습니다. 의도했든 의도하지 않았든, 중국을 고립시키려는 미국의 안보경제동맹에 우리 경제가 종속되는 듯한 모양새가 되고 말았습니다. 사실상 우리 경제를 먹여 살리다시피 했던 대중국 무역이 큰 위기에 봉착한 것입니다.

그 우려는 이내 현실이 되고 있습니다. 2017년~2022년 5년간 무려 1,780억 달러의 무역 흑자를 기록했던 대중국 무역은 새정부 출범 이후 2022년 5월부터 2023년 6월까지 183억 달러 적자를 냈습니다. 일부에선 탈중국 선언 때문이 아니라 중국 경제의 부진이 적자의 주요 원인이라는 견해를 내놓기도 했습니다. 중국 경제가 좋아지기만 하면 우리의 무역수지도 이전처럼 개선될 것이라는 겁니다. 그런데 2022년 미·중 패권전쟁과 코로나19 와중에도 중국의 전체 무역 규모는 전년에 비해 무려 7.7%나 증가했습니다. 전체 수입 규모도 전년에 비해 4.3%나 증가했습니다. 즉 중국 전체 수입은 늘어났지만, 우리의 대중국 수출은 감소했다는 겁니다. 이것만 봐도 중국 경제가 부진해서 우리나라의 대중국 무역이 적자라는 주장은 신뢰하기 어렵습니다. 다른 문제가 단단히 꼬여 있는 것입니다.

우리나라 경제 성장률에 있어 수출은 매우 중요한 역할을 해왔습니다. 거의 100개월 연속 무역수지 흑자를 기록하면서 우리 경제가 세계 10위권으로 도약하는 데 수출이 일등공신임은 누구도 부정하기 힘든 사실입니다. 그랬던 우리나라가 2022년에 이어 올해도 대규모 무역 적자가 예상되고 있습니다. 2년 연속으로, 그것도 대규모로 무역 적자가 발생한 것은 매우 생소한 모습입니다. 이러다가는 무역수지 적자가 일상화되지 않을까 걱정하는 분들도 늘고 있습니다. 이 모든 것이 대중국 무역의 적자에서 비롯된 결과입니다.

지금 러시아와 우크라이나는 전쟁 중입니다. 또 미·중 패권전쟁은 갈수록 치열해지고 있습니다. 이럴수록 친미나 친중의 이념적 접근이 아니라 용미用美, 용중用中의 실리적 접근이 중요합니다. 외교에 있어 국익보다 중요한 것은 없습니다. 오로지 국익에 따라 가장 유리한 협의체를 선택하는 외교적 행보가 절실한 때입니다.

겉으로는 치열한 패권전쟁 중인 것 같지만 뒤로는 서로 필요한 것을 주고받는 실리외교를 펼치는 행태는 그동안 익히 봐온 장면입니다. 실제로 패권전쟁 중에 미국과 중국의 양국 간 무역 규모는 오히려 더 증가하고 있습니다. 겉으로는 죽기 살기로 싸우는 듯하지만, 실제로는 미·중이 서로 살기 위해 패권전쟁을 이용하고 있는지도 모릅니다.

겉모습에 휘둘려 본질을 놓치고 국익을 지켜내지 못하면 앞으로 상당기간 큰 어려움에 봉착할 수 있습니다. 자유 투사를 자처하고 패권전쟁 맨 앞줄에 서서 용맹스럽게 싸우는 모습이 멋있어 보일지는 모르겠습니다. 하지만 우리만 큰 부상을 입고 쓰러져 일어나지 못한다면 그보다 심각한 국익 훼손도 없을 것입니다. 어쩌면 역사상 가장 현명한 국가 외교전략이 필요한 시점이 바로 지금이 아닌지 모르겠습니다. 이념으로 무장한 채 앞만 보고 달려가는 돌격대가 아니라, 거란의 침입도 막고 강동 6주까지 얻었던 서희의 전략적 지혜가 절실한 때입니다.

일본 스스로
자기 눈을 찌르다

비상식적인 수출규제, 비포 앤 애프터

2019년 여름, 일본은 갑자기 반도체 소재부품을 우리나라에 팔지 않겠다는 수출규제를 선언했습니다. 무기류 생산에 활용될 수 있는 일부 소재부품이 우리나라를 통해 북한으로 들어갈 수 있다는 점을 명분으로 내세웠지만, 실제로는 우리 대법원의 일제 강점기 강제징용 손해배상 판결에 대한 보복 조치였습니다.

지금까지 경제사를 통틀어 봐도 이렇게 이상한 무역규제는 본 적이 없는, 매우 낯선 장면입니다. 보통 무역전쟁이라면 물건을 사는 쪽에서 "이제부터 당신네 물건은 사지 않겠다" 하거나, 아니면 자국 산업을 보호하기 위해 수입품에 세금을 왕창 붙이거나 합니다. 그런데 일본은 "지금부터 우리 물건을 팔지 않겠다"라고 나온 겁니다. 물건을 사는 쪽이 아니라 파는 쪽에서 먼저 안 팔겠다고 나온 것입니다. 아무리 생각해도 이상합니다. 칼을 빼들긴 했는데 그 칼을 자국 기업들에 겨눈 모양새입니다.

그런데 또 이해할 수 없는 부분이 있습니다. 우리 내부의 반응입니다. 정부가 무능해서 일본의 경제 보복을 초래했고 그 결과 경제가 큰 위기를 맞고 있다며 우리 정부를 비난하고 나섰습니다. 주로 보수를 자처하는 정당과 언론이 그 비판을 주도했습니다. 민족, 국가, 가족, 전통 등의 가치를 가장 우선시한다는 보수 세력이 일본이 아닌 우리 정부를 비난합니다. 경제 침략을 먼저 감행한 쪽도 일본인데 말이죠. 지금 다시 생각해봐도 도무지 이해할 수 없는 반응이었습니다.

일본이 이렇게 비상식적인 수출규제를 들고 나온 것은 일본 기업의 소재부품을 수입하지 못하면 우리 반도체 산업이 버티지 못하고 빠른 시일 내에 백기투항할 것이라는 기대를 한 듯합니다. 실제로 당시 일본은 반도체 소재부품의 절대 강국이긴 했습니다. 플루오린 폴리이미드, 포토레지스트, 애칭가스 등 반도체 관련 소재부품을 세계적으로 약 70~80%를 생산하고 있었습니다. 반도체 소재부품 쪽은 독점하다시피 했지요.

2010년 중국과 일본 사이 센카쿠 열도(중국명 다오위다오) 영토 분쟁 사건이 터집니다. 2010년 9월 중국 어선이 센카쿠 열도 근처에서 일본 해상보안청 순시선과 충돌한 사건이 있었습니다. 결국 일본 해상보안청은 중국 어선을 나포했고 중국인 선장을 어업법 위반혐의와 공무집행방해죄로 구속했습니다. 그러자 중국은 강력하게 항의하며 희토류 수출을 전면 중단하겠다는 카드를 꺼냈습니다. 희토류稀土類(rare earth)는 말 그대로 매장량이 매우 적고 추출도 어려운 희귀자원입니다. 당시 중국은 전 세계 희토류 생산의 97%를 책임지고 있었습니다. 결국 일본은 중국의 보복조치 단 하루 만에 중국인 선장을 석방하는 등 백기를 들었습니다. 희토류 없이는 LCD, LED, 스마트폰 등 IT 제품을 만들 수 없고, 심지어 재생에너지 발전도 할 수 없었기 때문입니다. 자칫 일본 산업 전체가 멈출 수도 있었습니다. 한마디로 희토류를 무기로 삼은 중국의 갑질이 일본의 급소를 제대로 찌른 셈입니다.

일본이 우리에게 반도체 수출규제를 내세운 것도 2010년 중국에 굴욕적인 모습을 보였던 자국의 과거 사례를 참고한 것으로 보입니다. 하지만 이 사례와 반도체 소재부품 수출규제에는 큰 차이가 있습니다. 자원을 무기로 삼는 것과 산업 제품을 무기로 삼는 것은 차원이 전혀 다릅니다. 자원은 한정적인 데다 원산지가 아니면 확보할 방법이 없지만 산업 제품은 방법을 찾으면 얼마든지 만들 수 있기 때문입니다.

우리나라도 진즉부터 반도체 부품소재 산업의 중요성을 알고 있었습니다. 대일 무역 적자 대부분이 반도체 부품소재에서 발생하고 있었기 때문입니다. 당시 반도체나 LCD 제품 하나를 팔면 사실상 매출의 40%는 일본이 가져가는 구조였습니다. 거기에 우리 반도체 산업이나 IT 산업 경쟁력이 커질수록 일본에 대한 수입 의존도도 비례해서 늘고 있어 언젠가는 일본 소재부품장비 산업이 우리 경제의 발목을 잡을 수도 있겠다는 경계심은 늘 있었습니다. 하지만 국제 분업구조에서 자유무역 시스템은 값싸고 품질 좋은 일본의 소재부품을 수입할 수밖에 없는 상황을 만들었습니다. 영국의 경제학자 데이비드 리카도David Ricardo의 비교우위론까지 언급하지 않더라도, 우리가 직접 생산하고 제품화하는 것보다 일본에서 수입해서 쓰는 것이 훨씬 더 싸고 경제적이기 때문입니다.

우리나라 산업 구조상 제일 취약한 부분이 부품소재 산업이고, 기회가 되면 정부가 나서서 지원 대책을 쏟아서라도 키우고 싶은 산업이었는데, 친절하게도 일본이 우리 정부의 보호 아래 소재부품 산업을 국산화할 수 있는 계기와 명분을 만들어준 셈입니다. 당시 일본 내부에서도 단기적으로는 한국이 고비용 부담에 일본 아닌 다른 곳에서의 소재 조달 등 어려움이 많겠지만, 중장기적으로는 높은 기술력을 갖춘 소재부품 국산화에 성공할 가능성이 높고, 그렇게 되면 이후 일본의 소재부품 산업의 기술적 우위가 무너져 일본 경제는 한층 더 어려워질 수 있다는 우려가 제기되기도 했습니다.

실제로 국산 소부장(소재, 부품, 장비) 업체는 그동안 자유무역 시스템과 국제 분업화 구조하에 좀처럼 기술 및 가격 경쟁력을 갖출 기회를 갖지 못했습니다. 하지만 세계 최고 수준의 반도체 기술 경쟁력을 보유한 국내 반도체 기업들은 정부의 전폭적인 지원과 상생 협업이 가능한 환경이 만들어지면 최고 수준의 경쟁력을 갖출 잠재력을 보유하고 있었습니다. 우리나라는 전 세계 메모리 반도체의 약 70%를 생산하면서 일본이 만든 소재부품을 무려 60% 이상 수입하던 제1수입 국가였기 때문입니다.

일본 소재부품 기업들도 메모리 반도체 부분 세계 최고의 제품을 생산하며 전 세계 시장 점유율의 70%를 차지하는 우리 기업들과 거래가 끊긴다면 시간이 갈수록 일본의 소재부품 기술 경쟁력도 크게 약화될 거라는 우려를 하고 있었습니다. 우리나라가 아니면 사실상 물건을 팔 데도 마땅치 않고 최첨단 기술을 개발할 유인도 현저히 떨어지기 때문입니다. 수출규제가 길어질수록 일본 소재부품 기업은 힘들어질 것이고, 우리 기업들은 새로운 기회를 갖게 될 것이 명백한 상황이었습니다.

게다가 당시 일본 경제는 매우 어려운 시기를 겪고 있었습니다. 대부분의 해외 언론뿐만 아니라 일본 언론들조차 취약한 일본 경제 체력을 감안할 때 어리석은 수출규제를 즉시 중단해야 한다며 일본의 규제조치를 비판하는 기사를 쏟아냈습니다.

일본은 30년 장기불황에서 좀처럼 벗어나지 못하는 매우 어려운 시기를 겪고 있었습니다. 1992년에 처음으로 1인당 국민소득이 3만 달러를 넘어서며 전 세계에서 처음으로 30-50 클럽에 가입한 일본이었지만 30년이 지난 2018년 말에도 1인당 국민소득은 여전히 3만 달러대에 머물러 있었습니다. 사실상 1992년 이후 정체된 모습을 보여주고 있었던 것입니다.

일본은 2차 세계대전 패전 이후 1975년까지는 연평균 10%가 넘는 고성장을 이뤘지만 그 이후부터 감소하기 시작했고 1990년대 후반부터는 연평균 0%대로, 경제 성장 자체가 멈춘 상태가 지속되고 있었습니다.

플라자 합의 이후 엔고 불황을 금리인하로 대응하다 저금리 환경에서 자산 버블이 형성되었습니다. 1990년 당시 일본 명목GDP는 449조 엔이었는데, 1990년대 부동산 버블로 사라진 돈이 약 1,500조 엔에 이르렀습니다. 그러자 가계와 기업은 재무구조 개선을 위해 소비와 투자를 모두 줄일 수밖에 없었고, 부채상환을 위해 자산을 매각하면서, 자산 가치는 더욱 하락하는 부채 디플레이션에 빠지고 말았습니다. 또한 디플레이션 대응도 토건사업 중심의 경기 부양식 땜질 처방으로 일관하면서 제조업 구조조정이나 새로운 산업 육성 등의 기회를 놓치고 말았습니다.

2013년 아베 정권은 출범과 동시에 호기롭게 '아베노믹스'라는 경제정책을 펴기 시작합니다. 양적완화 정책으로 엔화를 많이 찍어내 엔화의 가치를 떨어뜨리면 수출이 늘 것이고, 수출이 늘면 제조업이 살아나고 투자와 생산, 고용, 소비 등이 늘면서 세수 증가와 함께 국가부채까지 줄여 나갈 수 있다는 의도였습니다.

아베노믹스로 2018년까지 일본이 화폐를 찍어 시중에 퍼부은 돈은 약 4,400조 원가량입니다. 그렇게 천문학적 규모의 돈을 퍼부었는데도, 아베 정권 동안 경제 성장률(연평균 약 1.28%)이 금융위기 이전 5년보다 오히려 더 낮았습니다. 게다가 그 많은 돈을 풀었는데도 일본 물가는 거의 오르지 않았습니다. 임금도 그대로여서 가계의 실질 소비는 더욱 하락했습니다. 근로자 1인당 명목임금은 2008년 32.8만 엔에서 10년이 지난 2017년에는 31.7만 엔으로 오히려 하락했습니다. 노동생산성도 2008년에 104.2를 기록했지만 마찬가지로 10년이 지난 2018년에는 102.3으로 하락하는 모습을 보입니다.

30년 장기 불황을 겪어온 일본에 새롭게 등장한 세대가 있습니다. '사토리' 세대입니다. 일본의 장기 불황과 함께 자란 80년~90년대생을 말합니다. '사토리'를 우리말로 번역하면 '득도하다'가 될 텐데, 말이 좋아 '득도'지 사실상 모든 의욕을 잃고 하루하루를 무기력하게 살아내는 세대입니다. 이들은 소비에도 무관심하고, 욕망도 없고, 연애, 결혼, 출산에도 관심이 없습니다. 정부도 이를 사회 전반의 문제로 인식하지 않아 적극적인 문제 해결 의지도 없었습니다. 장기 불황이 만들어낸 것이 무력한 사토리 세대인데, 이젠 이 세대가 다시 일본 경제를 장기 불황으로 이끌고 있습니다.

일부에서는 낮은 실업률을 들어 일본 경제가 회복하고 있는 증거라고 이야기합니다. 하지만 2019년 일본의 인구 구조를 보면 매년 노동시장에서 200만 명이 은퇴하고 있는데, 새로 진입하는 인구는 100만 명 수준입니다. 게다가 매년 절대인구가 약 40만 명 이상 줄어드는 심각한 인구 부족 상태를 겪고 있으니, 실업률이 낮을 수밖에 없는 인구 구조입니다.

지금도 일본 국가부채는 여전히 큰 문제지만, 무역전쟁 당시에도 국가부채는 일본 경제의 뇌관이었습니다. OECD 등 국제경제기구에서 공식적으로 사용하는 D2(일반정부부채) 기준 일본의 국가부채는 GDP의 250% 수준이었습니다. 우리나라가 36%였던 점을 감안하면 어느 정도였는지 쉽게 가늠할 수 있습니다. 당시 일본은 한 해 예산의 약 25%를 부채(이자 포함)를 갚는 데 썼습니다. 그러다 보니 국가 예산이 10년 전보다 줄어드는 믿기 힘든 일이 벌어졌고, 기축통화로 인정받는 엔화 경제임에도 국가신용등급도 우리보다 두세 단계나 낮은 A등급(무디스 A1, S&P A+, 피치 A)에 머물렀습니다.

결국 국가부채를 감당 못해 2019년 10월 소비세를 인상합니다. 하지만 사실 최악의 방법을 택한 셈입니다. 부자에게 세금을 더 걷는 직접세도 아닌, 국민 모두를 대상으로 한 가장 손쉬운 증세인 간

접세를 인상했으니까요. 거의 모든 제품 가격이 2% 정도 오른 셈입니다. 서민의 임금이 줄었고 소비도 감소하는 상황에서 소비세 인상은 내수시장마저 어렵게 만드는 최악의 선택입니다.

　결론적으로, 일본 경제는 엔화를 찍어 천문학적으로 뿌렸는데도 좀처럼 디플레이션에서 벗어나지 못하는 아주 깊은 수렁에 빠져 있었습니다. 소비는 늘지 않았고 성장은 정체되었으며, 디플레이션 위기는 지속되었습니다. 여기서 돈 풀기를 멈추면 주가는 급락하고 일본 경제는 나락으로 떨어질 수 있다는 우려도 높았습니다. 그러자 참의원 선거에서도 슬그머니 '아베노믹스'라는 용어가 사라질 정도로 실패를 자인하던 상황이었습니다. 그 와중에 자살골과 다름없는 소재부품 수출규제를 들고 나온 겁니다.

　지난 10년간 일본의 교역 대상국 중 우리나라는 세 번째 무역 흑자국이었습니다. 역으로 말하면 우리나라는 일본을 상대로 연평균 260억 달러에 달하는 천문학적 적자를 보고 있었다는 얘깁니다. 소재부품장비 산업의 영향으로 일본은 막대한 경제적 이득을 취하고 있었던 것입니다.

　결과적으로 요약하면, 일본의 반도체 수출규제는 실패로 끝났습니다. 사실상 우리에게 KO패를 당한 겁니다. 앞에서도 언급했지만 우리가 그동안 반도체 소부장 산업에서 일본에 뒤졌던 원인은 자유무역경제 시스템에 있었습니다. 특정 산업을 육성하고 개발하기 위해선 자유무역이 아니라 보호무역 조건이 만들어져야 하는데, 아이러니하게도 반도체 소부장 산업에서 가장 우수한 일본이 보호무역을 통해 소부장 산업을 키울 수 있도록 우리를 도와준 셈이 되고 말 았습니다.

일본이 수출규제라는 카드를 꺼내들자마자 문재인 정부는 즉시 '소부장 특별법'을 제정합니다. 이 특별법에 따라 '소부장특별회계', '소부장경쟁력강화위원회'를 신설하여 소부장 핵심기술 자립화와 수입처 다양화 등을 위해 총력 지원을 아끼지 않았습니다.

그 결과 불과 얼마 지나지 않아 불화수소는 국산화에 완전 성공하면서 일본에서 수입량이 90% 넘게 감소했습니다. 2018년 3만 8천 톤에 달했던 수입량이 2022년엔 불과 3천 4백 톤으로 감소했는데 줄어든 양만큼 국내 기업이 국산화에 성공하며 생산을 대신한 것입니다.

포토레지스트도 수출규제 이전 일본 의존도가 90% 이상이었지만 유럽 등 수입처를 다변화하며 50% 이상 줄어들었습니다. 기타 다른 품목도 국산화에 성공하거나 수입처 다변화를 통해 일본 의존도를 대폭 줄였습니다. 더 나아가, 대기업과 중소기업이 R&D와 생산에 이르기까지 서로 상생협력하는 새로운 산업모델을 만들어내면서, 위기극복을 넘어 소부장 산업의 경쟁력이 세계적으로 발돋움할 수 있는 수준에 이르렀다는 자신감을 갖게 된 것도 큰 수확입니다.

일본의 수출규제는 오히려 일본 소부장 기업들에게 돌이킬 수 없는 큰 타격을 입혔습니다. 재고율은 갈수록 높아졌고 매출 대비 비용이 크게 상승하면서 수익성이 악화돼, 일부 기업들은 일본 정부 몰래 우리 반도체 기업과 뒷거래를 시도하거나 아예 우리나라에 생산 공장과 R&D 센터를 짓기도 했습니다.

수출규제 1년 만에 도쿄오카공업^{TOK}은 인천 송도로 날아와 극자외선용 포토레지스트(PR)를 생산하기 시작했고, 반도체 소부장의 세계적 기업인 일본의 다이요 홀딩스도 충남 당진에 터를 잡았으며, 그 외 많은 일본 소재부품장비 업체들이 우리나라에 직접 공장을 짓기 시작했습니다. 삼성전자와 SK하이닉스가 최대 고객이었기 때문에 고객에 대응력을 높이고 실적 회복을 위한 어쩔 수 없는 선택이었습니다.

일본의 주요 언론들도 한국의 반도체 소재 국산화로 일본 기업이 큰 타격을 입었고, 일본 정부의 수출규제는 제 발등을 찍은 자해 행위였다고 일본 정부를 비판하는 기사들을 쏟아냈습니다. 사실상 일본의 수출규제는 일본의 완벽한 패배로 끝났습니다.

그런데 윤석열 정부가 출범하고 난 뒤 이해할 수 없는 일들이 벌어집니다. 2023년 예산안에서 소부장 특별회계 예산이 5.7% 삭감된 채 국회에 제출됐습니다. 게다가 일본의 경제침략 이후 국내 소부장 산업의 경쟁력 강화에 중요한 역할을 맡았던 중소벤처기업부 소관의 소부장 예산도 무려 38%나 삭감됐습니다. 전체 예산안이 639조 원으로 2022년 본예산 대비 5.2%나 증가했음에도 소부장 관련 예산은 대폭 삭감된 것입니다.

그동안 중기부는 '소부장 강소기업' 100곳을 선발해 적극 지원하며 소부장 경쟁력 강화에 남다른 의욕을 보였지만 예산 삭감으로 더이상 지원이 불가능한 지경에 처했습니다. 축구경기에서 큰 점수 차로 이기고 있었는데, 후반전 거의 끝나갈 때쯤 자책골을 넣고 있는 것과 비슷한 상황입니다. 더 이해할 수 없는 것은 용인에 조성 예정인 반도체 클러스터에 일본 소부장 업체들을 대거 유치하겠다고 발표한 것입니다. 어렵게 어렵게 국산화의 발걸음을 내딛는 우리 기업들의 경쟁력을 스스로 포기하고, 그 자리를 일본 소부장 기업들로 채우겠다는 선언입니다.

이 정부의 이해할 수 없는 결정은 또 있습니다. 일본의 수출규제가 시작됐을 때 우리 정부는 세계무역기구WTO에 일본을 제소했습니다. 그런데 이와 관련해 일본은 어떤 입장 변화도 없었는데 우리가 먼저 WTO 제소를 풀어줍니다. 국가 간 외교는 기본적으로 주고받는 게 있어야 합니다. 그리고 국익을 먼저 챙기는 것이 상식입니다. 이렇게 일방적인, 아니 굴욕적인 양보가 어떤 국익을 가져다줄지 이해가 안 됩니다.

우리 소부장 기업들을 제대로 키울 수 있는 절호의 기회가 찾아왔습니다. 처음 주어진 일생일대의 기회를 놓쳐선 안 됩니다. 사이비 보수 세력이 아니라면 우리 소부장 업체를 먼저 챙겨야 마땅합니다. 용인 반도체 클러스터에는 일본의 업체들이 아니라, 우리 반도체 소부장 기업들이 들어갈 수 있어야 합니다. 일본의 국익이 아니라 대한민국의 국익을 가장 우선시하는 진짜 보수의 모습을 간절히 기대합니다.

정치가
밥 먹여줍니다

한진해운 파산의 교훈

2016년 8월 한진해운이 법정관리에 들어갔습니다. 금융당국과 산업은행 등 채권단은 법정관리를 결정했고, 결국 2017년 2월 한진해운은 파산했습니다. 당시 한진해운은 전 세계 60여 개 항로를 운행하고 있었고 선복량이 61만 6,764TEU(한국 전체 105만 TEU)로 한국 전체 물동량의 약 60%를 차지하던 국내 1위, 세계 7위의 글로벌 해운기업이었습니다.

한진해운이 파산하자마자 2017년 5월 한국 전체 선복량은 50만 1,223TEU로 정확히 절반으로 떨어집니다. 한진해운의 LA항 터미널 지분이 헐값에 매각되는 등 한진해운의 거의 모든 자산이 헐값에 처분되었고 오랫동안 쌓아온 무형의 글로벌 네트워크 자산도 한순간에 사라졌습니다. 한국의 북미항로 점유율도 11.9%에서 5.47%로 반토막이 났고 한진해운의 노른자위 대부분은 중국, 유럽 등 해외선사가 차지하고 말았습니다.

한진해운의 파산으로 당시 우리 수출입 기업과 해운업 관련 업종 등의 직간접적 피해는 약 17조 원에 달했고, 사라진 일자리만 1만 개가 넘는다는 한국해양수산개발원의 보고서도 있었습니다. 운송서비스 수출 부문에서 한국은 세계 5위에서 세계 11위로 수직 낙하했습니다. 한국 해운업이 한순간에 나락으로 떨어진 것입니다. 도대체 무슨 일이 있었던 것일까요?

여러 이유가 있었을 겁니다. 글로벌 해운업 전체가 불황을 겪을 만큼 글로벌 경기 침체의 영향도 있었습니다. 해운업 전반에 관한 전문성이 부족했던 경영진의 실책에 대한 지적도 있습니다. 해운업의 특수성을 제대로 파악하지 못한 채권단 책임도 거론되었습니다. 하지만 한진해운의 파산을 설명하기엔 충분치 않은 것 같습니다. 지금 돌이켜봐도 석연찮은 부분이 많습니다.

당시 1조 원 정도면 한진해운을 충분히 살릴 수 있었다는 게 해운업계의 대다수 의견이었습니다. 그럼에도 불구하고 수십조 원의 손실을 감수하면서, 직간접적으로 연계된 것까지 포함하면 약 1만 개의 일자리를 사라지게 하면서 국내 1위 글로벌 해운사를 굳이 공중분해시킨 것은 누가 봐도 쉽게 납득이 가지 않습니다.

경제에 경기 사이클이 있듯이, 해운업은 일정한 주기(보통 7년)로 후퇴, 불황, 상승, 호황을 반복하는, 변동성이 매우 큰 대표적인 경기 순환 산업입니다. 글로벌 해운 선사들도 대부분 심각한 침체기와 불황기를 겪고 그때마다 정부의 적절하고 효과적인 지원에 힘입어 기간산업으로서 다시 일어서곤 했습니다. 그러다 보니 한진해운을 파산으로 내몬 상황은 경쟁관계에 있는 글로벌 해운업계조차 이해할 수 없다는 반응이 대부분이었습니다.

게다가 당시 현대상선(현 HMM)이나 한진해운이나 경영상 어렵기는 매한가지였습니다. 오히려 현대상선이 상대적으로 더 어려움에 처해 있었습니다. 그럼에도 세계 17위 현대상선은 지원하고 세계 7위 한진해운은 방치한 것 역시 납득할 수 없는 결정입니다. 그것도 전체 GDP에서 수출입 비중이 80%가 넘는, 수출로 먹고사는 나라에서 말이죠. 한국해양수산개발원도 대표적 국가기간산업인 해운업을 고려할 때 한진해운 파산을 막는 것은 경제 전반에 미치는 손해를 최소화하는 길이라는 보고서를 내기도 했습니다. 그런데도 결국 한진해운은 파산합니다.

한진그룹 고^故 조양호 회장이 평창 동계올림픽 관련 최순실의 청탁을 무시했고, 최순실의 미르재단에 비협조적이었다는 소문이 있었습니다. 2016년 5월 조양호 회장은 평창 동계올림픽 조직위원장에서 갑자기 사퇴합니다. 그리고 2016년 8월 한진해운 법정관리가 결정되었습니다. 2017년 2월 한진해운은 결국 파산했습니다.

불과 몇 년 전 우리 수출입 기업들이 물건 실을 배를 구하지 못해 발을 동동 구르는 기막힌 일이 발생했습니다. 당시 글로벌 해운업 분위기를 보면 SCFI(상하이컨테이너운임지수)가 2020년 4월 818.16에서 2021년 3월 2,721.94로 운임료가 무려 3배 이상 오르는 등 글로벌 해운업은 사상 최대의 호황기를 누리고 있었습니다. 하지만 우리는 국적 선사 부족으로 제때 선적을 못해 수출을 못하는 참사가 벌어졌습니다. 한진해운 파산에 따른 사실상 예고된 재앙이었습니다.

문재인 정부 출범 이후 비로소 주요 국정계획으로 해운재건을 내걸었습니다. 해운업을 다시 살리겠다는 의지를 정부가 직접 천명한 것입니다. '해운재건 5개년 계획'을 세우고 우리 해운산업의 경쟁력 확보와 국적 선사 육성을 위하여 '한국해양진흥공사'를 2018년 7월에 설립했습니다. 당시 글로벌 경쟁 해운사들 대부분은 대형선을 앞세워 운항 효율성을 올리면서 경쟁력을 높이고 있었습니다. 현대상선이 겨우 4,000TEU급 컨테이너선으로 유럽항로를 운항하던 반면, 해외 경쟁 해운사는 15,000TEU급으로 운항하고 있었습니다. 한국 해운업을 살리기 위해선 운항의 효율성이 담보되는 대형선 확보가 시급한 과제였습니다.

온갖 반대를 무릅쓰고 해양수산부는 2018년 9월 한국해양진흥공사의 후순위 채권 보증 조건으로 현대상선의 24,000TEU급 초대형선 발주에 들어갔습니다. 24,000TEU급 컨네이너선 총 12척에 건조비용만 2조 1천억 원에 달하는 초대형 발주였습니다. 2020년 4월 24,000TEU급 1호선인 HMM알헤시라스호는 거의 만선에 가까운 화물을 실었습니다. 그 뒤로 투입된 24,000TEU급 대형선 모두 만선을 기록했고 그 뒤로 오랫동안 연속 만선의 실적을 달성했습니다.

글로벌 해운사 대부분 미·중 무역 분쟁과 국제해사기구IMO의 선박환경규제 등의 이유로 선복량을 늘리지 못하고 있을 때, 당시 문재인 정부는 해운강국 재건을 위하여 친환경 설비를 갖춘 고효율 초대형선 발주를 과감하고 뚝심 있게 밀어붙였습니다. 초대형 컨테이너선 운항만이 비용을 줄이고 화물량을 높여 '규모의 경제'를 달성하고 효율성을 극대화할 수 있다고 판단했기 때문입니다.

2020년 HMM의 실적은 매출 6조 4,132억 원, 영업이익 9,807억 원으로 창사 이래 최대 실적을 냈으며 2010년 이후 10년 만에 연간 영업이익 흑자를 기록했습니다. 해운업 전체 실적도 약 36조 원을 기록하며 세계 11위에서 8위까지 상승하였습니다. 한진해운 파산 이후 드디어 우리 해운업이 부활의 신호탄을 쏜 것입니다. 장기 침체에 빠질 뻔했던 해운업이 '해운재건 5개년 계획'에 힘입어 비교적 빠른 속도로 회복하는 모습을 보이며 2025년까지 선복량을 120만 TEU로 늘리고 매출도 51조 원 달성을 목표로 하고 있습니다.

한진해운 파산 이후 글로벌 경기침체, 코로나19 등 온갖 악재에도 불구하고, 해운업 특수성과 경기 분석 등을 통한 자신감으로 해운재건을 밀어붙인 결과, 단기간에 해운강국의 면모를 되찾게 된 것입니다.

이렇게 경제에 있어 정치의 역할은 매우 중요합니다. 정치와 경제가 따로 떨어져 있지 않습니다. 우리 경제도 1980년대 민주화 항쟁 이후 비로소 절차적 민주주의와 실질적 민주주의를 함께 갖추면서 대도약할 수 있는 계기를 마련했고, 그 결과 오늘날 경제 선진국으로 발돋움할 수 있었습니다. 반대로 말하면, 민주주의가 무너지고 기득권 카르텔의 부정부패가 사회에 만연하거나 독재자가 등장해 세금과 뇌물로 국가 경제를 쥐어짜는 약탈적 정부가 들어서면 경제도 순식간에 망할 수 있다는 이야기입니다. 실제로 선진국 대열에 들어선 일부 국가들이 정치가 무너지고 민주주의가 무너지면서 경제도 함께 무너졌던 사례들이 많습니다.

《눈 떠보니 선진국》이라는 책이 베스트셀러가 되면서 한때 '눈 떠보니 선진국'이라는 말이 유행했습니다. 그런데 불과 1~2년 만에 '눈 떠보니 후진국'이라는 말이 유행하고 있습니다.

정권교체된 지 얼마 지나지 않아 이태원 한복판에서 많은 청년이 압사당하는 후진국형 참사가 일어났습니다. 땅이 갈라진 것도, 건물이 무너진 것도 아닙니다. 도저히 일어날 수 없는 대형 참사가 발생했습니다. 그런데도 누구 하나 제대로 책임지는 사람이 없습니다.

또 무슨 이유에서인지 갑자기 고속도로 노선이 바뀝니다. 그 바뀐 노선에 대통령 처가의 땅이 있습니다. 멀쩡하게 추진되던 서울-양평 고속도로가 갑자기 휘게 된 배경에는 무슨 힘이 어떻게 작용했는지 알 길이 없습니다. 이 사건이 처음 알려졌을 당시 국토부 장관은 담당 공무원이 정무적 판단이 부족했다며 담당 공무원의 책임으로 돌렸습니다. 그 뒤에 다시 양평군이 자체적으로 결정한 일이라고 했습니다. 또 얼마 지나지 않아 용역업체가 대안 노선을 제안해 바꾼 것이라며 용역업체의 책임으로 돌렸습니다. 무려 2조 원 가까이 들어가는 국책사업의 노선이 급작스럽게 바뀌고 일처리가 이렇게 진행되는 것에 많은 국민이 의아해합니다.

일본이 후쿠시마 방사능 오염수를 바다에 버리고 있는데, 우리 정부가 나서서 우리 세금으로 후쿠시마 방사능 오염수는 안전하다고 홍보합니다. 하계, 동계올림픽과 월드컵까지 성공적으로 치른 나라에서, 웬만해선 망하기도 힘든 세계 스카우트 잼버리 대회를 준비부족으로 엉망으로 진행해 세계적인 망신을 샀습니다. 세계 스카우트 잼버리 개최로 6조 원의 경제효과가 기대된다고 대대적인 홍보를 했지만, 그동안 쌓아올린 국격과 국가 이미지를 한순간에 깎아먹고 오히려 수십조 원의 마이너스 경제효과를 봤을지도 모릅니다.

대낮에 불특정 다수를 향해 흉기를 휘둘러 많은 사람이 다치고 사망하는 끔찍한 일들이, 이른바 '묻지 마 범죄'가 여기저기서 벌어지고 있습니다. 이젠 대놓고 특정 장소에서 범죄를 저지르겠다는 끔찍한 예고 글들이 여기저기서 올라옵니다. 국민의 안전이 지금처럼 위협받은 적도 없었습니다.

매년 세계 민주주의 지수를 발표하는 영국의 《이코노미스트》에 의하면 2022년 우리나라 민주주의 지수는 2021년에 비해 8단계나 급락한 세계 24를 기록했다고 발표했습니다. 이념만을 강조하며 '공산전체주의'라는 신조어까지 만들어가며 정치적 갈등을 키우고 있는 올해는 더 하락할지도 모르겠습니다.

정확한 인과관계는 알 수 없습니다. 하지만 무너진 민주주의 지수만큼 우리 경제도 무너지고 있는 듯합니다. 거의 100개월 동안 무역수지 흑자를 기록해 해외로부터 '구조적 무역 흑자국'이라는 찬사를 받았던 우리 무역이 2022년에 473억 달러 대규모 무역 적자를 기록했고 2023년 올해도 대규모 무역 적자를 기록할 것으로 예상됩니다. 구조적 무역 흑자국은 한순간에 '구조적 무역 적자국'으로 전락하고 말았습니다.

25년 만에 경제 성장률은 만성적인 저성장 국가 일본에도 뒤처질 위기입니다. 2023년 올해 1.00%를 유지할 수 있을지도 장담할 수 없는 상황입니다. 2023년 상반기에만 세수가 40조 원 넘게 펑크가 났습니다. 국민소득도 전년에 비해 2,700달러 이상 줄었습니다. 1인당 국민소득이 20년 만에 대만에 역전을 당했습니다. 국민 국가 순자산마저 160조 원이나 줄어들었습니다. 경제의 뇌관인 가계부채 위기는 갈수록 커가고 있습니다. 가계대출 연체율도 이젠 빠르게 증가 중입니다. 인플레이션 영향으로 거의 모든 물가가 오르는 와중에 전기료, 대중교통요금 등 공공요금까지 크게 올라서 서민들 생활은 더욱 팍팍해져갑니다.

2023년 1월부터 7월까지 월평균 일자리는 35만 개 가까이 증가했습니다. 60세 이상 일자리는 월평균 40만 개 이상 증가했습니다. 즉 60세 이상의 일자리를 빼면 실제로는 줄었다는 의미입니다. 청년층 일자리는 월평균 무려 10만 개 이상 줄었습니다. 상장 기업들의 영업이익도 크게 감소했습니다. 원달러 환율은 여전히 1,300원을 넘어서고 코스피, 코스닥 주가지수는 하락하고 있습니다. 사실상 경제 전 분야에서 좋지 않은 모습입니다. 정말 눈 떠보니 순식간에 후진국입니다.

정치와 경제가 정확히 얼마큼의 인과관계가 있는지 설명하기는 어렵습니다. 하지만 공교롭게도 우리나라 민주주의 지수가 하락하자 경제도 함께 하락하는 모습을 보이고 있습니다. 우리 경제의 황금기를 돌아봐도 정치와 민주주의가 경제에 얼마나 큰 영향을 끼쳤는지 금방 확인할 수 있습니다. 대부분의 경제학자가 우리 경제의 최전성기를 1987년부터 1996년까지 10년으로 봅니다. 87년 민주화 항쟁과 노동자 대투쟁으로 실질적 민주화가 이루어지고, 또 노동권이 강화되면서 기득권의 부정부패가 줄어들고 노동자들의 임금이

상승하고 건강한 중산층이 만들어지면서 한국 경제가 전성기를 맞았다는 것입니다. 먹고사는 문제에 결국 정치가 매우 중요한 역할을 한다는 겁니다.

정치 이야기가 나올 때마다 제 친구 걸이는 정치가 밥 먹여주냐고 핀잔을 줍니다. 그래도 오늘은 한마디 해야겠습니다. "친구야 진짜 정치가 밥 먹여준다. 그러니 투표는 꼭 하자, 아니 잘하자!"

망한 일본 조선업 따라하기

대한민국의 조선업이 위험하다

일본 조선업이 끝없이 추락하고 있습니다. 정부의 정책 실패와 노동자 홀대가 주된 원인입니다. 80년대 중반까지만 해도 조선업 부동의 1위는 일본이었습니다. 전 세계 수주물량의 60% 이상을 싹쓸이하다시피 했으니까요. 그 배경에는 '모노즈쿠리'라는 일본 특유의 장인정신이 있습니다.

'모노즈쿠리'는 일을 일로 여기지 않고 하나의 수행과정으로 여기며 혼신의 힘을 다해 최고가 될 때까지 노력한다는 일본 특유의 장인정신입니다. 조선업의 가장 큰 특징 중 하나는 오랫동안 축적된 업무 숙련도입니다. 일본 노동자들은 이 모노즈쿠리 정신으로 오랫동안 축적된 고도의 업무 숙련도를 갖게 된 것입니다. 이러한 숙련도를 바탕으로 일본 조선업은 장기간 세계 1위를 유지했습니다.

그랬던 일본 조선업이 지금은 완전히 붕괴되었습니다. 2022년 기준 우리나라가 전 세계 발주량의 40% 가까이를 수주하며 1~2위를 지키고 있는 데 비해 일본의 수주 실적은 7.6%에 그쳤습니다. 사실상 일본 조선업은 망했다고 볼 수 있습니다.

일본 조선업이 추락한 이유는 명확합니다. 정부의 정책 실패와 숙련된 노동자를 지키지 못했기 때문입니다. 1~2차 오일쇼크 이후 일본은 글로벌 조선업 전망에 대해 치명적인 오판을 했습니다. 매우 비관적으로 본 것입니다. 당시 정부 주도로 대대적인 조선업 구조조정에 나섰습니다. 이른바 '조선합리화 정책'입니다. 60여 개에 달했던 조선업체가 20여 개로 줄고, 도크 절반이 강제로 문을 닫았습니다. 그 사이 조선소에서 일하며 설계, 용접, 도장업무 등에서 고도의 업무 숙련도를 지닌 조선업 노동자들 상당수가 일자리를 잃었습니다. 그중 일부는 아예 다른 산업으로 이직했고 또 일부는 우리나라 조선소로 일터를 옮겼습니다. 게다가 1998년 동경대학은 학과명에서 '조선'이라는 글자를 지우고 환경해양공학과로 이름을 바꿉니다. 사실상 조선공학과를 폐지하며 조선업 관련 현재 인력뿐만 아니라 미래 인재까지 포기한 것입니다.

그 이후 일본 조선업은 핵심 설계인력과 숙련공 부족으로 선주들의 새로운 요구나 최첨단 선박의 진화를 따라갈 수 없는 지경에 이르렀습니다. 친환경 스마트 선박은 고사하고 LNG 운반선조차 제대로 만들 수 없는 상황입니다. 인력 부족으로 제조 능력이 떨어지다 보니 해외 수주도 적극적으로 할 수 없습니다. 어쩔 수 없이 선박 제조 자동화를 도입해 거의 똑같은 모양의 배만 만들고 있습니다. 사실상 일본 조선업은 망했습니다. 이유는 명쾌하고 간단합니다. 조선업 핵심 인재와 숙련 노동자를 지키지 못했기 때문입니다.

그런데 우리나라가 일본의 그 망한 길을 그대로 따라 걷는 모양새입니다. 한 온라인 커뮤니티에 조선소 5년차 직원의 급여명세서가 올라와 많은 네티즌의 공분을 샀습니다. 기본급 216만 원, 시간외수당 144만 원, 각종 제세금을 제외하고 실 수령액은 330만 원이었습니다. 그런데 연장근로시간이 61.5시간, 휴일근로시간도 72시간에 달했습니다. 만약 급여명세서가 사실이라면, 24일 근무일수로 하루 근무시간을 계산하면 업무강도가 매우 높은 조선소에서 하루에 무려 14시간이나 일했다는 이야기입니다. 월 300여만 원이라도 벌고 싶으면 휴일이고 평일이고 영혼을 갈아 넣도록 장시간 일해야 한다는 소립니다. 추가로 일하지 않으면 손에 쥐는 건 딸랑 200여만 원, 사실상 최저임금입니다. 대우조선해양 하청업체에서 일했던 22년차 경력의 A급 용접사 유최안 씨의 시급은 겨우 1만 원 수준이었습니다.

2022년 12월에 조선업 관련 '용접공 없어 1년째 공장 가동 못 해'라는 기사가 화제가 된 적이 있습니다. 우리 조선업계가 고질적인 인력난에 시달리고 있다는 것입니다. 22년 경력의 A급 숙련공에게 시급 1만 원의 대우를 하면서 일할 사람이 많기를 기대한다는 것은 말이 안 됩니다. 일손이 부족해 공장 가동을 못할 정도라면 먼저 정당한 노동의 대가를 지불하고 일하기 좋은 환경을 만드는 것이 순서입니다.

이젠 어쩔 수 없이 숙련된 조선업 노동자들이 현장을 떠나고 있습니다. 2014년에 20만 명에 달했던 조선업 노동자는 2022년 말 기준 9만 2천 명으로 크게 감소했습니다. 용접공이 없어 공장을 가동 못한다는 말이 나올 만합니다. 지금도 조선업의 오랜 숙련공들이 익숙한 일터를 떠나 건설업체, 화학업체 등으로 이직하고 있습니다. 차세대 선박기술 연구, 개발 등을 책임질 핵심 인재가 부족해지면 조선업의 경쟁력 후퇴는 불을 보듯 뻔한 일입니다. 정부는 그 빈자리를 외국인 노동자들로 채우겠다 합니다. 비교적 싼 임금으로 빈자리를 채울 수 있을지는 모르겠습니다만 그들이 현장에서 오랫동안 일하며 축적한 우리 노동자들의 업무 숙련도까지 채울 수는 없습니다.

일본 조선업은 숙련 노동자를 지키지 못해 끝을 모르고 지금도 추락 중입니다. 그 길을 우리가 지금 그대로 따라 걷겠다고 합니다.

조선업은 대표적인 경기 사이클 산업입니다. 지금이라도 노동의 가치를 존중하고 땀의 대가에 맞는 정당한 임금을 지불해야 합니다. 또 불황기를 대비해 조선업 노동자를 위한 '조선업 고용안전기금'을 만들고 조선업 관련 사회안전망을 더욱 두껍게 하는 제도적 장치를 마련해야 합니다.

조선소도 결국 노동자가 있어야 돌아갑니다. 노동자가 바로 사람입니다. 자본보다, 그 어떤 가치보다 사람이 먼저여야 합니다. 그것이 우리 조선업을 지키고 우리 경제를 살리는 유일한 길입니다.

눈 떠보니 선진국

우연이라 폄하해선 안 되는 역사적인 위업

《눈 떠보니 선진국》이라는 책이 베스트셀러가 되면서 우리 사회에 '눈 떠보니 선진국'이라는 단어가 한동안 유행했습니다. 실제로 우리가 선진국임을 실감하지 못하고 있다가 저자의 한마디에 무릎을 치며 공감하는 분들이 많았습니다. 그리고 평소 선진국이라 여겼던 유럽 국가들도 정치, 경제, 사회, 문화 거의 모든 면에서 우리보다 못한 장면들을 보면서 '눈 떠보니 선진국'이라는 말을 더욱 실감하게 되었습니다.

그저 심리적으로 그렇게 여긴 것이 아니라 UN이 공식적으로 우리나라를 선진국으로 인정했습니다. 1964년 유엔무역개발회의 UNCTAD 설립 이래 처음으로 개도국 그룹에 있는 나라를 선진국 그룹에 편입시켰습니다. 그 유일한 나라가 바로 우리 대한민국입니다. 전 세계가 대한민국을 선진국으로 공식 인정한 것입니다. 게다가 세계 7번째로 30-50 클럽에 가입했습니다. 인구가 5천만 명 이상인 나라에서 1인당 국민소득이 3만 달러가 넘는 국가들을 일컫는 그룹입니다. 일본, 미국, 영국, 독일, 프랑스, 이탈리아에 이어 대한민국이 7번째로 30-50 클럽 국가에 이름을 올렸습니다. 2005년 이탈리아가 30-50 클럽에 가입된 이후 무려 13년 만입니다. 1950년대 1인당 국민소득 겨우 67달러에서 이룬 거짓말 같은 쾌거입니다. 30-50 클럽 국가들 면면을 보면 모두 한 번씩은 세계사를 들었다 놨다 했던 초강대국이었습니다. 모두 식민지를 보유했던 제국주의 역사를 가진 나라들입니다. 그리고 지금도 우리를 제외하면 모두 G7 국가들입니다.

반면에 우리는 35년간 일제 강점기를 겪었고 말로 표현할 수 없는 고통과 피해를 입었습니다. 수많은 사람이 목숨을 잃었고 일제의 수탈로 국토의 자원은 황폐화되었습니다. 그게 끝이 아니었습니다. 해방되자마자 동족상잔의 비극 6.25 전쟁을 3년 동안 겪으면서 또 다시 온 국토가 폐허가 되었습니다. 그 폐허에서 겨우 돼지털, 쌀 등 1차 생산품만 수출했던 나라는 기적처럼 자동차, 반도체, 2차 전지 등 최첨단 제품을 수출하는 세계 5위의 제조업 강국으로 성장했고 30-50 클럽에까지 가입하게 된 것입니다.

UN이 선진국으로 인정한 우리의 위상은 세계 대부분의 나라가 부러워할 정도로 대단했습니다. 세계 10위권의 경제대국으로 GDP 규모 등을 감안하면 사실상 G7 국가로 발돋움했습니다. 거의 매년 수출 성적이 최고 실적을 경신하며 100개월 연속 무역 흑자를 기록한 우리를 부러운 눈으로 '구조적 무역 흑자국'이라 불렀습니다. 세계 수출시장에서 점유율 1위 품목이 총 69개로 세계 11위까지 상승했습니다. 2002년 이후 가장 높은 순위입니다. 그런 수출 실적을 바탕으로 2018년 세계경제포럼 거시경제 건전성 부문 1위를 차지했습니다. 양호한 수출실적과 더불어 외환보유액도 연일 최고치를 경신했습니다. 2021년 10월에는 외환보유액 사상 최대치인 4,692억 달러를 기록했습니다. 참고로 2023년 8월 현재 외환보유액은 4,183억 달러입니다. 이를 보면 당시 우리 수출 성적과 무역 수지가 얼마나 대단했는지 알 수 있습니다. 이런 양호한 거시건전성을 바탕으로 무디스, 피치, S&P 등 국제신용평가사들도 국가신용등급도에 역대 가장 양호한 등급을 부여했고 오랫동안 그 등급을 유지했습니다.

이는 문재인 정부에서 발행한 외평채 실적을 보면 금방 확인됩니다. 사상 최초로 유로화(5년 만기, 7억 유로)를 마이너스금리인 −0.059%로 발행했습니다. 이는 채권을 발행하고 이자를 지급하는 것이 아니라 오히려 만기에 빌린 돈보다 더 적은 돈을 갚는다는 말입니다. 예를 들어 1,100원을 빌렸는데 이자 없이 1,000원만 갚으면 된다는 조건으로 채권을 발행한 것입니다. 실제로는 7억 200만 유로를 받고 만기에는 7억 유로만 상환하면 되는 조건이었습니다. 마이너스 금리로 돈을 빌려줄 만큼 국가신용등급이 높았다는 의미입니다. 당시 10년 만기 달러표시 채권(6억 2,500만 달러)도 역대 최저금리로 발행에 성공했습니다. 그때 쌓아놓은 달러는 인플레이션 시대 가파르게 올랐던 달러/원 외환시장 안정에 큰 도움이 되었습니다.

박근혜 정부 당시 29위까지 하락했던 국제경영개발연구소IMD 국가경쟁력 순위는 2020년에 23위까지 다시 상승했습니다. 인구 2천만 명 이상으로 범위를 좁혀보면 세계 8위에 해당하는 기록입니다. 참고로 IMD는 1989년 이후 매년 정기적으로 세계 경쟁력 순위 보고서를 발표하는데 64개국 대상으로 경제성과, 정부 효율성, 비즈니스 효율성, 인프라 등 4가지 지표를 기반으로 평가합니다.

또 구매력평가^{PPP} 기준 우리나라 1인당 GDP가 일본을 추월했습니다. 2018년부터 추월하기 시작해 2020년에는 우리나라가 약 44,292달러, 일본은 약 41,637달러에 그쳐 격차가 더 벌어졌습니다. 사실 이는 엄청난 역사적 사건입니다. 식민지 국가가 지배국을 넘어선 사례는 인류 역사상 딱 세 번밖에 없었습니다. 19세기에 미국이 영국을 넘어섰고, 2003년 아일랜드가 영국을 추월한 것에 이어 우리나라가 일본을 넘어선 것입니다. 일본도 당시 이 내용을 대대적으로 보도하며 큰 충격에 휩싸였습니다. 아일랜드는 1인당 GDP가 영국을 추월한 기념으로 넬슨 기념비를 폭파하고 그 자리에 120미터 높이의 첨탑 '더 스파이어'를 세웠습니다. 더 스파이어는 더블린 어디에서나 눈에 띄도록 세워져 아일랜드 국민의 자부심을 나타내는 상징적인 기념비가 되었습니다.

코로나19 팬데믹 재난 상황에서도 대한민국의 위기관리 능력은 실로 대단했습니다. 코로나19가 처음 발발하고 전 세계에 공포심에 극에 달해가는 시점에 해외 대부분의 국가는 국경을 폐쇄하고 하늘 길까지 모두 닫았습니다. 특히 의료 환경이 매우 열악했던 나라에 거주하는 국민들의 생명과 안전이 매우 위태로운 상황이었습니다. 정부는 재외 국민을 안전하게 귀국시키기 위해 군용기를 이용하고 또 민간 항공기를 임차하는 등 가용할 수 있는 모든 수단과 방법을 사용해 122개국의 재외 국민 6만 2천 명을 신속하고 안전하게 귀국시켰습니다. 국민의 안전과 생명을 지키기 위해 최선을 다하는 선진 국가의 모습을 국민에게 확인시켜주었습니다. 내가 위험에 처했을 때 국가가 바로 옆에 있었다는, '국가'의 효능감을 제대로 느끼게 한 코로나19 재난이었습니다. 정말 '눈 떠보니 선진국'이었습니다.

또한 우리나라의 방역 수준 역시 전 세계의 부러움을 샀고 롤모델이 되었습니다. 코로나19 팬데믹 이후 우리는 줄곧 OECD 국가 중 방역모범 1위 국가로 뽑혔습니다. 인구 100만 명당 치사율, 감염 재생산지수, 통제 효율성, 백신 접종률 등 거의 모든 부문에서 1위였습니다. 2020년 《월스트리트저널》은 대한민국이 드디어 코로나19 방역 암호를 풀었다며 전 세계에 큰 도움이 될 것이라고 추켜세웠습니다. 실제로 K방역은 OECD 코로나19 우수 대응 보고서에 실리면서 전 세계의 롤모델이 되었습니다.

코로나19 팬데믹으로 2020년 경제 성장률은 미국 −3.5%, 일본 −4.8%, 독일 −5.0% 등 거의 모든 국가들이 큰 폭의 마이너스를 기록할 때 한국의 경제 성장률은 OECD 주요 선진국 중 사실상 1위였습니다. 게다가 K-방역의 우수성으로 K브랜드 가치가 재평가를 받으면서, 수출에도 엄청난 기여를 했습니다. K브랜드 가치 제고에 힘입어 2021년 6,450억 달러로 역사상 최대 수출실적을 달성합니다. 코로나19 팬데믹 상황에서도 11개월 연속 취업자 수가 증가하였고 2022년 1월 기준 취업자 수는 코로나 직전 고점에 비교해도 100.5%로 그 고점을 오히려 상회했습니다.

블룸버그 통신이 발표하는 블룸버그 혁신지수 평가에서도 90.49 점을 받아 2021년 세계 1위에 선정됐습니다. 평가항목으로는 연구 개발 집중도, 제조업 부가가치, 생산성, 첨단기술 집중도, 연구자 집중도 등이 있습니다. 특히 연구개발 집중도는 GDP 대비 R&D 투자를 얼마나 했는지 수치로 평가합니다. 우리나라는 R&D 절대 투자 규모뿐만 아니라 GDP를 고려한 투자비율에서도 이스라엘에 이어 2위를 기록했습니다. 그리고 제조업 부가가치 부분에서도 좋은 점수를 받아 싱가포르를 제치고 전체적으로 1위를 차지합니다. 지니계수, 상대적 빈곤율, 소득5분위 배율 등 양극화 및 경제적 불평등을 나타내는 대표적인 지표들이 모두 개선되었고, 2016년 23.5%에 달했던 저임금 노동자 비율이 사상 최초로 16.0%까지 떨어지는 등 불평등 정도도 눈에 띄게 개선되었습니다.

K-컬처의 활약도 대단했습니다. BTS, 영화 〈기생충〉과 〈미나리〉, OTT 드라마 〈오징어 게임〉 등 K-콘텐츠들이 전 세계로부터 큰 사랑을 받았습니다. 중고등학교 시절 우리 영화는 재미도 없고 수준도 형편없다며 〈영웅본색〉〈천장지구〉 등 주로 홍콩 영화로 문화적 허기를 채웠던 우리 세대로서는 믿기지 않는 꿈같은 일들이 눈앞의 현실로 벌어졌습니다. 우리 가수가 부른 우리 노래가 빌보드 차트 1위를 예사로 하고 아카데미 시상식에서 우리 영화가 많은 상을 휩쓰는, 도저히 믿을 수 없는 일들이 예사로 일어났습니다.

정말 그랬습니다. '눈 떠보니 선진국'이었습니다. 부지불식간에, 우리가 전혀 눈치채지 못한 사이에 정치, 경제, 외교, 문화, 전 방면에서 선진국이 되어 있었습니다. 어디로 가는지도 모른 채 달려와 보니 선진국입니다.

물론 전력질주 뒤에 남겨진 것도 많이 있습니다. 격차가 벌어지고 환경이 파괴되고 있습니다. 극한 경쟁 체제에 내몰리다 보니 합계출생률이 전 세계 꼴찌입니다. 여전히 많은 국민이 행복을 느끼지 못하고 있습니다. 학벌 계급사회는 더욱 견고해지고 차별과 불평등의 골도 깊어갑니다. 남은 숙제가 많습니다. 함께 해결하지 못하면 앞으로 계속 진전할 수만은 없습니다. 하지만 분명 거의 모든 분야에서 진짜 선진국이 되었습니다.

그런데 지금 대한민국에선 놀라운 일들이 벌어지고 있습니다. 눈 떠보니 선진국이 된 대한민국에 '눈 떠보니 후진국'이라는 말이 유행하기 시작합니다. 불과 1~2년 만에 이런 후진국도 없다는 슬픈 얘기들이 쏟아집니다. 그 짧은 기간 동안 도대체 무슨 일들이 있었던 걸까요?

눈 떠보니 후진국 1

반복되는 대형 참사

서울 한복판에서 도저히 믿기 힘든 참사가 일어났습니다. 2022년 10월 29일, 땅이 갈라진 것도, 건물이 무너진 것도, 대형 화재가 발생한 것도 아니었는데 수많은 청년들이 길거리에서 압사당하는 전형적인 후진국형 참사가, 아니 후진국에서조차 발생하기 힘든 대형 참사가 일어났습니다. 수많은 국민의 목숨이 꺼져가는데도 국가의 모습은 보이지 않았습니다. 이미 많은 군중이 이태원에 몰릴 것이 예상되었지만 사전 안전대책도 미흡하기 짝이 없었습니다. 종종 집회 현장에서는 시위하는 시민보다 경찰이 더 많았다는 이야기를 하곤 합니다. 하지만 그날 이태원에는 무슨 이유에서인지 그 많던 경찰 기동대의 모습은 눈을 씻고 봐도 보이지 않았습니다. 참사가 발생하고 1시간도 더 지나서야 기동대가 나타났으니까요.

어떤 상황에서도 국민의 생명과 안전을 지키는 것이 국가의 가장 중요한 책무이고 존재 이유입니다. 일어나지 않아야 할, 있어서는 안 될 참사였습니다. 아니 인재였습니다. 그런데도 제대로 책임지는 이는 보이지 않고 수많은 청년이 안타까운 목숨을 잃었는데 혐오와 조롱 섞인 말들로 유가족과 사회에 패륜의 칼질을 해댑니다. 세월호 때도 비슷한 모습이었습니다. 자식 잃은 이유나 알려달라고 곡기를 끊은 유가족 옆에서 피자와 치킨을 시켜 게걸스럽게 먹어댑니다. 패륜도 이런 패륜이 없습니다.

세월호, 이태원 참사에서 패륜을 일삼는 그들 대부분은 보수를 자처합니다. 그러나 보수는 민족, 국가, 전통, 역사, 책임 등의 가치를 중시하며 그중에서 특히 윤리와 규범을 중시합니다. 바로 역사와 전통, 민족과 국가를 지키는 근본이기 때문입니다. 그래서 보수가 끝까지 지키려는 가치가 윤리이고 가장 경계하고 증오하는 것이 패륜입니다. 그런데 어찌 된 일인지 보수를 자처하는 이들이 가장 패륜적인 모습을 보이고 있습니다. 세상에 이런 보수는 없습니다.

또 이태원 참사에서 정부는 희생자들의 명단조차 숨기는, 이해할 수 없는 행태를 보였습니다. 사건을 축소하고 책임을 회피하기 위함이 아니었는지 의심스러운 부분입니다. 정부는 공식적인 애도 기간을 정해놓고 희생자들의 위패도, 영정사진도 없이 일방적으로 분향소를 설치했습니다. 기본적으로 애도는 산 자와 망자 간의 마음의 소통이어야 합니다. 그 소통의 매개체가 바로 영정사진과 위패입니다. 그를 통해 산 자는 슬픔이나 안타까움, 분노를 표출하며 애도합니다. 영정사진과 위패도 없이 분향소를 설치하다 보니 많은 시민이 국화꽃을 향해 참배하는 웃지 못할 상황도 벌어졌습니다.

2023년 7월 충북 오송에서는 제방 유실로 오송읍 지하차도가 침수되면서 대형 참사가 발생했습니다. 관할 도지사는 사고 현장에 본인이 일찍 갔더라도 더 이상 달라질 게 없었다는, 해서는 안 될 해괴한 말을 늘어놓습니다. 대통령은 이역만리 우크라이나에서 '사즉생 생즉사'를 외치고 있었습니다. 실제로 그 시간에 국민들은 생사를 다투며 죽음의 공포와 싸우고 있었는지도 모릅니다. 참고로 이탈리아 총리는 지난 G7 정상회의 중에 자국 내 집중호우와 홍수 소식이 들려오자 하루를 앞당겨 귀국했습니다.

크고 작은 사고들이 발생하고 있습니다. 그럼에도 사회 안전시스템은 제대로 작동하지 않습니다. 책임질 위치에 있는 사람들은 책임을 회피합니다. 대신 현장 말단 공무원들에게 그 책임을 묻거나 미루는 모습입니다. 그러니 또 다른 사고들이 모양만 달리해 계속 반복됩니다.

올림픽과 월드컵까지 성공적으로 치렀던 나라에서 세계 스카우트 잼버리 대회를 엉망으로 진행해 전 세계에 망신을 샀습니다. 6조 원의 경제효과가 기대된다고 대대적인 홍보를 했지만, 그동안 쌓아올린 국가 이미지를 한순간에 말아먹고 오히려 큰 폭의 마이너스 효과를 걱정하는 지경이 됐습니다.

'각자도생各自圖生'이라는 말이 있습니다. 선조 27년 9월《조선왕조실록》에 '각 자 살길을 도모하라'는 말이 나옵니다. 조선시대 가장 무능한 왕으로 알려진 선조가 임진왜란 당시 백성에게 남겼던 말이라고 합니다. 전란으로 수많은 백성이 목숨을 잃고 말할 수 없는 고통을 받고 있는데 정작 본인은 야밤을 틈타 한양을 버리고 북으로,

북으로 도망가면서 백성에겐 '각자 알아서 살길을 도모하라'고 했다는 것입니다.

왕이 백성을 버리고 도망가며 했던 말이 지금 다시 유행합니다. 임진왜란 때는 '각자도생'이라도 가능했는지 모르겠지만, 지금 힘없고 돈 없는 사람은 그조차도 불가능하다는 자조 섞인 말까지 들립니다. 눈 떠보니 하루아침에 후진국입니다.

눈 떠보니 후진국 2

햇볕과 바람에 진보 보수가 따로 있나요?

새 정부가 들어선 이후 원자력 발전 확대 정책을 펴면서 지난 정부의 '탈원전' 정책을 강하게 비판하고 있습니다. 문재인 정부의 무리한 탈원전 정책으로 원전 생태계가 완전 파괴됐다는 것입니다. 그래서 지난 정부의 정책을 완전 폐기하고 원전 생태계를 정상적으로 복원하겠다고 강조하고 있습니다. 그런데 정말 문재인 정부에서 탈원전이 있었을까요? 결론적으로 말씀드리면 문재인 정부는 탈원전을 시작도 하지 못했습니다.

문재인 정부에서 추진한 탈원전 정책의 핵심은 신규 원전 건설 중단과 노후 원전 수명연장 금지였습니다. 그것도 2080년까지의 장기적 계획이었습니다. 오히려 원전 생산량과 비중은 문재인 정부 동안 더 늘었습니다. 2017년 26.8%였던 원전 비중이 2020년 29%, 2021년에 27.4%가 됐습니다. 2018년에 23.4%로 크게 줄어든 적이 있는데 이때도 탈원전 때문은 아니었습니다.

2017년 6월에 한빛 3, 4호기 원자로 격납건물에 구멍이 숭숭 뚫리는 사고가 발생했습니다. 원래 원자로 격납고 차폐막은 원전의 수명이 다할 때까지 녹슬거나 구멍 나는 일이 없어야 합니다. 바로 방사능이 유출되는 대형 사고로 이어질 수 있기 때문입니다. 이 사건을 계기로 원전 전체를 조사해보니, 한빛 3, 4호기에만 180개가 넘는 구멍이 발견되었고, 기타 원전에도 격납건물에 구멍이 뚫려 있거나 철판이 녹슬고 이물질이 발견되는 등 많은 문제들이 발견되었습니다. 당시 이 문제가 크게 불거지면서 지난 정부의 원전 부실시공과 납품비리 문제가 여기저기서 터져 나왔습니다.

원전의 생명은 무조건 안전입니다. 작은 사고라도 터지면 대재앙을 초래할 수 있기 때문입니다. 원전 가동을 전면 중단하고 전체 설비점검과 안전성을 조사하면서 2018년은 원전 발전 비중이 크게 줄었습니다. 결론적으로 문재인 정부는 탈원전을 시작조차 안 했습니다. 탈원전이 없었으니 기존의 원전 생태계가 붕괴될 리도 없습니다.

정부의 철학에 따라 에너지 정책이 바뀔 수도 있습니다. 옳고 그름의 문제는 아닙니다. 하지만 에너지 정책이 이념화되거나 정치화된다면 문제는 달라집니다. 논리적이고 합리적인 판단보다 무조건적인 맹신과 추종만 남고, 반대 목소리를 내면 검찰 수사 등으로 범죄 프레임을 씌워 아예 소리도 못 내게 만들 수도 있습니다. 문재인 정부의 태양광 비리 전수조사도 마찬가지입니다. 비리가 있고 문제가 있으면 그 부분을 도려내면 될 일입니다. 태양광뿐만 아니라 원전이든 재생에너지든 불법과 비리가 있다면 마땅히 법적 처벌을 받아야 합니다. 하지만 태양광 산업 전체를 불법 비리 카르텔의 온상으로 여겨 정치적으로 공격한다면 우리나라에서 태양광 산업은 아예 씨가 마를 수도 있습니다. 결코 바람직한 현상이 아닙니다. 원자력 발전에 보수와 진보가 따로 있지 않습니다. 마찬가지로 햇볕과 바람에 진보 햇볕이 따로 있고 진보 바람이 따로 있을 수 없습니다. 우리 상황에 맞는, 또한 긴 안목으로 미래를 내다보는 에너지 정책이 필요합니다.

기후변화정부간협의체IPCC라는 것이 있습니다. 1988년에 유엔의 전문기관인 세계기상기구MWO와 유엔환경계획UNEP이 공동으로 설립한 국제 협의체입니다. 주기적으로 평가 보고서를 발표하고 기후변화의 원인과 문제점, 온실가스 배출에 대한 연구 및 평가, 대응방안 등을 내놓고 있습니다. 지금까지 총 6차례에 걸쳐 보고서를 발표했습니다.

2018년에 IPCC는 〈지구 온난화 1.5도〉라는 특별보고서를 만장일치로 택했습니다. 지구 온난화로 인한 대재앙을 막기 위해 산업화 이전인 1850년~1900년의 평균기온보다 1.5도 이상 높아지지 않도록 하자는 겁니다. 이를 위해 전 세계 온실가스 배출량을 2030년까지 45% 이상 줄이고, 2050년까지 '탄소 중립'을 달성하자는 겁니다.

'탄소 중립'이란 경제 활동 과정에서 발생하는 탄소 배출량만큼 탄소 감축 활동을 통해 실제 탄소 배출량을 상쇄시키는 것을 말합니다. 배출되는 탄소와 흡수되는 탄소의 양을 같게 만들어 탄소의 순 배출을 0으로 만든다는 뜻으로 넷 제로Net-Zero라 부릅니다.

지구의 온도 상승폭이 1.5도를 넘어서면 해수면이 크게 상승하고 곤충 6%, 식물 8%, 척추동물 4%가 서식지의 절반 이상을 상실하며 지구 생태계가 돌이킬 수 없는 위험에 빠질 수 있고, 2050년까지 탄소 중립에 도달한다고 해도 경우에 따라선 기후위기가 더 악화될 수 있다고 IPCC는 경고하고 있습니다.

'RE100' 캠페인이란 환경단체인 'CDP^{Carbon Disclosure Project} 위원회'가 주창한 개념으로 지난 20대 대선후보 토론회에서 후보 간 질문이 오가면서 크게 화제가 된 단어입니다. RE100은 재생에너지를 뜻하는 'Renewable Energy'의 머리글자에 숫자 100을 붙인 것으로 2050년까지 기업에서 사용하는 모든 에너지는 100% 재생에너지로 전환하겠다는 의미를 갖고 있습니다.

협의나 기구가 아닌 캠페인으로, 민간 기업들이 자발적으로 참여하는 일종의 국제 운동과 같은 성격입니다. 2023년 2월 기준 약 400개의 글로벌 기업들이 RE100 캠페인 가입을 선언했습니다. 구글이나 애플 같은 대표적 글로벌 기업뿐만 아니라 2020년 11월에 SK그룹 8개사, 2022년 9월에는 삼성전자가 가입을 선언하는 등 우리나라의 대기업들도 RE100 캠페인에 동참했습니다.

왜 힘든 규제를 자청하는 건지 의문스러울 수 있지만 나름의 이유가 있습니다. 의무사항이 전혀 없는 캠페인처럼 보이지만 실상은 RE100에 동참하지 않으면 해외 수출 자체가 매우 어려워질 수 있기 때문입니다. 특히 우리나라는 제조업 기반의 수출 의존도가 매우 높은 기형적 구조입니다. 우리나라 GDP에서 수출이 차지하는 비중이 무려 50%나 됩니다. 좀 과장하자면 수출로 먹고사는 나라인데, RE100을 캠페인으로만 여기고 무시했다간 수출길이 막히고 경제 성장에도 큰 타격을 줄 수 있습니다. 에너지 문제 같지만 사실은 먹고사는 문제, 즉 경제 문제이기도 합니다.

이미 국내외 많은 보고서에서도 RE100에 참여하지 않을 경우 해당 기업뿐만 아니라 우리나라 수출 전체가 큰 타격을 입을 수 있으며, 해당 기업 차원을 넘어 국가 차원에서 보다 철저한 준비와 대응이 필요하다고 조언하고 있습니다. 마이크 피어스 클라이밋 그룹 RE100 대표도 한국이 재생에너지 확대를 위해 보다 긴급하고 단호하게 행동하지 않는다면 경제 성장 잠재력은 크게 저하될 것이라고 경고하고 나섰습니다.

2022년 대한상공회의소가 국내 300개 기업을 조사한 결과 응답 기업 10곳 중 3곳은 이미 글로벌 기업으로부터 제품을 생산할 때 재생에너지를 사용할 것을 요구받았다고 했습니다. 실제로 BMW와 볼보 등 유럽 완성차 업체들이 국내 자동차 부품기업들과 맺었던 기존 납품 계약이 취소되는 사례가 발생하고 있습니다. 유럽의 완성차 업체들은 2025년까지 RE100을 충족한 부품을 납품해줄 것을 요청하고 있는데 그 조건을 맞출 수 없어 계약이 취소된 것입니다. 앞으로 볼보에 자동차 부품을 납품하기 위해선 RE100 실천 방안을 담은 'RE100 목표 이행계획서'를 반드시 제출해야 합니다. BMW도 RE100 실천과 '지속가능성 보고서'를 갖추지 않을 경우 견적요청서를 아예 받지 않겠다고 공표했습니다.

이렇게 탄소 중립과 재생에너지 문제는 인류 전체에 영향을 끼치는 기후와 환경 문제지만 그만큼 중요한 경제 문제이기도 합니다. 특히 우리나라처럼 수출로 먹고사는 나라가 RE100에 대한 준비가 안 돼 있다면 수출길이 막혀 국가 경제가 한순간에 주저앉을 수 있기 때문입니다. 그런데도 최근 우리 정부가 내놓는 재생에너지 관련 정책과 방향을 보면 정말 이해할 수 없는 부분이 너무 많습니다.

참고로 독일은 2030년까지 재생에너지 목표를 기존 65%에서 80%로 오히려 상향 조정했습니다. 이미 2023년 올해 재생에너지 비중이 52%를 넘었기 때문입니다. 유럽연합은 2019년에 이미 '유럽 그린딜'을 선포하고 탄소 중립 경제로의 전환을 '신성장 동력'으로 삼고 향후 10년간 1,400조 원을 투자하기로 결정했습니다. 미국도 바이든 정부 이후 파리기후협약에 재가입하면서 친환경 재생에너지 분야에 4년간 2조 달러를 투자하고 100만 개 이상의 관련 일자리를 만들겠다고 목표를 세웠습니다. 석탄 발전으로 미세먼지 발생의 주범이라는 오명을 가진 중국마저도 2025년까지 재생에너지 비중을 33%까지 늘리겠다며 총력전을 펴고 있습니다. 주요 선진국뿐만 아니라 터키, 베트남, 멕시코, 칠레, 요르단 등도 재생에너지로의 전환에 최선을 다하는 모습입니다.

반면 우리나라는 2030년까지 30.2%로 설정했던 재생에너지 비중 목표치를 21.6%로 크게 낮췄습니다. 반면에 원전 발전 비중을 23.9%에서 32.4%로 대폭 늘렸습니다. 재생에너지 비중을 낮춘 나라는 OECD 국가 중 우리가 유일합니다. 세계 주요국가의 흐름과는 완전 정반대의 모습입니다. 오히려 문재인 정부에서 추진했던 탈원전 정책을 완전 폐기하고 원전 중심으로 에너지 산업을 재편하겠다는 의지를 분명히 하면서 2036년에는 원전 비중을 무려 34.6%까지 늘리겠다고 밝혔습니다. 이미 우리는 석탄, 가스, 원전 발전 비중을 합쳐 90%가 넘는 아주 특이한 나라인데도 말입니다.

참고로 원전에너지는 RE100에 포함되지 않고 친환경 재생에너지도 아닙니다. EU-택소노미에서 원전을 친환경 재생에너지로 분류했다며, 원전을 친환경 재생에너지로 생각하는 분들이 많지만 여기에는 매우 까다로운 조건들이 붙습니다. 원전이 친환경에너지로 분류되기 위해선 2025년부터 사고저항성 핵연료를 사용할 것과 2050년까지 고준위방사성폐기물 처리장 계획 제출 등을 주요 조건으로 제시하고 있습니다.

사고저항성 핵연료는 쉽게 말해 후쿠시마 원전처럼 원자로 냉각장치가 고장나도 원전 안전성을 유지시킬 수 있는 핵연료를 말합니다. 그런데 현재의 원전 기술로는 EU-택소노미가 제시한 조건을 기한 내 충족하기란 거의 불가능에 가깝습니다. 세계 원전 기술의 탑이라 불리는 '웨스팅하우스'조차 사고저항성 핵연료 개발 일정조차 확정하지 못한 상황입니다. 고준위방사성폐기물 처리장 역시 기술적 한계와 복잡한 문제로 사실상 EU가 제시한 조건을 맞추기 어렵습니다. 유일하게 핀란드가 고준위방사성폐기물 처리장을 짓겠다고 나섰지만 부지 확정에만 30년이 걸렸습니다. 백년, 천년, 만년이 지나도 단층이 생기지 않을 만큼 안정적인 부지를 찾는다는 것은 거의 불가능에 가깝기 때문입니다. EU-택소노미에서 원전을 그린 택소노미(녹색분류체계)에 포함시킨 것처럼 보이지만 붙어 있는 조건들을 자세히 따져보면 사실상 원전을 친환경에너지에서 완전히 배제한 것이나 다름없습니다.

그런데도 우리 정부는 원전 확대 정책을 고집하며 재생에너지 비중을 오히려 줄이고 있는 것입니다. 게다가 우리나라의 재생에너지 발전량은 지금도 이미 세계 꼴찌 수준입니다. 에너지 전문 분야 컨설팅 업체인 '에너데이터'에 따르면 2022년 기준 우리나라의 재생에너지 발전 비중은 겨우 8.1%로 44개 조사대상국 중 38위에 그쳤습니다. 우리보다 순위가 낮은 국가들은 사우디아라비아, UAE 등으로 전부 산유국입니다. 사실상 우리가 꼴찌입니다. 2021년 기준 재생에너지 비중은 OECD 평균도 이미 31%가 넘어섰습니다. 이탈리아, 영국, 독일 등 유럽 대부분은 40%를 넘었고 일본 22%, 멕시코 21%. 중국도 29%나 됩니다.

재생에너지 비중을 최대한 확대해도 모자랄 판에, 우리는 지금 재생에너지는 대폭 축소하고 원전 비중을 오히려 대폭 늘리는 정책을 취하고 있습니다. 참고로 독일은 2023년 4월, 남은 3개의 원전도 운행을 중지하면서 62년 만에 모든 원전이 완전히 문을 닫았습니다. 한때 37개를 가동하며 전체 전력의 1/3을 담당했던 원전이 역사 속으로 완전히 사라진 것입니다. 말 그대로 완전 탈원전 국가가 됐습니다. 각국마다 상황이 다르긴 하지만 전체적인 흐름도 독일과 비슷한 탈원전 추이를 보이고 있습니다. 국제에너지기구IEA에 따르면 세계 원전 발전량 비중은 약 20% 수준에서 2021년엔 9.8%까지 떨어졌습니다. 향후에도 원전 비중은 계속 줄어들 것이라 예상합니다.

유독 세계적 흐름과는 전혀 다른 방향으로 달려가는 추세가 지속된다면 향후 우리 기업들은 RE100 조건을 맞추기 위해 불가피하게 해외로 공장을 옮겨야 할지도 모릅니다. 이런 우려가 현실이 된다면 양질의 국내 일자리가 사라질 뿐 아니라 국내 제조업의 뛰어난 기술과 인력도 해외로 유출될 수밖에 없습니다. 우리 스스로 수출 산업을 포기하고 우리 기업을 해외로 내쫓는 것이나 다름없습니다.

한편, 에너지 산업 특징상 에너지 관련 정책 방향을 바꾼다 하더라도 곧바로 원하는 변화가 일어나기는 어렵습니다. 에너지 산업을 재편하고 전환하는 데는 새로운 기반시설 구축, 인허가 과정 등 많은 시간과 비용이 들기 때문입니다. 특히 재생에너지는 다른 에너지에 비해 초기 설비투자와 금융비용이 많이 듭니다. 지금 세계는 AI, 반도체, 전기차, 2차전지 등 최첨단 산업의 경쟁력을 높이기 위해 치열하게 경쟁하고 있습니다. 반 발자국만 늦어도 영원한 후발주자로 남을 수 있습니다. 반대로 반 발자국만 빨라도 꽤 오랫동안 압도적이고 우월적인 지위를 누릴 수 있습니다. 그렇기 때문에 지금 당장 에너지 산업 정책 방향을 수정해야 합니다. 다행히 현재까지는 우리나라 기후 관련 제조업 경쟁력은 세계 최고 수준입니다. 마음만 먹는다면 얼마든지 빠르게 에너지 산업을 전환할 수 있습니다.

하루 빨리 원전에너지를 줄이고 친환경 재생에너지를 확대하는 방향으로 가야 합니다. 핵 발전이 가져다주는 효율성과 편안함을 넘어 가족, 이웃, 공동체 나아가서는 인류 전체를 생각하는 에너지 정책이 필요할 때입니다. 우리 세대가 잘못된 에너지 정책을 고집하면 다음 세대는 눈 떠보니 후진국이 될 수도 있습니다. 기껏 우리가 남긴 유산이 '눈 떠보니 후진국'이어서야 되겠습니까?

눈 떠보니 후진국 3

전략적 모호성과 경제 실패

　'전략적 모호성Strategic ambiguity'이란 명확하게 특정한 한쪽 입장을 취하지 않음으로써 위험 부담을 줄이는 행위를 말합니다. 주로 국가 간 외교관계에서 많이 쓰이는 전략입니다. 애매모호한 입장이지만 애매모호함 그 자체가 애매모호하지 않은 전략인 셈입니다. 특히 우리처럼 지정학적으로 강대국들에 둘러싸여 있고 또 수출의 대외 의존도가 높은 경제 구조를 가진 나라에서는 매우 중요한 전략입니다.

　미국과의 굳건한 안보 동맹을 바탕으로 한반도의 군사적 긴장을 낮추고 평화 분위기를 유지하면서, 다른 한쪽으로는 중국, 러시아와의 경제적 실리를 챙겨야 했기 때문입니다. 우리나라와 중국의 수교 첫해인 1992년에 64억 달러에 불과했던 무역 규모는 2021년 기준 3,015억 달러로 50배나 증가했습니다. 우리나라 수출에서 중국(홍콩 포함)이 차지하는 비중은 30%나 됩니다. 그만큼 절대적이라 할 수 있습니다.

그리고 2022년 5월 한국경영자총협회(경총)가 산업 생산에 필수
적인 중간재의 대외의존도를 진단해보기 위해 〈우리나라 중간재 대
외의존도 현황 및 시사점〉이라는 보고서를 발표한 적이 있습니다.
보고서에 따르면 2020년 기준 총수입에서 중간재 수입이 차지하는
비중은 50.2%로 G7 국가들보다 높은 수준이었습니다. 우리와 경제
구조가 비슷한 독일도 44.1% 수준입니다. 무엇보다 지난 10년 동안
상위 5개국에 대한 중간재 수입의존도를 살펴보면, 일본으로부터의
수입의존도는 21.0%에서 12.8%로 크게 감소한 반면, 중국에의 수입
의존도는 19.4%에서 28.3%로 크게 증가했습니다. 같은 기간 G7 국

우리나라의 주요 중간재 수입국 및 비중(2010~2020)

순위	2010년		2020년	
	국가명	비중(%)	국가명	비중(%)
1	일본	21.0	중국	28.3
2	중국	19.4	일본	12.8
3	미국	8.7	미국	11.2
4	대만	4.9	대만	6.8
5	독일	3.5	베트남	4.0
합계		57.6		63.0

주: 비중은 각국으로부터 중간재 수입액을 우리나라 전체 중간재 수입액으로 나누어 계산
자료: UN COMTRADE 데이터, 경총 분석

가들로부터의 의존도가 평균 0.8%p 증가에 그친 것에 비하면 중국 의존도는 8.9%p로 엄청난 폭의 증가세를 보였습니다. 이처럼 여러 모로 살펴봐도 우리 경제 깊숙이 중국이 아주 중요한 위치를 차지하고 있다는 사실은 이론의 여지가 없어 보입니다.

그러다 보니 진보뿐만 아니라 보수가 집권했던 과거에도 우리는 숙명적으로 '전략적 모호성'을 바탕으로 한 외교 노선을 택할 수밖에 없었습니다. 노태우 정권이 중국과 수교를 맺으면서도 단교했던 대만과 경제적 교류를 지속할 수 있었던 것도 이런 전략적 모호성을 견지했기 때문입니다.

노태우 정권은 북방정책을 고집스럽게 밀고 나가며 중국, 소련과 수교했고, 이명박 정권도 중국과의 관계를 '전략적 협력 동반자 관계'로 격상시켰으며, 박근혜 정부도 사드 배치로 홍역을 치렀지만 중국 70주년 전승절 행사에 직접 참석하는 등, 역대 보수 정부 대부분 안보에선 미국과 굳건한 동맹관계를 유지하면서도 경제는 중국과 긴밀한 관계를 유지하는 데 많은 애를 썼습니다. 이 모든 것이 국익을 가장 우선에 둔 실리적 외교 노선을 택했기 때문입니다.

하지만 2022년 5월 출범한 윤석열 정부는 상대에게 예측 가능성을 주지 못하는 모호성은 신뢰도, 국익도 얻지 못할 것이라며 역대 정부의 '전략적 모호성' 외교 노선을 노골적으로 비판했습니다. 2023년 9월, 윤석열 대통령은 외교원 60주년 기념식에 참석해 "제2차 세계대전 이후 구축된 자유롭고 해방된 국제정치, 경제 질서 속에 우리는 자유세계와 연대해 함께 성장하고 발전해왔으나 지금은 자유를 끊임없이 위협받고 있다"며 "자유·인권·법치의 보편적 가치를 공유하는 나라, 규범에 입각한 국제질서를 존중하는 나라들과 함께 안보와 경제, 정보, 첨단기술의 협력 네트워크를 탄탄하게 구축해야 한다"고 역설했습니다. 한마디로, '전략적 모호성'을 버리고 이념과 가치에 바탕을 둔 '전략적 투명성'을 택한 것입니다.

실제로 윤석열 정부는 출범하자마자 IPEF(인도태평양 경제프레임워크) 동참을 곧바로 선언하더니 또 2022년 6월에는 NATO에 참석해 사실상 '탈중국' 선언을 했습니다. 2022년 11월 아세안 및 G20 정상회의가 있었습니다. 거기에서도 '한국 정부 최초의 독자적 인도-태평양 전략'을 발표하고 기존의 탈중국 노선을 한층 강화한 듯한 모습을 보였습니다.

저는 외교는 잘 모릅니다. 하지만 상식적으로 한쪽이 상대의 의도나 속내를 훤히 내다보고 있다면 거래 결과는 굳이 확인해볼 필요도 없을 겁니다. 전략적 모호성을 버리고 이념을 강조하는 전략적 투명성을 택한 결과인지는 모르겠으나 우리 경제는 제대로 탈이 나고 있습니다. 문재인 정부 5년간 우리나라는 대중국 무역으로 무려 1,780억 달러의 돈을 벌어들였습니다. 그런데 지금은 오히려 적자가 나고 있습니다. 중국과의 수교 이후 단 한 번도 적자가 없었던 대중국 무역이 2022년 5월 처음으로 10.9억 달러 적자가 나더니, 그 이후 2023년 6월까지 183억 적자를 기록했습니다. 그동안 수출로 먹고산 나라가 2022년에는 사상 최대의 무역 적자가 났습니다. 무려 473억 달러입니다.

2023년 올해도 무역 적자는 계속되고 있습니다. 2023년 6월부터 무역수지가 흑자를 기록했지만 이는 수출보다 수입이 크게 줄어들어 발생한 흑자로 보통 '불황형 흑자'라 부릅니다. 마냥 좋아할 수만은 없습니다. 오히려 경제에 매우 심각한 문제가 생겼다는 시그널로 봐야 합니다. 지속적으로 수출과 수입 모두가 감소하고 있는데 수입이 더 크게 감소한다는 것은 사실상 경제가 역성장 경로에 들어섰다고 해석할 수 있기 때문입니다. 전형적으로 가계가 돈이 없어 소비를 줄이고 또 기업의 수익이 나빠지면서 비용을 크게 줄일 때 나타나는 현상입니다. 불황형 흑자가 장기화되면 경기 침체나 둔화를 넘어 '대공황' 같은 경제 위기가 찾아올 수도 있습니다.

수출이라는 한 축이 무너지다 보니 재정건전성에도 큰 문제가 생겼습니다. 정부는 2023년 예상 세수 결손 규모를 무려 59조 원으로 추산했습니다. 기업의 수출이 줄어 영업이익이 감소하고 내수 소비도 줄어드니 세수에 구멍이 난 것입니다. 여기에 부자감세도 대규모 세수 펑크에 단단히 한몫했습니다. 60조 원에 이르는 세수 펑크로 2023년 재정적자 규모도 기존 예상을 훌쩍 뛰어넘어 94.3조 원에 이를 것으로 추산합니다. 건전 재정을 유난히 강조한 정부로서는 여간 입장이 곤란한 것이 아닙니다. 그러다 보니 재정건전성이 더욱 나빠질 수 있는 '적자국채' 카드는 아예 고려조차 할 수 없습니다. 국채 발행이 없으니 돈이 부족하고, 쓸 돈이 부족하니 경기 침체와 불황의 조짐이 보여도 효율적으로 재정을 투입할 수 없어 경기 침체가 더욱 심해집니다. 악순환입니다.

국민소득은 크게 정부의 지출과 기업의 투자, 가계의 소비, 경상수지의 합으로 이루어집니다. 가계는 공식적인 통계 GDP 대비 105%가 넘는 가계부채와 고금리, 고물가로 이미 큰 고통을 받고 있어 소비여력이 전혀 없습니다. 기업도 영업이익이 급감하고 무역수지 적자가 계속되고 있어 투자여력이 없습니다. 오히려 금리 상승으로 한계 기업들이 더 이상 못 견디고 무너집니다. 사실상 남은 희망은 정부밖에 없는데 정부마저 지갑을 닫겠다고 합니다.

정부가 경기를 살리는 마중물 역할을 못하니 경제 성장률 전망치는 갈수록 하향 조정되고 있습니다. IMF는 2023년 우리나라 경제 성장률 전망치를 다섯 차례 연속 낮추기도 했습니다. OECD와 IMF 모두 기존에 2% 중반대 성장률을 전망했다가 최근에는 1%대 중반대로 하향 조정했습니다. 주된 이유로 수출과 내수부진을 꼽고 있습니다. 더 큰 문제는 세계 경제 성장률 및 주요 선진국 경제 성장률 전망치는 상향 조정 중이라는 점입니다. 쉽게 말해 다른 나라 경제 성장률은 올라가는데 우리만 내려가고 있다는 말입니다. 그러다 보니 25년 만에 대표적인 저성장 국가인 일본에도 뒤처질 위기에 처했습니다.

보통 종합주가지수를 그 나라 경제를 가늠하는 바로미터라 부릅니다. 경제의 좋고 나쁨이 종합주가지수에 바로 반영되기 때문입니다. 그래서 종합주가지수를 보면 우리 경제가 얼마나 험난한 여정을 겪고 있는지 바로 확인됩니다. 새로운 정부가 출범했던 당일 기준 (2022년 5월 9일) 우리나라 코스피 지수는 2,610.81p에서 2023년 10월 4일 기준 2,405.69p로 −7.8%나 하락했습니다. 코스닥도 비슷하게 860.84p에서 839.17p로 −6.1% 하락했습니다.

반면, 같은 기준으로 주요 국가들의 주가지수를 보면 일본 니케이지수는 26,319.34p에서 30,526.88p로 오르면서 +15.9%나 상승했습니다. 나스닥 13.8%, S&P500 6.8%, 유로스톡스50도 16.2%나 상승했습니다. 우크라이나와 한참 전쟁 중인 러시아는 RTSI 지수가 −11.7% 하락하면서 우리와 비슷한 모습을 보였습니다. 달리 말하면 우리나라 종합주가지수 하락률이 전쟁 중인 나라와 비슷한 모양이라는 것입니다. 지금 우리 경제가 얼마나 취약한 상태인지, 굳이 다른 설명이 필요 없을 듯합니다.

일자리도 전체적으로 좋지 않은 모습입니다. 2023년 1월부터 7월까지 월평균 일자리는 35만 개 가까이 증가했습니다. 하지만 자세히 살펴보면 60세 이상 일자리가 월평균 40만개 이상 증가했고 청년층 일자리는 월평균 무려 10만 개 이상 줄었습니다. 지난 정부가 노인 일자리 관련해 세금으로 일자리를 만든다고 그토록 많은 비난을 받았지만 노인 일자리는 재정을 통해서라도 만들어내는 것이 옳은 방향이라 생각합니다. 그걸 탓할 생각은 전혀 없습니다. 특히 우리처럼 노인 빈곤율이 높은 나라에는 반드시 필요한 대책이라 생각합니다. 하지만 청년 일자리가 크게 감소하는 건 매우 가슴 아픈 부분입니다. 우리 경제의 역동성이 사라지고 있다는 위험 신호이기 때문입니다.

한 치 앞을 내다보기 힘들 정도로 글로벌 경제의 불확실성이 커지고 있습니다. 전 세계적으로 고물가 고금리 현상이 지속되면서 인플레이션은 경기 침체와 물가 상승이 같이 나타나는 스태그플레이션으로 이름을 바꾸려 하고 있습니다. 미·중 간의 패권전쟁은 영원히 지속될 것같이 치닫고, 러시아-우크라이나 전쟁은 1년 넘게 계속되고, 최근에는 이스라엘-팔레스타인 전쟁까지 발발하면서 대형 사건들이 연이어 터지고 있습니다. 달리 말하면, 지금 우리 경제는 그 어느 때보다 중요한 시기에 놓여 있다는 뜻입니다. 특히 대외 의존도가 매우 높은 경제 구조상 단 한순간의 실수로 큰 위기에 봉착할 수도 있습니다.

전략적 모호성과 전략적 투명성 중 어느 쪽이 경제에 도움이 될지 저는 알지 못합니다. 그리고 낙수효과와 부자감세, 그리고 작은 정부로 대표되는 신자유주의 노선이 우리 경제에 얼마나 큰 도움이 될지, 또 피해를 줄지도 마찬가지로 알지 못합니다. 하지만 지금까지 드러난 우리 경제의 성적을 보면 지금 우리가 어떤 길로, 어디를 향하고 있는지는 알겠습니다.

용기勇氣도 정책입니다. 틀렸다면 틀림을 인정하고 곧바로 바꿀 수 있는 용기, 그 용기가 정책의 피봇을 만듭니다. 그 용기가 어쩌면 '눈 떠보니 후진국'을 막을 수 있는 유일한 정책인지도 모릅니다.

4장

투기 조장 정부
vs
투기 억제 정부

우리는 정말
합리적일까요?

튤립 버블과 부동산 버블을 돌아보며

자본주의의 역사는 투기의 역사라고 해도 그리 틀린 말이 아닐 겁니다. 늘 투기의 광풍이 버블을 만들고 또 그 버블이 꺼지면서 초대형 금융위기나 경제위기가 찾아왔습니다. 자본주의 자체가 사람들의 탐욕을 자극했기 때문입니다. 탐욕이 투기를 만들어내고 그 투기가 다시 부동산, 주식, 채권, 금 등 많은 자산에서 버블을 만듭니다.

자본주의 역사상 최초의 버블 사건으로 17세기 초 네덜란드의 '튤립 버블'을 뽑습니다. 최초의 버블 사건이기도 하지만, 인간의 광기가 만들어낸 가장 어이없고 황당한 사건으로도 유명합니다.

17세기 초 풍차와 튤립으로 익숙한 나라 네덜란드는 금융시장과 자본주의의 발달로 최고의 전성기를 구가하고 있었습니다. 이미 1602년에 최초의 근대적 주식회사인 '동인도 회사'가 생겼습니다. 그리고 1609년에 지금의 중앙은행 성격의 암스테르담 은행을 설립했고 1610년에는 증권거래소까지 세웠습니다. 1600년대면 우리나라는 임진왜란 이후 사림의 붕당정치로 큰 혼란을 겪던 시기입니다. 그 시기에 네덜란드는 자본주의 꽃이라는 주식시장을 만들고 지금의 한국은행, 미국의 Fed 같은 중앙은행을 설립한 것입니다. 당시 네덜란드의 금융시장과 자본주의 발전이 얼마나 눈부셨는지 가늠할 수 있겠습니다. 네덜란드의 튤립 버블은 이렇게 근대 자본주의의 골격이 갖춰지고 여기에 사람들의 탐욕이 더해지면서 발생한 자본주의 최초의 버블 사건이었습니다.

튤립 버블이 극에 달했을 당시 튤립 구근 1개의 가격은 어느 정도였을까요? 당시 네덜란드 일반 가정의 1년 생활비가 약 300길더였다고 하는데, 튤립 뿌리 하나 가격이 무려 1,200길더 수준까지 올랐습니다. 집 한 채 가격과 맞먹는 수준입니다. 튤립의 최고봉으로 치는 '셈페르 아우구스투스Semper Augustus' 품종은 무려 집 5~6채 가격과 맞먹는 수준까지 올랐습니다.

튤립은 곧 부의 상징이 되었고 튤립 구근은 무조건 돈이 된다는 맹신이 자리를 잡기 시작했습니다. 실제로 하루에만 3~4배가 예사로 올랐습니다. 역설적으로 네덜란드의 발전된 금융시장이 오히려 튤립 버블을 더욱 키우는 계기가 됐습니다. 선물거래에 어음결제까지 일반화되면서 버블은 더욱 커져갔고 튤립 뿌리의 변종에 따라 어떤 꽃이 필지 모르는 불확실성이 사람들의 투기 심리를 더욱 부추겼습니다. 많은 사람이 땅을 팔고, 집을 팔면서 튤립 구근에 투자하기 시작했습니다. 튤립 버블이 본격적으로 시작된 것입니다.

그리고 하늘 끝까지 오를 것만 같았던 튤립 가격은 최고가를 찍은

지 정확히 4개월 만에 99% 넘게 폭락했습니다. 집 한 채 값이던 것이 하루아침에 우리 돈 1,000원 수준으로 떨어졌습니다. 어음은 한순간에 휴지조각이 되었고, 선물 계약을 한 사람들은 모두 도망치기 바빴고, 수많은 사람들이 거지가 되어 길거리에 나앉았습니다.

튤립 뿌리, 그게 도대체 뭐라고 살던 집까지 팔아가며 투자를 했을까요? 지금은 이해가 안 되지만, 이미 집값만큼 올랐음에도 당시에는 사람들 대부분이 앞으로도 계속 오를 것으로 생각했습니다. 그 누구도 튤립 가격의 폭락을 예상하는 사람은 없었습니다. 버블의 역사를 보면 버블은 언제나 아무도 의심하지 않을 때, 그 순간에 터졌습니다.

정신을 차렸을 때는 이미 태풍이 휩쓸고 지나간 것같이 폐허만 남은 뒤였습니다. 그리고 허리에 빈 소리만 가득한 깡통 하나가 덩그러니 채워져 있는 걸 발견합니다. 정말 어이없어 보이지만 당시는 수많은 사람이 튤립 투자로 큰 피해를 봤습니다. 인간은 생각보다 그렇게 합리적이지 않습니다.

2008년 글로벌 금융위기도 마찬가지입니다. 2007년 글로벌 경제는 호황기를 맞고 있었습니다. 기업 실적은 좋았고, 증시는 계속 올랐습니다. 돈을 많이 풀었는데도 인플레이션 걱정 없이 경제가 성장할 것처럼 보였습니다. 많은 경제지들이 2000년 이후 사상 최대 호황이라고 했습니다. 하지만 그 이듬해인 2008년 글로벌 금융위기가 왔고 가격이 붙은 모든 것들이 폭락하기 시작했습니다. 당시에도 수많은 사람들이 많은 재산을 잃었습니다. 인간은 그렇게 합리적이지 않습니다.

얼마 전 대한민국은 치솟는 부동산 가격으로 몸살을 앓았습니다. 하지만 2013년까지는 거의 매일같이 신문이고 방송이고 '하우스 푸어'를 걱정하는 뉴스가 연일 헤드라인을 장식했습니다. 당시 설문조사를 참고해보면, 40% 이상이 아파트를 산 것을 후회한다는 내용도 있었습니다. 지금은 강남의 랜드마크가 된 반포 자이나 반포 래미안도 당시는 모두 미분양이었습니다. 결국 미분양을 시장에서 해결 못해 시공사가 부동산 투자신탁회사에 약 150채를 통매각하기도 했습니다. 당시 일부 임직원은 강제로, 어쩔 수 없이 분양받았다는 소문도 있었습니다. 온갖 내키지 않은 표정을 지었을 테지만, 얼마 지나지 않아 그 아파트들은 서울을 대표하는 비싼 아파트가 됐습니다.

일부 신축 아파트는 미분양을 걱정해 원래 분양가보다 낮은 가격에 아파트를 팔았고, 기존 구매자들이 아파트 앞에서 할인분양 반대 시위를 하는 모습을 심심찮게 볼 수 있었습니다. 불과 몇 년 전 풍경입니다. 그런데 지금은 부동산 가격 폭등으로 난리가 났습니다. 도대체 불과 몇 년 만에 뭐가 이렇게 달라진 걸까요? 인구가 갑자기 엄청나게 증가했을까요? 아니면, 자연재해라도 발생해 아파트 공급이 엄청나게 줄어들었을까요?

사실, 서울 인구수는 매년 줄고 있습니다. 반면에 멸실 주택을 감안하더라도 서울 주택 공급은 매년 2만 가구 이상 순증하고 있었습니다. 공급이 많은 해는 6만 가구 이상일 때도 있었습니다. 인구는 줄고 있지만 대신 가구수가 계속 늘기 때문이라고 설명합니다. 그래서 공급이 부족했다는 논리로 연결됩니다. 1~2인 가구가 꾸준히 늘긴 늘었습니다. 2010년 서울 가구수는 357만이던 것이 2015년 391만, 2019년 400만을 넘어섰습니다. 평균 한 해 약 5만 가구가 늘었습니다. 그런데 서울 주택 공급 또한 매년 6~8만 채 늘었습니다. 이런데도 공급이 부족했다면 절대적 공급량이 아니라 집을 사겠다는 사람들이 많아져 상대적 공급량이 부족해진 것입니다. 그리고 대부분 20대이거나 65세 이상인 1인 가구수 증가가 과연 아파트 가격에 얼마나 영향을 줬을까요?

저금리와 유동성 부분도 마찬가지입니다. 코로나19 팬데믹 이후 저금리와 풀린 돈의 영향으로 전 세계 집값이 많이 올랐습니다. 저금리와 유동성이 당시 우리나라 집값 상승에도 많은 영향을 준 것은 부인할 수 없을 것입니다. 하지만 저금리와 시중 유동성이 풍부했던 시기마다 집값이 올랐던 것은 아닙니다. 2008년 8월 5.25%나 됐던 기준금리는 2009년 2월에는 2.00%까지 떨어졌습니다. 그 당시에도 마찬가지로 저금리 기조가 만들어졌고 시중에 유동성은 풍부했지만 아무도 집을 사려고 하지 않았습니다. 저금리와 유동성이 집값에 영향을 준 것은 사실이지만 결정적 원인은 아니라는 말입니다.

20~30대가 '영끌'로 집을 샀다고 했습니다. '영끌'이라는 단어가 슬프긴 하지만 시장 입장에서 보면 미래 매수 세력들이 이미 매수했다는 이야기입니다. 지금의 10~20대는 한 자녀 가구가 많습니다. 이 세대는 결혼과 동시에 집이 두 채가 생길 수도 있습니다. 집을 사야 하는 세대가 아니고 팔아야 하는 세대일 수 있습니다. 그리고 지금 한 해에 태어나는 신생아수는 약 25만 명 수준입니다. 제가 태어났

을 때는 100만 명이 넘었습니다. 조금 시간이 지나면 부동산 시장에 진입하는 인구수가 1/4로 줄어든다는 이야기입니다.

코로나19 팬데믹 집값 상승기에는 민심도 최악이었습니다. 어쩔 수 없이 정부는 다시 서울에만 32만 호, 전국적으로 83만 호의 엄청난 공급대책을 발표했습니다. 여야 정치인 모두 아파트 공급을 엄청나게 늘리겠다고 약속했습니다. 이젠 모두가 주택 공급을 대폭 늘리겠다고 말합니다. 인구수는 줄어들고, 금리는 올라가고, 유동성은 줄고 있는데도 말입니다.

집값은 정말 계속 올라갈까요? 부동산 불패 신화는 계속될 수 있을까요? 사람들은 튤립 뿌리 하나도 집 한 채 값을 주고 삽니다. 지금은 30~40억 원이 넘는 아파트를 불과 몇 년 전에는 7~8억 원에도 아무도 사려고 하지 않았습니다. 늘 시장 가격에는 사람의 심리가 들어갑니다.

부동산 가격이 올라갑니다. 가격이 오를 때는 수백 가지의 논리와 그럴 듯한 이유들이 붙습니다. 언론은 매일같이 지금 당장 집을 안 사면 거지가 될 것처럼 겁을 줍니다. 사람의 심리가 들어갑니다. 누구나 집을 사겠다고 몰려듭니다.

다시 부동산 가격이 내려갑니다. 가격이 떨어질 때도 마찬가지로 수백 가지의 논리와 그럴 듯한 이유들이 붙습니다. 이제는 깡통전세 이야기가 나옵니다. 여기저기 전세사기 피해자가 속출합니다. 그 피해자가 생활고를 비관해 스스로 목숨을 끊는 안타까운 일까지 벌어집니다. 이젠 집이 팔리지 않아 걱정입니다. 하지만 머지않아 다시 집값은 폭등하고 다들 빚을 내서라도 집을 사겠다고 투기판으로 달려갈지 모릅니다.

부동산이든 달러/원 환율이든 내일의 가격은 아무도 모릅니다. 집값만큼 비싼 튤립 뿌리를 내가 먼저 사겠다고 달려간 이들도 모두 평범한 사람들이었습니다. 늘 시장에는 사람의 심리가 들어갑니다. 그래서 자본주의의 오랜 역사만큼 버블의 역사도 늘 함께합니다. 사람들은 생각보다 그렇게 합리적이지 않습니다.

천재 과학자 뉴턴이 주식 투자로 큰돈을 잃은 적이 있습니다. 지금 돈으로 환산하면 거의 수십억 원에 달하는 큰돈을 주식 투자로 한방에 날려먹었습니다. 그 유명한 영국남해회사 주식 버블 사건입니다. 그리고 그는 유명한 말을 남깁니다.

'천체의 움직임은 계산할 수 있겠는데, 인간의 광기는 도저히 알 수가 없다.'

(심지어 당시는 뉴턴이 조폐국장으로 있을 때입니다.)

투기 조장 정부
투기 억제 정부

모든 정책에는 시차가 존재한다

　　모든 정책은 시차를 두고 효과가 나타납니다. 기준금리를 인상하거나 인하해도 그 효과가 나타나기까지는 6개월이나 많게는 1년이 더 걸리기도 합니다.

　　특히 부동산은 더욱 그렇습니다. 물건을 만들고 파는 데 일단 시간이 많이 걸립니다. 아파트를 제아무리 빨리 짓는다고 해도 최소 2년은 걸립니다. 공급이 부족하다고 해서 곧바로 공급을 늘릴 수도 없습니다. 상장된 주식처럼 사고팔기도 쉽지 않고 가격도 많이 비쌉니다. 부동산 정책을 내놓고 그것의 효과를 시장에서 감지하기까지는 그 어떤 상품보다 시차가 큽니다.

　　그러다 보니 부동산 규제를 풀어준 정부는 따로 있는데 시간이 흘러 부동산 가격이 폭등하면서 그 비난이 현 정부에게 쏟아지는 패턴이 반복되고 있습니다. 금리가 내려가고 돈이 풀리고 부동산 시장이 폭등합니다. 온갖 비난과 비판에 시달리며 부동산 시장 규제 정책을 쏟아냅니다. 정책의 효과는 다음 정부가 들어설 때쯤 나타나고, 그렇게 부동산 침체가 시작되면 새로운 정부는 이젠 반대로 부동산을 띄우기 위해 온갖 지원 정책을 내놓습니다. 이전 정부가 쳐놓은 부동산 규제 장치도 모두 걷어내버립니다.

이런 패턴이 계속 반복됩니다. 부동산 가격이 폭등합니다. 또 폭락합니다. 한쪽은 부동산 투기를 조장하며 열심히 잡초를 심습니다. 또 다른 한쪽은 어떻게든 투기를 막겠다고 열심히 제초제를 뿌리고 있습니다. 집값이 폭등하고 전월세 가격이 오르고 서민의 주거 불안이 커져갑니다. 그 책임을 묻는다면 도대체 어느 쪽에 물어야 할까요?

시간을 조금만 뒤로 돌려보겠습니다. IMF 외환위기로 심각한 경제 불황을 겪었던 김대중 정부는 불황을 극복하기 위해 부동산 경기 활성화 대책을 대대적으로 쏟아냈습니다. 취득세, 양도소득세 감면, 분양가 자율화, 분양권 전매 허용, 외국인 투자 허용 등 부동산 규제는 거의 다 풀다시피 했지요. 모두 부동산 경기를 적극적으로 띄우는 정책들입니다. 2002년이 되자 전국 아파트 가격 상승률은 23%에 이르렀고, 경제 성장률도 외환위기 이전으로 거의 회복합니다.

2000년 이후 세계적으로 거의 모든 국가에서 부동산 가격이 폭등하는데, 그 원인은 저금리 기조의 시작과 과잉유동성에 있었습니다. 우리나라도 예외는 아니었습니다. 2003년 5월 기준금리는 4.25%에서 4.00%로 인하되었고, 7월에는 3.75%, 다음 해인 2004년 12월에는 3.25% 수준까지 낮아졌습니다. 그러자 투기적 가수요와 실수요등이 합쳐지면서 부동산 시장으로 시중 유동자금이 몰려들었고, 거기에 김대중 정부의 부동산 활성화 정책이 시차를 두고 효과를 보이면서 노무현 정부는 임기 내도록 부동산 가격 급등으로 몸살을 앓았습니다. 노무현 정부 5년(2003~2007) 동안 주택 가격은 9.3%(서울 평균 18.7%)나 올랐습니다.

그러자 노무현 정부는 부동산 투기와 과도한 집값 상승을 막기 위해 역시 정부가 동원할 수 있는 거의 모든 대책을 쏟아냅니다. 종합부동산세를 포함한 세제 강화정책(보유세 및 양도세), 실거래 신고 및 등기부 기재를 통한 시장 투명화 조치, LTV와 DTI를 도입해 부동산 대출 관리, 재건축초과이익환수제 등 개발이익환수장치, 분양가 상한제(공공 및 민간택지), 2기 신도시로 대표되는 공급확대 등이 그것입니다. 그야말로 부동산 투기 열풍을 잠재우기 위해 전력을 다했다고 볼 수 있습니다. 이러한 강력한 규제 정책에도 불구하고 부동산 시장이 안정되고 투기 심리가 진정되기 시작한 것은 임기 마지막해인 2007년입니다.

당시 대부분의 보수언론과 보수정당은 노무현 정부의 부동산 정책에 엄청난 비난을 퍼부었습니다. 하지만 저는 백퍼센트 확신합니다. 만약 노무현 정부가 그 정도로 막강한 부동산 정책을 내놓지 않았다면 투기 열풍을 감당하지 못해 부동산은 물론이고 경제 전반에 엄청난 충격을 줬을 것이라고 말이죠.

노무현 정부에 이어 그 유명한 7.4.7 공약의 이명박 정부가 탄생했습니다. 경제 성장률 7%, 1인당 국민소득 4만 달러, 세계 7위 경제대국을 임기 안에 달성하겠다는 목표입니다. 당시 경제 상황을 비추어

볼 때 사실상 불가능에 가까운 공약들입니다. 게다가 2008년 글로벌 금융위기까지 터져 세계는 말 그대로 한 치 앞을 내다볼 수 없는 심각한 경제 위기를 겪고 있었습니다.

2008년 금융위기 당시 서브프라임 사태로 9월 15일 단 하루 만에 미국 3위 투자은행 메릴린치와 미국 4위 투자은행 리먼브라더스가 한꺼번에 파산하는 믿을 수 없는 일이 벌어졌습니다. 불과 6개월 전에는 미국 투자은행 5위였던 베어스턴스가 파산하며 JP모건에 흡수합병되었습니다. 메릴린치도 결국 BOA(뱅크오브아메리카)에 인수되면서 역사 속으로 사라졌습니다.

절대 망할 것 같지 않던 미국의 초대형 금융회사들이 속절없이 무너지고 파산하는 일들이 눈앞에서 벌어졌습니다. 초대형 금융기관의 파산은 주가지수 폭락과 엄청난 금융위기를 초래했고, 금융위기는 다시 실물 경기를 주저앉히며 심각한 경기 침체가 도래했습니다. 수많은 기업이 파산 위기에 놓였고 미국의 실업률은 순식간에 10%를 넘어섰습니다.

이러한 글로벌 금융위기 상황에서 이명박 정부는 무모해 보였던 7.4.7 공약을 내걸고 부동산 규제책을 죄다 풀며 부동산 경기를 띄우는 정책을 폈습니다. 취임 초기부터 분양가 상한제, 강남 3구 투기지역 지정, 다주택자 양도세 중과 등의 투기 억제책 중에서 가장 핵심적인 정책부터 손대기 시작했습니다. 누가 봐도 부동산을 띄워 경제 성장률을 올리겠다는 것으로 보였습니다. 4대강으로 대표되는 대규모 토목사업을 벌였고 고환율 정책을 고집했습니다. 글로벌 시장은 부동산 서브프라임 사태로 세계 금융의 중심 월가가 무너지고 심각한 경기 불황을 겪고 있는데 우리는 완전히 반대 포지션을 취한 것입니다.

결국 종합부동산세 기준을 대폭 하향 조정해 유명무실하게 만들었고, 다주택자 양도세 중과 완화, 투기과열지구와 투기지역의 해제, 재건축 규제완화, 양도소득세와 취득세 감면, 양도세 비과세 요건 완화, 분양권 전매제한 완화, 지방 신도시 개발, LTV, DTI 규제완화, 재건축 용적률은 법적 최대 상한선까지 허용, 그린벨트 내 보금자리주택 공급, 4대강 사업, 그리고 금융 지원책까지 부동산 관련 규제는 거의 전부 풀었습니다. 말이 좋아 부동산 활성화 정책이지 사실상 부동산 투기 조장 정책입니다.

이렇게 투기 조장에 가까운 부동산 대책들을 쏟아냈지만 이명박 정부 당시 부동산 시장은 비교적 안정적인 모습을 보였습니다. 이명박 정부가 부동산 시장 안정에 노력해서가 아닙니다. 노무현 정부의 강력한 투기 억제 정책이 여전히 효과를 발휘하고 있었고 또 글로벌 금융위기까지 터져 우리나라를 포함한 글로벌 경기가 전반적으로 매우 침체된 상태였기 때문입니다.

만약 노무현 정부가 부동산을 그냥 내버려둔 상태에서 미국 서브프라임 사태가 터졌다면 우리에게 어떤 위기가 닥쳤을까요? 투기 열풍으로 집값이 하늘 끝까지 오른 상태에서 글로벌 금융위기가 닥쳤다면 부동산발 거품이 붕괴되면서 부동산 대출을 늘려온 금융 기관들의 줄도산이 이어지고 경제는 송두리째 흔들렸을 것입니다. 지금 돌이켜봐도 정말 아찔한 순간입니다.

하지만 박근혜 정부에서는 부동산 시장 상황이 크게 바뀌어가고 있었습니다. 이미 세계적으로 본격적인 저금리의 뉴노멀 시대가 시작되었고, 마땅한 투자처를 찾지 못해 헤매고 있던 부동 자금이 호시탐탐 부동산 시장을 노리고 있었으며, 이명박 정부가 뿌려놓은 부동산 투기의 화약고가 언제 터질지 모르는 급박한 상황이었습니다. 하지만 박근혜 정부는 급변하는 시장 상황을 전혀 파악하지 못한 것처럼 보였습니다.

당시 가계부채 규모와 증가 속도는 매우 가팔라서 국제결제은행 BIS 등에서까지 경고 신호를 줬을 정도로 우리나라 가계부채 문제는 경제의 가장 큰 뇌관이었습니다. 그럼에도 불구하고 경제부총리는 '척 하면 척'이라는 유행어를 남기며 사실상 중앙은행에 기준금리를 내리도록 압박하는 듯한 모습을 보였고 전 국민에게 빚을 내서라도 집을 사야 한다는 메시지를 보냈습니다. 사실상 국민의 등을 떠밀며 전 국토를 투기의 장으로 끌고 간 것이나 다름없습니다.

가계부채가 급속히 증가하고 부채의 질까지 악화되고 있었는데 박근혜 정부는 부동산 투기의 문을 활짝 열었습니다. 다주택자 양도세 중과폐지, 양도소득세 한시적 면제, LTV, DTI 규제완화, 수직 증축 리모델링 허용, 임대차 선진화 방안, 민영주택 청약 가점제 폐지, 특히 '부동산 3법 개정(분양권 상한제 완화, 초과이익 폐지, 재개발 다주택자 분양 허용)'을 통해 다주택자의 양도세 부담이 없어졌고, 누구나 쉽게 아파트 청약 1순위를 받을 수 있었을 뿐 아니라 6개월만 지나면 수천만 원의 웃돈을 붙여 높은 가격에 되팔 수도 있었습니다.

이쯤이면 투기를 부추긴 정도가 아니라 정부 스스로 투기판을 깔았다고 해도 과언이 아닙니다. 저금리 저성장 기조에서 부동산 투기를 통해서라도 경제 성장률은 반드시 올리겠다는 것처럼 보였습니다. 덕분에(?) 박근혜 정부 4년 동안 집을 세 채 이상 보유한 다주택자들이 매우 빠르게 증가했습니다.

그리고 촛불혁명을 통해 등장한 문재인 정부가 인수위도 없이 시작되었습니다. 이후 저금리 저성장 기조는 더욱 견고해졌고, 코로나19 팬데믹까지 터지면서 미국의 기준금리는 0.00%~0.25%, 우리나라 0.50%, 일본과 유럽은 심지어 마이너스 금리를 기록합니다. 사상유례없는 초저금리 현상이 시작되었고 인류 역사상 기준금리가 처음으로 마이너스를 기록하는 상황까지 왔습니다. 돈을 맡기고 이자를 받는 것이 아니라, 오히려 돈을 맡긴 보관료를 내야 하는 것입니다. 세계적으로 천문학적인 돈이 풀렸고 갈 길 잃은 시중의 자금이 마땅한 투자처를 찾지 못해 헤맸습니다.

결과적으로 문재인 정부에서는 집값이 급등했습니다. 초저금리에 엄청난 돈이 풀린 상황에서 부동산 공급은 묶여 있고 투기 수요가 치솟으면 부동산 가격은 오를 수밖에 없습니다. 결국 문재인 정부의 평가 중 가장 뼈아픈 것 하나가 바로 부동산 문제가 되고 맙니다. 많은 부분에서 경제적 성과를 보였지만 부동산 이슈가 블랙홀이 돼 모든 성과를 집어삼켰습니다. 결국 정권 교체의 결정적인 역할을 했다고 볼 수 있습니다.

그런데 여기서 짚어볼 것이, 집값 급등이 정말 문재인 정부 탓이었을까요? 물론 문재인 정부의 부동산 정책 중 아쉬운 부분도 여럿 있습니다. 특히 부동산 투기에 꽃길을 깔아준 셈인 임대사업자 등록제를 정권 초기에 그대로 둔 것은 두고두고 아쉬운 부분입니다. 그리고 지난 정부의 규제완화 정책과 글로벌 초저금리 시대의 막대한 부동자금 등의 시장 상황을 고려한다면 애초부터 강력한 부동산 대책이 필요했지만 그에 미치지 못한 정책들도 아쉬운 부분입니다.

하지만 아무리 그렇다 해도 집권 초기의 집값 급등을 문재인 정부 탓만으로 돌릴 수는 없습니다. 앞서 설명한 대로 모든 정책에는 시차가 존재합니다. 특히 부동산은 더욱 그렇습니다. 이명박, 박근혜 정부에서 모든 규제를 풀고 빚내서 집 사라고 부추기면서 전 국토를 부동산 투기장으로 만든 부작용과 후유증이 문재인 정부 들어 제대로 터졌다고 봐야 합니다.

그리고 이명박, 박근혜 정부와 달리 문재인 정부는 어떻게든 집값을 잡기 위해 노력했습니다. 부동산 정책 실패에 대한 책임을 면할 수는 없지만 집값 안정을 위해 안간힘을 썼다는 사실은 인정해야 합니다. 화재 진압에 실패했다고 방화범보다 소방관을 더 비난할 수는 없습니다.

'샤워실의 바보'란 말이 있습니다. 샤워실에서 뜨거운 물을 틀었는데 너무 뜨거워 차가운 물을 틀고, 그런데 너무 차가워 다시 뜨거운 물을 틀고, 그렇게 반복하다가 결국 샤워도 못하고 말죠. 정부 정책이 왔다 갔다 하면서 효과를 내지 못하는 것을 비판할 때 쓰는 말입니다. 긴 안목으로 흔들림 없이 펴나가야 하는데 정권이 바뀔 때마다 정책도 바뀐다면 국민의 신뢰를 얻을 수 없습니다.

문재인 정부의 종부세 세율 인상과 공정시장가액 비율 조정 등은 다주택자에게 상당한 보유세 부담을 안겼습니다. 그런데 정부를 맹

비난하는 목소리는 들끓었어도 실제로 세금 부담 때문에 집을 팔았다는 사람은 거의 찾아보기 힘들었습니다. 부동산 보유세가 그렇게 부담이었다면 매물이 쌓여야 했습니다. 그런데 매물은 고사하고, 부동산 보유세를 더욱 강화하겠다는 발표에도 오히려 투기수요는 증가했습니다.

야당이던 보수정당이 줄곧 부동산 보유세 강화에 부정적 입장을 보이면서, 다주택자들은 정권만 바뀌면 다시 부동산 투기를 조장하는 정책이 나올 것이라 기대했는지도 모릅니다. 비록 지금 당장은 보유세 부담으로 어렵더라도 몇 년만 버티면 된다고 생각한다면 아무리 강력한 대책도 효과를 보기 힘듭니다. 사실상 야당이 부동산 정책 효과를 방해한 셈입니다.

부동산 거품은 영원할 수 없습니다. 영원히 가격이 오르는 자산도 없습니다. 거품이란 언젠가는 반드시 터집니다. 일본은 부동산 거품 붕괴로 잃어버린 30년을 넘어 지금까지 경제가 완전히 회복하지 못하고 여전히 위태로운 모습입니다. 우리 가계부채는 지금 전 세계에서 가장 위험한 수준입니다. 양과 질 모든 면에서 매우 우려스러운 단계입니다. 이 상황에서 가계부채 뇌관이 터진다면 부동산 시장뿐만 아니라 경제 전체에 어떤 충격을 줄지 그 누구도 쉽게 예단할 수 없습니다. 일본의 잃어버린 30년보다 훨씬 큰 충격에 빠질 수 있습니다. 국가 경제 존립 자체가 무너질 수도 있습니다.

보수 정권이 들어서면 어김없이 부동산 투기 억제 기조가 180도 바뀌었습니다. 노무현 정부 때 부동산 투기 수요가 정점을 찍었고 이명박 정부 들어 하강 국면에 들어갔습니다. 노무현 정부에서 뚝심을 갖고 만든 부동산 억제 정책들을 이명박, 박근혜 정부에서도 유지했다면 부동산 시장은 지금 완전히 다른 모습일지도 모릅니다. 이명박, 박근혜 정부의 부동산 역주행이 결국 가계부채 문제를 우리 경제의 가장 위험한 뇌관으로 키운 것입니다.

그뿐이 아닙니다. 부동산 투기 광풍은 집 없는 서민의 상실감을 키웠으며 우리 사회의 가장 고질적인 병폐인 경제적 불평등과 양극화를 더욱 심화시켰습니다. 그리고 부동산을 통해 쉽게 큰돈을 벌수 있다는 불건전한 투기 풍조를 사회 전반에 만연시켰습니다. 우리는 그 책임을 누구에게 물어야 할까요?

소방관의 실력을 탓할 수는 있습니다. 하지만 아무리 그렇다고 방화범을 지지해서야 되겠습니까?

집값과
생존자 편향의 오류

문재인 정부의 부동산 정책을 되짚다

2차 세계대전 때 있었던 일입니다. 미국은 공군 전투기 격추를 줄이기 위해 충격받은 전투기 외상을 꼼꼼히 분석했습니다. 생환한 전투기를 분석하여 가장 취약한 부분을 보강하겠다는 것이었습니다. 분석 결과, 비행기 날개와 꼬리부분에 가장 많은 총탄의 흔적이 있었습니다. 그래서 날개와 꼬리에 강한 보호막 철판을 덧댔습니다. 그런데도 여전히, 격추되는 전투기 숫자는 줄지 않았습니다.

분석이 완전히 틀렸기 때문입니다. 날개와 꼬리에 총격을 받은 전투기는 모두 살아서 귀환한 전투기였으니까요. 그러니 이 부분을 제외한, 조종석이나 엔진 등 다른 곳을 보강해야 했던 것입니다. 행동경제학에서는 이를 '생존자 편향의 오류'라고 부릅니다. 원인과 결과를 분석할 때 흔한 오류 중 가장 잘못된 오류입니다.

더불어민주당은 김대중, 노무현 정부의 전통을 잇는 개혁정당임을 누구도 부정할 수 없을 것입니다. 그런 더불어민주당이 지난 20

대 대선에서 패배했습니다. 반헌법적 국정농단과 불의, 불공정에 분노한 촛불 시민들이 찬바람을 견디며 만들어준 권력을 단 5년 만에 허망하게 잃었습니다.

대선에서 패배한 이유는 아주 많고 복잡하겠지만, 부동산 정책 실패가 주요 원인이었음은 부인하기 어렵습니다. 특히 부동산으로 인해 서울과 수도권에서 싸늘하게 돌아선 민심은 결정적인 역할을 했습니다.

코로나19로 전 세계가 금리를 낮추고 돈을 천문학적으로 풀었습니다. 우리나라도 집값이 올랐지만 주요 선진국 대부분도 집값이 크게 올랐습니다. 2020년 미국은 11%나 올랐습니다. 똑같이 올랐지만 우리처럼 정부를 비판한 경우는 찾기 힘듭니다. 금융시장이 발달한 주요 선진국은 가계자산 대부분이 주식과 채권시장에 몰려 있지만 우리는 부동산에 집중돼 있기 때문입니다. 정부의 경제 정책 실패로 종합주가가 크게 떨어져도 비판의 목소리는 잘 들리지 않습니다. 주가가 연일 하락해 잔고가 반 토막이 나도 그저 시장 탓을 하거나 오래 들고 있음 올라가겠지, 체념한 듯 덤덤합니다. 하지만 부동산은 다릅니다. 본인이 집이 있든 없든, 집값이 오르면 오른다고, 내리면 내린다고 정부를 향해 엄청난 비난과 비판을 쏟아냅니다. 거의 전 재산이 부동산에 몰려 있기도 하고, 또 내 집 마련 욕구는 다른 것과 비교할 수 없는 생존본능이기 때문입니다.

문재인 정부로서는 억울한 면도 없지 않겠지만, 가파르게 오른 집값에 대한 대응이 미흡했음은 부인하기 힘든 사실입니다. 코로나 팬데믹 이후 저금리와 막대한 자금이 부동산 시장을 포함한 자산시장에 어떤 영향을 미칠지, 제대로 예상하지 못한 것으로 보입니다. 결과적으로 실패했지만, 그와 별개로 문재인 정부의 부동산 정책은 이명박, 박근혜 정부와는 결이 완전 달랐습니다. 부동산 관련 거의 모든 규제를 풀고 집값 상승을 부추겼던 이전 정부와는 달리 집값을 잡기 위해 안간힘을 썼다는 사실은 인정해야 합니다.

진단이 정확해야 올바른 처방을 내릴 수 있습니다. 진단이 틀리면 생존자 편향의 오류에 빠지기 십상입니다. 문재인 정부의 진단이 정확했는지, 그리고 처방은 옳았는지에 대해선 여전히 아쉬움이 많습니다.

집값이 오릅니다. 집값이 올라 부동산 세금이 많아졌습니다. 국민들 불만이 커집니다. 그래서 부동산세를 감면해줍니다. 전형적인 '생존자 편향의 오류'입니다. 원인과 결과 분석이 완전 잘못되었습니다. 에어컨이 잘 팔리는 것은 아이스크림이 잘 팔려서가 아닙니다. 집값 폭등 문제와 부동산 세금의 문제는 완전히 다른 문제입니다.

당시 기준으로 보면 우리나라의 다주택자에 대한 세 부담은 여전히 낮았습니다. 보유세 실효세율이 0.2%도 채 안 됩니다. 미국 50개 주 대표도시 중위 실효세율(1.54%)과 비교하면 미국의 8분의 1밖에 안 되고 OECD 주요 12개국 평균(2018년 기준 0.37%)의 절반도 채 안 됩니다. 게다가 종부세는 아무나 내는 세금도 아닙니다. 2021년 기준으로 대한민국 국민 중 1.4% 안에 들어야 낼 수 있는 세금이었습니다. 시세 25억~28억 원의 아파트도 종부세는 85만~100만 원 수준이었습니다. 여기에 나이가 많을수록, 또 집을 장기 보유할수록 80%까지 할인도 해줍니다.

부동산으로 민심 이반이 일어난 것은 맞지만, 세금이 많아서가 아닙니다. 가장 큰 원인은 가장 명료한 사실, 즉 집값이 많이 올랐기 때문입니다. 집 없는 사람들, 특히 정부 정책을 믿고 집 사기를 미룬 이들의 상대적 박탈감은 이루 말할 수 없었습니다.

집은 편안한 휴식을 취하고 가족과 함께하는 행복한 공간이 되어야 합니다. 그런데 퇴근 후 귀가하면 집 때문에 싸움이 벌어집니다. 그때라도 집을 샀어야 했는데 당신 때문에 못 사서 이렇게 됐다고 네 탓 내 탓을 합니다. 자고 나면 오르는 전월세 가격에 변두리로 이사를 가야 할지 모른다는 불안감이 또 분노를 키웠습니다. 여기에 언론은 어느 동네 집값이 얼마나 올랐는지 매일 스포츠 중계하듯 보도를 합니다. 언론은 상대적 박탈감과 상실감을 더욱 부추겼고, 그렇게 커진 불안은 집값 상승을 또 견인했습니다.

국민의힘 또한 책임에서 자유롭다 할 수 없습니다. 국민의힘은 집값 상승에 대해 세금 문제로는 풀 수 없고 공급을 늘려야 한다는 주장을 되풀이했습니다. 부동산 세금은 계속 낮춰주겠다는 주장을 반복했습니다. 집값이 오르건 말건, 정부의 부동산 실정을 파고들어 다주택자들의 환심을 사기에 바빴습니다. 사실상 집을 안 팔고 견디면 세금은 모두 낮춰주겠다는 시그널을 주고 있었습니다. 문재인 정부의 부동산 정책을 방해하고 발목을 잡은 것이나 마찬가지였습니다. 그러니 보유세 정책이 제대로 먹힐 리 만무합니다. 결과적으로 집값 상승에 대한 원망은 고스란히 정부 여당의 몫이었습니다. 국민의힘의 시그널은 결국 정권 교체의 계기가 되었는지도 모릅니다. 배고픈 건 참아도, 배 아픈 건 정말 참기 힘든 법이거든요.

한편 집을 가진 사람도 늘어난 세금 부담으로 불만이 폭증합니다. 집 없는 사람도, 집 가진 사람도 모두가 불만입니다. 그렇다면 정책의 목표는 보다 분명해져야 했습니다. 집값을 떨어뜨려야 했다면 집값을 떨어뜨릴 적극적인 정책이 필요했습니다. 공급도 늘려야 했습니다. 다만 집값 상승기에 민간에서 공급을 늘리면 집값 상승을 더욱 부추길 수 있으니, 공공임대주택을 많이 늘려야 했습니다.

돈은 엄청나게 풀렸습니다. 금리는 사실상 제로 금리에 가까웠습니다. 집값이 조금이라도 오를 것이라 예상되면 돈은 부동산으로 달려갈 수밖에 없습니다. 우리나라 보유세는 선진국에 비해 많이 낮은 반면 양도소득세는 당장 부담이 됩니다. 누가 봐도 집을 파는 것보다 보유하는 것이 훨씬 유리합니다. 집값이 떨어질 수가 없었습니다.

투기 수요를 억제하고 집값을 떨어뜨릴 수 있는 가장 확실한 방법은 보유세를 강화하는 것입니다. 부동산 보유세를 강화하면 불로소득도 환수하면서 집값도 안정시키는 일거양득의 효과가 있습니다. 부동산 보유비용이 높아지면 투기 요인도 잠재울 수 있습니다. 집값이 올라서 문제인데, 세금을 깎아주겠다는 것은 결과적으로 집값은 더 올리고, 집 없는 서민의 상실감은 더욱 키우겠다는 얘기입니다. 1주택자의 보유세는 그대로 두더라도 특히 다주택자에 대해선 주택 보유수에 따라 보유세를 누진적으로 높여야 했습니다. 야당의 방해로 쉽지 않았겠지만 정부는 장기 로드맵을 정확히 제시하고 다주택자의 부동산 보유세는 꾸준히 오를 것이라는 신호를 확실히 줬어야 했습니다.

양도소득은 불로소득입니다. 저 역시 양도소득세 인하는 기본적으로 동의하지 않습니다. 하지만 2~3년 안에 파는 것이 아니라면 양도소득세도 대폭 내렸으면 했습니다. 집값을 떨어뜨려야 했기 때문입니다. 보유세 인상과 양도소득세 인하를 한 세트로 가져갔다면 정책 효과도 높일 뿐 아니라 조세저항도 크게 줄일 수 있었을 것입니다. 그리고 부동산 관련 전체 세수 규모도 이전과 비슷한 수준으로 유지되었을 겁니다. 물론 단기간에 사고파는 다주택자의 양도소득세는 중과세해야 합니다. 누가 봐도 대부분 투기수요이기 때문입니다.

과감하게 재정을 투입해서 누구나 살고 싶은 동네에, 근사한 공공임대아파트를 많이 지어야 했습니다. 또 부동산 시장에 양질의 공공임대주택이 더욱 많아질 것이라는 확실한 시그널을 줬어야 했습니다. 집값이 오르면 전월세도 올라 서민의 삶이 더 힘들어집니다. 특히 고시원을 전전하는 청년 세대, 은퇴한 서민 노령층, 지방에서 상경해 높은 월세를 내는 대학생들, 신혼 부부 등 주거취약계층의 삶은 더욱 힘들어집니다. 그렇기 때문에 공공임대주택이 절실했습니다. 공공임대아파트가 늘어나면 그만큼 민간아파트 사업이 줄어들고 빚내서 집을 살 필요가 없기 때문에 가계부채도 획기적으로 줄일 수 있습니다.

한편, 문재인 정부의 가장 큰 실책 중 하나였고, 지금 생각해도 두고두고 아쉬운 것은 바로 종부세의 사각지대였던 '임대사업자 등록제'를 그대로 방치한 부분입니다.

집값을 떨어뜨려야 했다면 기득권이 어떤 저항을 하든 정부의 명운을 걸고 임대사업자 등록제는 단호하게 폐기했어야 했습니다. 다시는 이 같은 제도가 발을 붙일 수 없도록 불가역적으로 폐기했어야 했습니다. 당시 임대사업자로 등록한 주택수가 150만 채가 넘었습니다. 임대사업자가 수십, 수백 채의 집을 사재기해도 거의 세금을 내지 않는다는 건 상식적으로 이해할 수 없는 제도였습니다. 취득세, 재산세, 양도세, 종부세 등 엄청난 세제혜택이 주어지는데 집값 상승기에 집을 더 사면 샀지 팔 리가 만무합니다. 결과적으로 150만 채가 넘는 주택이 공급시장에서 사라진 셈입니다. 최소한 아파트만이라도 임대사업 등록을 금지했어야 했습니다. 못내 아쉬운 부분입니다. 결과적으로 문재인 정부의 부동산 관련 대책은 '생존자 편향의 오류'에 빠져 원인과 결과에 대한 분석이 잘못되었던 건 아니었을까요.

지금도 집값은 여전히 비쌉니다. 우리 경제 규모와 물가 전체를 고려한다면 집값은 더 떨어져야 합니다. 집값의 적정성을 나타내는 지표인 연소득 대비 주택가격 배수인 PIR Price Income Ratio을 봐도 여전히 집값은 비싸 보입니다. 국토교통부 자료에 따르면 2021년 수도권의 PIR은 중위수 기준 10.1배, 서울은 14.1배로 조사됐습니다. 집을 사기 위해서는 연소득 전부를 14년 이상 모아야 한다는 얘기입니다.

그런데 이렇게 집값 하락을 기대하며 걱정할 시간도 그리 많지는 않은 것 같습니다. 1970년대 초에는 102만 명이 태어났습니다. 올해

2023년 고3 학생은 44만 명 수준입니다. 그리고 작년에 태어난 신생아는 겨우 25만 명입니다. 2020년부터 생산 가능 인구가 줄고, 2021년부터는 인구도 감소하고 있습니다.

우리나라는 지구상에서 가장 빠른 속도로 전체 인구가 감소하고 있습니다. 일부 수도권 알짜배기 동네 몇 군데를 제외하곤 가장 빠른 속도로 집값이 떨어질지도 모릅니다. 현 정부의 부동산 정책이 부디 '생존자 편향의 오류'에 빠지지 않기를 바랄 뿐입니다.

정말 이상한
전세제도

공공임대아파트 건설이 가져다줄 효과

세상물정을 전혀 몰랐던 어린 시절에도 우리나라 전세제도는 도무지 이해가 되지 않았습니다. 돈 많은 집주인에게 대체로 돈 없고 집 없는 사람이 엄청나게 큰돈을 빌려줍니다. 때론 전 재산을 빌려주기도 합니다. 그런데 더 이해할 수 없는 건 이 모든 것이 '사금융'입니다.

사금융이다 보니 집주인, 즉 돈을 빌려가는 사람에 대한 정보도 자세히 알 수 없습니다. 거의 전 재산을 빌려주는데도 집주인의 경제 사정이 어떠한지, 어떤 사람인지 알 수가 없습니다. 가격 결정 구조도 이상하기 짝이 없습니다. 돈을 빌리는 사람이 가격을 정합니다. 전세의 적정가격은 알기 어렵습니다. 특히 빌라나 다세대 주택은 더욱 그렇습니다. 돈을 빌리는 사람이 '이 가격이 적정가격이다'라고 말하면 믿을 수밖에 없습니다. 오히려 돈을 빌려주는 사람이 쩔쩔맵니다. 돈을 빌리는 쪽이 '갑'처럼 보이고 빌려주는 쪽이 '을'

처럼 보입니다. 누가 봐도 전세사기 범죄가 일어나기 쉬운 구조입니다. 그런데도 약 800~900만 명이 이 사금융을 이용하며 큰돈을 집주인에게 빌려주고 있습니다. 정말 이상한 제도입니다.

코로나19 팬데믹으로 전 세계가 엄청난 돈을 풀었습니다. 돈값이 싸지니 역사상 가장 낮은 저금리가 만들어졌습니다. 심지어 금리가 마이너스를 기록하는 역사상 초유의 일도 벌어졌습니다. 전 세계 자산시장이 들썩거렸습니다. 부동산 가격과 주가가 자고 나면 올랐습니다. 우리도 비슷한 모습을 보였습니다. 집값이 폭등했고 전세 가격도 급등했습니다. 그러자 이번엔 정부가 대출규제를 풀었습니다. 전월세 시장 안정화와 높은 전세가로 고통받는 서민들을 위한 것이라 했습니다.

그런데 전세가는 돈을 빌려 받는 사람, 즉 집주인이 정합니다. 은행 빚이 가능해져 돈을 빌려줄 사람들의 주머니가 넉넉해졌습니다. 이를 가장 빨리 눈치 챈 사람들이 바로 집주인들입니다. 이젠 돈 빌려가는 사람, 집주인들이 다시 전세 가격을 올립니다. 여기에 언론은 전세가를 부추기는 자극적인 기사들을 쏟아냅니다. 전세 가격은 또 다시 올라갑니다. 이렇게 오른 전세 가격이 다시 집값을 끌어올립니다. 이젠 오른 전세가만 이용하면 3천만 원으로 3억 원짜리 집도 살 수 있습니다. 이른바 '갭투자'라는 신종 투자(투기?) 방법이 판을 칩니다. 집값은 자고 나면 또 올라갑니다.

그런데 좀 이상합니다. 분명 집 없는 서민의 전세값을 지원하기 위해 대출규제를 풀었는데, 그 결과 집주인이 편안하고 여유 있게 돈을 빌리게 되었습니다. 정부의 규제완화가 집주인을 위한 것인지 집 없고 돈 없는 서민을 위한 것인지 알 수가 없습니다. 결국 은행이 전세대출 자금을 더 풀었음에도 전세 수요자는 여전히 돈이 모자랍니다. 그사이 부동산 버블과 가계부채 위험은 교도소 담장 위를 걷듯 임계치를 아슬아슬하게 오르내립니다.

인플레이션이 닥쳤습니다. 빅 스텝, 자이언트 스텝, 울트라 스텝 등 낯선 단어들이 등장하며 기준금리가 가파르게 오릅니다. 미국 기준금리는 불과 1년 만에 0.25%에서 5.25%(2023년 5월 기준)까지 올랐습니다. 우리나라도 0.50%에서 3.50%까지 무섭게 올랐습니다. 세계는 풀린 돈을 거둬들이는 긴축 정책으로 빠르게 돌아섰습니다.

이젠 집값이 가파르게 떨어집니다. 경매물건도 계속 쌓입니다. 경매 가격은 더 떨어집니다. 집주인이 전세값으로 빌려간 돈보다 집값이 더 떨어지기 시작합니다. 이른바 '깡통전세'가 나오기 시작합니다. 여기서부터 진짜 문제가 터집니다. 돈을 돌려받아야 하는데 빌려간 사람의 정보를 모릅니다. 정부의 관리감독도 허술한데, 사금융 영역이라는 겁니다. 이렇게 전세사기 범죄가 판치기 딱 좋은 구조가 만들어진 것입니다.

인천 미추홀구의 전세사기도 이런 환경에서 조직적으로 벌어진 범죄입니다. 피해가구는 3천 세대가 넘고 피해금액도 수천억 원에 이를 것으로 추정합니다. 정부가 임대사업자, 공인중개사, 건설업자, 대출브로커 등의 불법 행위를 제대로 관리감독하지 못해서 벌어진 일입니다. 그러니 인천에 한정된 문제도 아닙니다. 전국적으로 발생할 가능성이 높습니다. 사기를 당한 개인의 책임이라고 볼 수도 없습니다. 작정하고 범죄를 벌이겠다고 덤비면 그 어떤 부동산 전문가도 피해를 당할 수밖에 없는 구조입니다. 그래서 정부의 책임이 매우 큽니다.

전세사기를 당한 이들은 청년층, 신혼부부, 은퇴한 노령층 등 대부분 주거취약계층에 속한 사람들입니다. 이들 대부분의 피해금액은 지금까지 피땀 흘려 모은 전 재산일 가능성이 높습니다. 전 재산을 잃었는데도 은행 빚만큼은 높은 대출 금리를 먹고 무럭무럭 커져만 갑니다.

결국 사기 피해자가 생활고를 비관해 스스로 목숨을 끊는 비통한 소식들이 들려옵니다. 사실상 사회적 타살입니다. 정부의 책임이 큰 만큼 형식적인 대책이 아닌 국민 목숨을 살릴 수 있는 실질적이고 긴급한 대책을 내놨어야 했습니다.

최소한 '최우선 변제금'이라도 회수할 수 있는 대책이 나오길 기대했습니다. 하지만 뒤늦게 내놓은 대책이라곤 사실상 다시 빚을 내주겠다는 게 전부입니다. 이미 빚에 허덕여 목숨을 끊을 지경인데 남은 인생까지 빚의 구렁텅이로 내몰겠다는 것이나 다름없습니다. 그리고 임대차계약 관계에서 발생한 피해는 사적 피해이므로 정부 재정이 들어가는 공적 지원은 불가하다는 설명을 덧붙였습니다. 그런데 이는 사실과는 다소 거리가 있습니다.

정부는 지난 몇 년간 고분양가로 엄청난 수익을 챙긴 건설사들의 미분양 아파트를 시세보다 높게 고가로 매입해줬습니다. 또 '특례보금자리론'을 만들어 40조 원을 쏟아부었습니다. 집값이 9억 원 이하면 누구에게나 3~4%대 저금리로 5억 원까지 대출해주는 제도입니다. 부자들의 집값 하락을 막기 위해 정부 재정을 사용하고 있는 건 아닌지 의심스러운 정황입니다. 재벌, 부자들 감세 규모도 향후 5년간 50~60조 원에 이를 것으로 추정됩니다. 어디에도 공적 영역은 없어 보입니다. 오히려 사적 영역을 넘어 개인 영역에 가깝다고 볼 수 있습니다. 그러는 사이 2023년 올해 말까지 국세는 이미 60조 원이나 펑크가 날 것으로 예상됩니다.

분식회계 범죄를 저지르고 천문학적 성과급 잔치를 벌인, 파산 직전의 사기업에도 약 10조 원의 공적자금을 지원한 적이 있습니다. 강원도의 레고랜드 ABCP 사태가 터졌을 때에도 50조 원으로도 부족해 200조 원+a 지원대책을 내놓기도 했습니다. IMF 외환위기 당시는 무려 169조 원에 이르는 국민 혈세를 공적자금으로 쏟아부었습니다. 그 돈은 지금도 71%밖에 회수되지 않았습니다. 모두 사적 영역이었습니다. 정부의 설명과 달리 지금까지 사적 피해 구제를 위해 정부는 아낌없이 재정을 투입했습니다. 단지 그 대상이 부자들이고, 재벌 기업들이었을 뿐입니다.

얼마 전 또 한 명의 전세사기 피해자가 스스로 목숨을 끊었습니다. 벌써 다섯 번째 비극입니다. 당장 사람 목숨을 구할 수 있는 따뜻한 대책이 절실합니다. 아울러 장기적 대책도 마련해야 합니다. 앞서 설명했지만, 전세제도는 정말 이상하기 짝이 없는데도 없어질 것 같지도 않습니다. 이런 제도가 그대로 존속하는 한, 전세사기 피해자도 계속 발행할 수밖에 없습니다.

가장 효과적인 예방책은 공공임대주택을 많이 짓는 것입니다. 우리나라 임대아파트 재고율은 7~8% 수준밖에 되질 않습니다. 그마저 있는 공공임대아파트도 영구임대아파트와 국민임대아파트를 제외하면, 나머지는 사실상 무늬만 임대아파트입니다. 그런데 정부는 공공임대아파트 짓는 것을 반대합니다. 국가부채가 증가하고 재정 건전성이 나빠진다는 게 주 이유입니다.

하지만 공공임대아파트 건설은 재정 낭비가 아닙니다. 장삿속으로 따져도 손해보다 이문이 더 많이 남는 장사입니다. 그래도 재정이 부족하다면 국채 30년물을 적극 발행하면 됩니다. 당장은 국가부채가 증가하겠지만 30년 뒤에 부동산을 되팔면 더 많은 이익이 생길 수 있습니다. 입지가 좋은 공공건물이나 공공부지 등을 이용하면 비용을 훨씬 더 줄일 수도 있습니다.

우리나라 국채 30년물 금리는 현재(2023년 6월) 3.50~3.60% 수준입니다. 국채 30년물은 늘 채권시장에서 인기가 높습니다. 자산과 부채의 만기 미스매칭(불일치) 어려움을 겪고 있는 연기금, 보험사 등에서 꾸준한 수요가 있기 때문입니다.

그리고 국채 발행금리가 3%대 중반 수준이면 100조 원을 유동화한다 해도 이자 부담이 3.5조 원 안팎입니다. 그 절반을 임대료 수익에서 충당한다면 정부 부담은 다시 반으로 줄어듭니다. 원금은 공공임대아파트 실물자산이 있으니 걱정할 필요가 없습니다. 나중에 되팔아 더 큰 수익을 챙길 수도 있습니다. 즉, 정부는 낮은 재정 부담으로 서민에게 저렴하고도 반영구적인 양질의 공공임대아파트를 제공할 수 있습니다. 게다가 공공임대아파트가 많아지면 집 없는 서민이 전, 월세 대출이나 부동산 담보 대출을 받을 필요도 없습니다.

우리 경제의 가장 위험한 뇌관인 가계부채도 크게 줄일 수 있습니다.

결과적으로 서민에게 안정적인 주거 복지를 제공하고, 가계부채도 줄이면서 재정건전성까지 지킬 수 있습니다. 일거양득이 아니라 일거삼득입니다. 정부는 지금이라도 공공임대아파트 건설에 적극적으로 나서야 합니다.

민유방본 식위민천民惟邦本 食爲民天, 나라의 근본은 백성이고 먹고사는 것이 백성의 하늘이라 했습니다. 《세종실록》에 여덟 번이나 나오는 말입니다. 예나 지금이나 백성들의 먹고사는 문제가 가장 중요합니다. 지금 나라의 근본인 백성들이 쓰러져가고 있습니다. 그들을 일으켜 세우는 것이 국가의 가장 중요한 임무임을 잊지 말아야 합니다.

마지막 보루
DSR은 건드리지 마라!

DSR 완화, 특례보금자리론의 위험

2022년 5월 한국은행 〈경제전망보고서〉에 따르면 최근 주택시장이 하락세를 이어가면서 매매시세가 기존 전세보증금보다 낮은 '깡통전세'와 전세시세가 기존 전세금보다 낮은 '역전세'가 최근 크게 늘어나고 있는 것으로 나타났습니다.

역전세 위험가구 비중은 2022년 1월 51만 호(25.9%)에서 2023년 4월 102만 호(52.4%)로 2배나 증가했습니다. 깡통전세 위험가구도 2022년 1월에는 5.6만 호에 그쳤으나, 2023년 4월에는 16.3만 호까지 3배 가까이 크게 증가했습니다. 적어도 두 집 걸러 한 집은 역전세 위험에 처해 있고, 집을 팔아도 전세보증금조차 돌려줄 수 없는 가구가 16만 호나 된다는 이야기입니다. 깡통전세와 역전세가 많아지면 보증금 상환부담이 증가해 부동산 매물이 늘고, 부동산 매물이 늘면 집값도 자연스레 떨어질 가능성이 높습니다.

그러자 정부에서는 깡통전세나 역전세 위험에 내몰린 집주인들을 위해 DSR(총부채원리금상환비율) 규제를 완화하는 방안을 검토하겠다고 합니다. 이번에도 서민을 위한 대책이라는 말을 잊지 않습니다. 집주인이 좀 더 돈을 빌릴 수 있도록 DSR 규제를 완화하는 것이지만 결과적으로 선의의 임차인을 구제하는 것이 목표라고 합니다.

DSR 규제는 총 대출액이 1억 원 초과 시 연간 원금과 이자 상환액이 연소득의 40%를 넘지 않도록 대출한도를 제한하고 있습니다. DSR 규제는 다른 부동산 규제는 모두 풀다시피 했어도 끝까지 유지하려던 마지막 보루 같은 규제입니다. 가계부채가 경제를 집어삼킬 만큼 위험한 수준이기 때문입니다.

한국경제연구원 자료에 의하면 전세보증금을 포함한 우리나라 가계부채는 GDP 대비 150%가 넘습니다. 그 규모가 거의 3천조 원에 이릅니다. 금리가 1%만 올라도 이자 부담이 30조 원 늘어납니다. 미국 기준금리가 5.50% 수준이지만 앞으로 최소 1~2번 정도는 더 오를 수 있다는 이야기가 들립니다. 미국과 우리나라의 금리 차이가 2.00% 이상 벌어집니다. 우리도 어쩔 수 없이 금리를 따라 올려야 하는 상황이 올 수 있습니다. 그런데 금리 상승기에도 불구하고 주택담보대출은 오히려 늘어나고 있습니다. 2023년 1분기에도 주택담보대출은 지난 분기보다 5조 원이 넘게 증가했습니다. 2023년 1분기 기준 1,017조 9,000억 원이나 됩니다. 게다가 최근에는 가계대출 연체율까지 빠르게 증가하고 있습니다. 금리는 올라가고 가계부채는 늘어만 가고 연체율까지 증가하면 앞으로 어떤 일이 벌어질지 알 수 없습니다.

전세 임차인을 위한 DSR 규제완화라 했지만, 사실은 누구를 위한 건지 잘 모르겠습니다. 보증금을 상환할 수 없는 상황이라면 집을 매물로 내놓고 팔아서라도 보증금을 전세 임차인에게 돌려줘야 합니다. 그게 자유시장경제 원칙에도 맞는 일입니다. 그런데 집을 팔지 말라고 합니다. 대신 정부가 빚을 더 내어주겠다는 것입니다.

지난 정부에서 집값이 급등해 엄청난 비난을 받았습니다. 집값은 반드시 잡겠다는 정부 말을 믿고 집 사기를 미뤘던 분들의 상대적 박탈감은 이루 말할 수 없었습니다. '벼락거지'라는 정말 입에 담기도 싫은 신조어까지 생겼습니다. 정부를 믿었던 만큼 정부에 대한 실망과 분노도 컸습니다. 집이 있는 사람들도 정부를 비난하는 것은 마찬가지였습니다. 본인이 원해서 집값이 오른 것도 아닌데 부동산 세금만 많이 올랐다는 것입니다. 집이 있는 사람, 집이 없는 사람 모두 정부를 원망하기 바빴습니다. 결국 급등했던 집값 문제가 정권 교체의 결정적인 계기가 되었음은 부인하기 힘듭니다.

반대로 이야기하면, 현 정부가 정권을 잡을 수 있었던 것은 집값 폭등으로 인한 국민의 분노가 가장 결정적이었다는 것입니다. 그렇다면 국민이 지금 정부에게 바라는 것은 당연히 집값을 낮추고 특히 주거취약계층의 주거복지 향상을 위해 최선을 다하는 모습일 것입니다. 그런데 그 기대와는 거리가 멀어 보입니다.

말로는 집값이 떨어질 것이라면서도 실제로는 집값이 떨어지는 것은 어떻게든 막아보겠다는 태도를 보입니다. 오히려 집값을 인위적으로 떠받치는 것은 아닌지 의심스럽기까지 합니다. 깡통전세나 역전세가 발생하면 당연히 집주인은 집을 팔아서 전세 임차인에게 보증금을 돌려줘야 합니다. 집주인 입장에서는 다소 억울한 부분이 있겠지만 그게 자유시장경제의 원칙입니다. 또 그래야만 우리 부동산에 끼어 있는 버블도 자연스럽게 해소할 수 있습니다.

그런데 정부가 나서서 부동산 규제의 마지막 보루인 DSR 규제까지 완화하려 하고 있습니다. 집주인들이 집을 팔면 집값이 떨어지니 돈을 더 빌려주겠다는 것입니다. 빌린 돈으로 전세 보증금을 갚으라는 이야기입니다. 집값 하락만큼은 절대 두고 보지 않겠다는 것처럼 보입니다. 가계부채 위험 수준이 백척간두에 놓였는데도 오히려 부채를 더 늘리는 정책을 펴다니, 아무리 생각해도 이해하기 어렵습니다.

또 이는 무리한 '갭투자' 등을 통해 집값 상승을 더욱 부추김으로써 다주택자들에게 부동산 투기는 견디면 무조건 성공한다는 잘못된 신호를 줄 수 있습니다. 반면에 집값 상승기에 정부를 믿고 집값이 떨어지기만 기다렸던 무주택자들에게는 또 다른 상대적 박탈감을 줄 수 있습니다. 이처럼 DSR 규제완화는 득보다는 실이 훨씬 더 커 보입니다.

특례보금자리론도 문제가 있어 보입니다. 9억 원 이하의 집에 대해선 누구나 소득 제한과 DSR 규제 없이 비교적 저금리로 5억 원까지 대출받을 수 있는 정책 상품입니다. 재정을 무려 40조 원 가까이 쏟아부었습니다. 무엇보다 9억 원에 육박하는 주택을 서민을 위한 주택으로 보는 것은 누가 봐도 무리가 있어 보입니다. 차라리 그 40조 원으로 공공임대아파트를 짓는 것이 주거취약계층을 위한 더 효과적인 대책일 것입니다. 그런데도 정부는 국가 재정을 통해 저금리

혜택을 주고 있습니다. 정부가 재정으로 집값 하락을 막고 있는 꼴입니다.

미국 기준금리는 불과 1년 만에 0.25%에서 5.50%(2023년 9월 기준)까지 무섭게 올랐습니다. 금리가 가파르게 오르자 미국채에 투자했던 미국 중소형 은행들의 투자 손실이 커져 문을 닫는 일이 벌어졌습니다. 그런데 은행이 문을 닫자 은행 대출이 줄면서 시중에 유동성이 줄어드는 효과가 발생했습니다. 이른바 '신용 긴축' 효과가 나타난 것입니다. 사실상 기준금리를 0.25~0.50% 인상한 것이나 다름없는 효과가 나타난 것입니다.

우리나라도 세계적인 현상인 인플레이션을 비켜갈 수는 없었습니다. 우리도 물가를 잡기 위해 기준금리를 0.50%에서 3.50%까지 올렸습니다. 금리를 올리면서 풀린 돈을 거둬들이는 긴축 정책을 편 것입니다. 그런데 좀 이상합니다. 금리를 분명 올렸음에도 2023년 1분기 주택담보대출이 지난 분기보다 5조 원이나 늘었습니다. 국제결제은행 기준으로도 가계부채 규모(2022년 12월 기준)는 1년 전에 비해 68조 원이나 증가했습니다. 기준금리를 2021년 8월부터 올렸음에도 오히려 통화량(M2 광의통화)이 약 2년 사이 300조 원이나 넘게 증가했습니다. 2021년 8월 3,494조 원이던 통화량이 2023년 6월 3,803조 원까지 증가한 것입니다.

인플레이션에 대응하기 위해 한국은행은 금리를 올리고 있지만, 정부는 부동산 경착륙 등을 이유로 대출규제를 완화하고 있습니다. 또 금융시장 안정화 조치 등을 통해 시중에 유동성을 공급하기도 했습니다. 오히려 신용 긴축과 반대되는 정책들이 나오면서 시중의 유동성이 늘어나 사실상 금리를 인하하는 효과가 나타나고 있습니다. 한국은행의 금리 인상 조치와는 상충되거나 정반대의 모습입니다.

지금도 IMF, OECD, 해외 신용평가사 등에서는 가계부채를 우리 경제의 가장 심각한 위험요소로 보고 있습니다. 부동산 경착륙을 막고 전세 문제를 해결하겠다고 쉽게 돈을 빌릴 수 있게 규제를 완화하면 가계부채가 늘어나 경제를 더 큰 위험에 빠뜨릴 수 있습니다. 그때는 집값이 문제가 아니라 우리 경제 전체가 추락할 수 있습니다.

DSR 규제는 가계부채 위험을 관리하는 마지막 보루 같은 규제입니다. 마지막 보루는 반드시 지켜야 합니다. 그것이 우리 경제를 지키는 진짜 마지막 보루일지도 모릅니다.

외평기금이
부동산 안정 기금?

적자국채 발행 대신 편법 쓰기, 감세 정책의 모순

역대급 세수 펑크가 났습니다. 2023년 7월까지 이미 43조 원이나 나라살림에 구멍이 났습니다. 많은 전문가들이 이 추세면 2023년 세수 부족분은 최소 50~60조 원에 이를 것으로 추정합니다. 그동안 건전 재정을 강하게 주장했던 정부 입장이 무색해졌습니다.

예산안을 짤 때부터 지출할 곳은 이미 정해져 있습니다. 보통 이런 상황이 발생하면 정부는 국채를 발행합니다. 세수 부족분을 채우기 위해 발행하는 국채를 적자국채라 부릅니다. 국가채무는 증가하겠지만 세수가 부족하면 어쩔 수 없이 적자국채를 발행해야 합니다. 특히 경기가 침체 국면일수록 어려워진 살림살이를 세심히 보살피기 위해 국채를 발행해 정부가 적극적으로 돈을 써야 합니다. 그런데 적자국채를 발행하는 대신, 외국환평형기금(외평기금)으로 세수 부족분을 채우겠다 합니다.

정부 살림살이도 일반 가정과 비슷합니다. 보통 가정에서는 자녀들 결혼자금, 대학 등록금, 주택 구입 등 목돈이 필요한 경우를 대비해 따로 준비를 해둡니다. 정부도 그런 특별한 상황에 대비하기 위해 각종 연기금 형태로 자금을 관리하는데, 약 67개의 기금이 있고 전체 기금 규모는 약 800조 원에 이릅니다. 그런데 각 기금마다 재정 상황은 모두 다릅니다. 어떤 기금에서는 자금이 많이 남기도 하고 또 어떤 기금은 모자랍니다. 그래서 그런 자금 과부족을 조절해주는, 기금의 은행 같은 역할을 하는 기금이 있는데, 그것이 바로 공공자금관리기금(공자기금)입니다.

정부는 이 공자기금을 이용해 세수 부족분을 채우겠다는 계획입니다. 올해 약 60조 원의 세수가 덜 걷힐 것으로 예상됩니다. 국세 60조 원 중에 40%, 즉 24조 원은 지방교부세와 지방재정교부금으로 지방으로 넘겨야 합니다. 그리고 남은 중앙정부 몫 60%, 즉 36조 원 중 불용예산과 세계잉여금에서 최대한 세수 결손을 메우고 남은 약 20조 원을 공자기금에서 가져와 세수 부족분을 채우겠다는 것입니다.

공자기금은 여유가 있는 기금에서 가져와야 하는데, 바로 외국환평형기금을 주목하고 있습니다. 외평기금에서 20조 원을 빼서 공자기금에 넣고, 그 금액을 다시 공자기금에서 일반회계로 돌려 세수 부족분을 해결하겠다는 겁니다. 그런데 상식적으로 생각해도 이상합니다. 외평기금은 환율이 불안정할 때를 대비해서 만든 기금입니다. 달러/원 환율이 너무 오르면 보유한 달러를 팔아 원화가치를 안정시키고, 환율이 많이 내리면 원화를 팔고 달러를 사서 다시 원화 가치를 경제 상황에 맞게 적절히 관리하기 위해 만든 기금입니다. 이 기금으로 세수 부족을 채우는 것은, 자녀 결혼을 위해 차곡차곡 모아둔 돈을 평소 씀씀이가 헤픈 친구에게 빌려주는 격입니다.

올해는 예년과 달리 외평기금에 원화가 좀 여유가 생겼습니다. 일부러 여유를 둔 것이 아니라, 원화가치가 계속 하락해서 달러를 팔아 원화를 안정시키려다 보니 결과적으로 외평기금 내 달러가 줄고 원화가 넉넉해진 겁니다. 언제든 시장 변동에 따라 다시 원화로 달러를 사야 할 상황이 올 수 있습니다. 그때 원화가 없으면 외환시장의 급격한 쏠림과 변동성으로 우리 경제가 곤란해질 수도 있습니다. 정부는 그 대책으로 21년 만에 원화 외국환평형기금채권(외평채) 발행을 꺼내들었습니다. 외평기금에 원화를 다시 채우겠다는 말인데, 정부 발표에 따르면 비교적 만기가 짧은 1~2년물 위주로 18조 원 한도에서 원화 외평채를 발행하겠다고 합니다.

그런데 여기에는 또 다른 문제가 남아 있습니다. 원화 외평채를 1~2년물 위주로 발행하면 한국은행이 발행하는 통안증권, 기존의 국고채 물량과 만기가 겹치면서 서로 수요를 갉아먹을 수 있습니다. 이른바 구축효과입니다. 이미 지난 1년간 통안증권 입찰 결과를 보면 38회의 정례입찰 중 총 11회나 미달사태가 발생했습니다. 여기에 원화 외평채 발행까지 가세하면 세 종목 모두 원하는 만큼 발행을 못하고 채권시장에 단기 금리가 상승하는 부작용도 있을 수 있습니다. 게다가 특수 목적으로 조성한 외평기금도 정부의 필요에 따라 언제든 다른 용도로 꺼내 쓸 수 있다는 잘못된 인식을 시장에 줄 수도 있습니다.

여하튼 결과적으로 '외평기금→공자기금→일반회계'라는 복잡한 과정을 거쳐 세수 부족을 메우겠다는 것입니다. 정부 나름의 속사정이 있을 겁니다. 적자국채를 발행하면 국가채무가 증가하지만 이 방법을 쓰면 국가채무에는 잡히지 않습니다. 그동안 건전 재정을 강조한 정부로서는 구미가 당기는 방법일 것입니다.

하지만 2024년 정부가 제출한 예산안을 보면 총지출 약 657조, 총수입은 약 612조입니다. 예산안만 보면 무조건 45조 적자가 나는 구조입니다. 즉 가만있어도 통합재정수지는 45조 원 적자가 납니다. 건전 재정을 외쳤지만 이미 그와는 거리가 멉니다. 코로나 팬데믹 이후 선진 주요국들 대부분 증세를 하며 긴축 재정을 펴고 있습니다. 하지만 긴축 재정과 적자 재정 또는 축소 재정은 완전 다른 말입니다. 이 상태로 예산안이 확정된다면 사실상 적자 재정이나 축소 재정에 더 가까워집니다.

그리고 GDP 대비 3% 적자를 유지하겠다는 재정 준칙 또한 내년 예산안을 보면 이미 3.9% 적자를 넘어섰습니다. 그럼에도 계속 재정 준칙을 고집하다간 스스로 재정의 발목을 잡아 경기에 대응할 타이밍을 놓칠 수 있습니다. 게다가 경제 성장률이 갈수록 침체 국면인 상황에서 건전 재정만을 강조하며 정부마저 돈을 쓰지 않는다면 더욱 힘들어지고 침체의 악순환에 빠질 수도 있습니다. 정부 투자가 줄면 고용과 소비가 줄어들고, 고용과 소비가 줄어들면 다시 생산이 줄고, 생산이 줄면 기업들이 다시 고용을 줄이는 악순환에 빠질 수도 있습니다.

정부는 가정과 다릅니다. 정부의 장부는 흑자가 목표가 아닙니다. 경기 상황에 따라 적자를 감수하더라도 적극적으로 돈을 쓰고 여유가 생기면 다시 갚을 수도 있습니다.

한 국가의 경제 성장은 소비, 투자, 수출, 수입, 정부기여도가 결정합니다. 최근 우리 경제는 소비, 투자, 수출, 수입 모두에서 마이너스를 보이고 있습니다. 이런 상황에서는 정부의 역할이 매우 중요합니다. 올해처럼 세수에 대규모 펑크가 발생하면 정부 지출이 줄고, 또 그 영향으로 경제 성장률이 후퇴하면 다시 세수가 더 줄어드는 상황이 반복될 수 있습니다. 재정이 제 역할을 해야 할 때입니다. 그럼에도 적자국채 발행을 무조건 '악'으로 규정하고 건전 재정만 외친다면 국민의 안전한 삶이나 건강한 경제 성장보다는 재정 건전성 자체를 목표로 삼는 것으로 보일 수 있습니다.

또 건전 재정을 외치면서 감세 정책을 펴는 것도 앞뒤가 전혀 맞지 않습니다. 좀 심하게 말해서 양머리를 걸어놓고 개고기를 파는 격입니다. 감세 정책을 펴면 세수가 줄어드는데 재정이 튼튼해질 리가 있겠습니까. 이번 대규모 세수 펑크 또한 경기 침체의 영향도 있겠지만 감세 정책의 여파로도 보입니다. 지금이라도 감세 정책을 철회하고 제대로 된 세입 확충방안을 마련해야 합니다. 참고로 코로나19 펜데믹 이후 주요 선진국 대부분은 세금을 올리면서 긴축 정책을 펴고 있습니다. 코로나19로 풀린 돈을 거둬들이면서 인플레이션에 적극 대응하는 지극히 정상적인 모습입니다. 하지만 지금까지 보여준 우리 정부의 모습은 그와는 많이 다릅니다.

적자국채 발행을 꺼리는 이유가 재정 건전성만의 문제는 아닌 것 같습니다. 적자국채를 발행하면 시중금리 상승은 피할 수 없습니다. 채권시장에서는 통상 경험적으로 국고채 10조 원이 발행되면 국고채(10년물) 금리가 약 7~10bp 상승한다고 봅니다. 즉 20조 원의 대규모 적자국채가 발행되면 국채금리가 상승하고, 국채금리가 상승하면 시중금리가 올라갈 수밖에 없습니다. 게다가 위험도가 낮은 국채금리 상승폭보다, 위험도가 높은 은행채, 회사채 등 일반 채권의 금리 상승이 훨씬 더 높을 수 있습니다.

즉, 대규모 적자국채 발행이 시중금리 상승을 이끌고, 시중금리가 상승하면 기업의 회사채 금리가 올라 기업들의 조달 비용도 크게 증가합니다. 국내 시중은행도 은행채를 통해 자금을 조달하는데 은행채 금리가 오르면 조달 비용이 높아져 결국 국민의 이자 부담이 크게 증가합니다. 결국 내수 경기 회복에 찬물을 끼얹고 가계부채 리스크는 더욱 커질 수 있습니다. 무엇보다 시중금리가 가파르게 상승하면 가계부채가 키운 부동산 시장이 크게 흔들릴 수 있습니다. 이처럼 우리 경제 전반에 위험성이 커지는 부분이라 정부의 고민이 깊을 수밖에 없는 이유도 충분히 이해가 됩니다.

하지만 시중금리도 올라야 할 때는 올라야 합니다. 그래야 과도한 자산 버블이나 좀비 기업들이 자연스럽게 구조조정되면서 건강한 경제구조가 만들어집니다. 미루면 미룰수록 치러야 할 대가는 더욱 커질 수 있습니다. 선거 등의 정치적 이유로 금리 상승을 의도적으로 막고 있다면, 당장 수술이 필요한 위중한 환자에게 통증만 없애는 마약을 처방해 병을 키우고 있는 것과 다름없습니다.

외평기금은 부동산 시장 안정을 위한 기금이 아닙니다. 또 세수 부족분을 채우기 위해 만든 기금도 아닙니다. 외환시장 안정을 위해 조성된 기금입니다. 다시 강조하지만, 시중금리가 올라야 할 때는 적절하게 올라야 합니다. 가계부채 위기가 하늘을 찌르고, 심각한 경기 불황이 닥쳐 공장들이 문을 닫고, 실업자가 쏟아지는 최악의 상황에서 우리만 금리를 올려야 하는 지옥 같은 처지에 내몰릴 수도 있습니다. 당장은 고통스럽더라도 꼼수보다는 정수를 통해 위기를 극복해 나가는 용기가 절실히 필요한 때입니다.

부동산 가격이 오르면
선거에 유리하다?

총선 승리만이 목표인 정책은 안 된다

코로나19가 세계를 초토화시켰습니다. 경제 위기를 극복하기 위해 전 세계가 금리를 낮추고 천문학적으로 돈을 풀었습니다. 미국은 재정 정책으로 무려 6조 달러, 통화 정책으로도 5조 달러 이상 돈을 풀었습니다. 이 돈은 자산시장으로 몰려들었습니다. 전 세계 거의 모든 자산 가격이 가파르게 올랐습니다. 집값도, 주가도, 암호화폐도 모두 엄청나게 올랐습니다. 가격이 붙어 있는 자산이라면 돌덩이든 쇠붙이든 뭐든지 올랐습니다.

우리나라도 예외는 아니었습니다. 금리를 낮췄고 돈을 풀었습니다. 특히 부동산에 민감한 우리는 집값이 크게 올랐습니다. 호기를 만난 부동산 전문가들은 집값이 계속 오를 것이라는 전망을 앞다퉈 내놓습니다. 언론은 매일같이 스포츠 중계하듯 집값 동향을 보도합니다. '벼락거지'라는 신조어를 만들어내며 집 없는 사람의 조바심을 더욱 부추깁니다. 배고픈 건 참아도, 배 아픈 건 참기 힘든 법입니다. 오늘이 아니면 다시는 기회가 없을지도 모른다는 공포심이 밀려옵니다. 지금 당장 집을 사러 나설 참입니다.

'집값은 오늘이 제일 싸다'고 부추긴 결과 '갭투기'와 '영끌'이라는 신종 투자기법이 등장합니다. 저 멀리 달아나는 집값은 이젠 쳐다볼 수도 없습니다. 자산 축적 시간이 적었던 청년들의 상대적 박탈감도 커져만 갑니다. 자고 나면 오른 집값에 이번 생애에는 집을 살 수 없을지 모른다는 불안이 밀려옵니다. 비록 집은 놓쳤지만 더 늦기 전에 뭐라도 해야 합니다. 적은 돈으로 집값을 따라잡을 유일한 자산, 아직 코인이 남아 있습니다. 이젠 하루에 50~100%가 예사로 오르내리는 코인 가격을 바라보며 벌건 눈으로 밤잠을 설칩니다.

투자에서 가장 중요한 것은 수익입니다. 손해 보기 위해 투자하는 사람은 없습니다. 수익이 나기 위해선 누군가 내가 산 가격보다 더 높은 가격으로 다시 사줘야 합니다. 그래야 내 투자가 성공합니다. 그런데 부동산 대출규제를 하겠다 합니다. 부동산 보유세도 올리겠다 합니다. 종부세를 강화하고 주식 양도세를 올리겠다 합니다. 암호 화폐에도 세금을 매긴다고 합니다. 내가 산 가격보다 더 높은 가격에 사줄 것을 기대했는데, 모두 이를 가로막는 정책입니다. 또 양극화를 해소하고 경제적 불평등을 줄여보겠다 합니다. 결국 내 투자 수익에도 세금을 많이 부과하겠다는 말입니다. 이 역시 투자 성공을 방해하는 정책입니다. 이를 주장하는 정당이나 정치 진영과 나의 이해관계는 지구와 달의 거리만큼 멀어집니다.

이제는 내가 강남에 살든 강북에 살든, 나이가 많든 적든, 평소 어떤 정치 이념과 어떤 철학을 가졌는지와는 상관없이 강남 유권자와 정치적 이해관계가 거의 같아졌습니다. 뜨거운 가슴이 아닌 잇속 계산을 마친 머리가 가리키는 쪽에 투표할 가능성이 높아졌습니다. 게다가 집값이 떨어질 것이라는 정부의 말을 믿고 기다린 무주택자 45%는 한순간에 '벼락거지'를 체험했습니다. 그 분노가 하늘을 찔렀습니다. 대한민국 국민 절반은 집이 있고 절반은 집이 없습니다. 한쪽에겐 분노를 샀고, 다른 한쪽과는 이해관계가 멀어졌습니다. 지난 대선에서 정부 여당이 패했던 이유입니다. 반면 보수정당에게는 매우 우호적인 환경이 자연스레 만들어진 셈입니다.

대선은 끝났습니다. 문제는 코로나19로 금리를 낮추고 돈을 아낌없이 푼 대가가 영수증으로 돌아왔다는 것입니다. 지난 40년간 잠자던 인플레이션 괴물이 깨어났습니다. 미국 인플레이션율이 9%를 넘어서자 미국 연방준비위원회는 자이언트 스텝, 울트라 스텝 등 온갖 신조어를 만들어내며 기준금리를 0.25%에서 5.50%까지 가파르게 올렸습니다. 초단기간에 무려 20배 넘게 오른 것입니다.

우리도 예외는 아니었습니다. 한국은행도 0.50%에서 3.50%까지 금리를 올렸습니다. 인플레이션을 제압하기 위해 금리를 올리고 시중 유동성을 줄이는 통화 긴축 정책으로 돌아선 것입니다.

그런데 뭔가 이상합니다. 한국은행의 움직임과 달리 정부는 오히려 '특례보금자리론' 상품을 만들고 무려 40조 원이나 예산을 배정했습니다. 특례보금자리론은 소득에 상관없이 9억 원 이하의 집에 5억 원까지 저금리로 대출해주는 상품입니다. 소득과 상관없는 상품이다 보니 대출자의 4분의 1이 연봉 9천만 원이 넘는 고소득자였습니다. 적어도 서민이나 주거취약계층을 위한 정책과는 거리가 멀어 보입니다. 사실상 빚내서 집 사라고 등 떠밀고 있는 것이나 다름없습니다. 문제는 인플레이션이 닥쳤다는 것입니다. 사실 40조 원이면 120층짜리 '롯데월드타워'급 공공임대아파트를 10채나 지을 수 있는 돈입니다. 서민과 주거취약계층의 주거복지 문제가 우선이었다면 대출상품을 만들 것이 아니라 공공임대아파트를 지을 생각을 해야 했습니다.

깡통전세나 역전세가 발생하면 집주인은 집을 팔아서라도 보증금을 세입자에게 돌려줘야 합니다. 투자 수익이 투자자 본인의 몫이라면 투자 손실도 투자자 본인이 감당해야 하는 것이 자유시장경제의 기본적인 대원칙입니다. 그런데 갑자기 친절한 정부가 나타나 집을 팔지 말라고 속삭입니다. 대신 원하는 만큼 빚을 더 낼 수 있게 해주겠다고 합니다. 깡통전세 주택이 매물로 쌓여 집값이 떨어지는 걸 막아보겠다는 것이겠지요. 결국 부동산 규제의 마지막 보루인 DSR 규제까지 풀었습니다. 인플레이션이 시작됐는데 정부는 또 돈을 풀고 있습니다.

결국 2023년 2분기 가계신용 잔액이 전 분기에 비해 10조 원 가까이 늘었습니다. 1,862조 8,000억 원에 달합니다. 2023년 2분기 주택담보대출(주담대) 잔액은 14조 원이 늘어난 1,031조 원으로 역대 최고치를 다시 경신했습니다. 우리나라의 공식 가계부채 비율은 GDP 대비 약 105% 정도입니다. 그런데 전세보증금과 개인사업자 대출까지 포함하면 최소 3,000조 원은 넘을 것으로 추정됩니다. 국제결제은행에 따르면 2022년 말 기준 우리나라 가계 부문의 총부채원리

금상환비율은 13.6%로 조사 대상 17개국 중 호주에 이어 두 번째로 높았습니다. 게다가 전년에 비해 0.8%p 증가하는 등 가계부채 증가 속도도 두 번째로 빨랐습니다. 이젠 금리 1%만 올라도 가계 이자부담이 30조 원 이상 증가합니다. 이미 가계대출 연체율도 급속히 나빠지고 있습니다.

정리하자면, 주택담보대출이 폭증하고 은행권 가계대출 규모는 사상 최고치를 경신하며 크게 증가하고 있습니다. 주요 경제 선진국 중 GDP 대비 가계부채 비율이 최상위권임에도 오히려 정부는 대출 확대 정책을 내놓고, 은행권에는 금리 인하를 요구하는 등 사실상 가계부채를 늘리는 정책을 펴고 있는 것입니다.

그러다 보니 매우 이상한 상황이 벌어지고 있습니다. 최근 비록 5회 연속 기준금리를 동결했지만 한국은행은 2021년 8월부터 기준금리를 0.50%에서 3.50%까지 올렸습니다. 나름대로 통화 긴축 정책을 편 것입니다. 그런데도 통화량(M2 광의통화)은 2년여 사이 300조 원이나 증가했습니다. 기준금리를 올리기 시작한 2021년 8월 3,494조 원이던 것이 2023년 6월 3,803조 원으로 오히려 증가했습니다. 사실상 정부가 가계부채를 늘리고 시중에 돈을 푸는 금리 인하 정책을 펴고 있기 때문입니다. 냉정하게 말하면 인플레이션을 부추기는 정책들입니다. 혹시 지난 대선에서 보수정당에 유리하게 만들어진 시장 환경을 계속 유지하려는 심산은 아닌지 의심스럽습니다. 즉, 선거를 위한 정치적 대응이 아닌지 걱정되는 부분입니다.

가계부채 핵폭탄이 터지면 어떤 위기와도 비교할 수 없을 정도

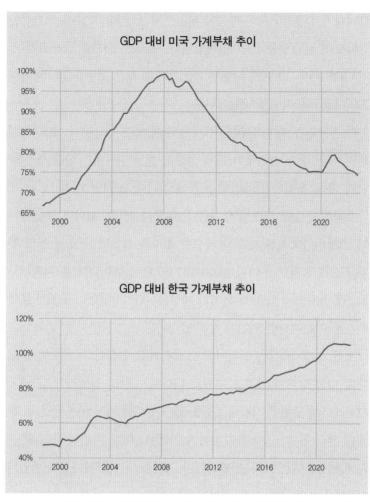

GDP 대비 미국 가계부채 추이

GDP 대비 한국 가계부채 추이

자료: TRADINGECONOMICS.COM, BANK FOR INTERNATIONAL SETTLEMENTS

로 치명적입니다. 경제 전체가 무너지고 회복 불가능한 상태에 이
를지도 모릅니다. 과거 일본처럼 30~40년 장기불황에 빠질 수도 있

습니다. OECD 주요 국가들이 국가부채는 늘려도 가계부채만큼은 잡아보려 안간힘을 쓰는 이유입니다. 미국도 2008년 금융위기 당시 GDP 대비 100%에 달했던 가계부채를 갖은 고통을 감내해가며 70%대로 적극적으로 낮췄습니다.

최근 우리는 매우 어려운 경제 상황에 놓여 있습니다. 코로나 팬데믹 이후, 주요 선진국의 경제 성장률 전망치는 계속 상향 조정 중인데, 유독 우리나라만 하향 조정 중입니다. 2021년 대비 1인당 국민소득까지 감소하고 국가 순자산도 무려 160조 원이나 줄었습니다. 그동안 100개월 연속 무역수지 흑자를 기록해 '구조적 무역 흑자국'으로 불리던 우리가 2022년 473억 달러 무역 적자를 기록했고 2023년에도 대규모 무역 적자가 예상됩니다. 그야말로 '구조적 무역 적자국'으로 전락할 위기에 처해 있습니다.

또한 우리나라 돈, 원화가치도 하락하고 있습니다. 글로벌 통화 대비 미국 달러의 가치를 수치로 나타내는 달러 인덱스Dollar Index가 114~115에 달했던 시점에 1,350~1,400원대를 기록했던 달러/원 환율은 달러 인덱스가 103~104까지 하락했음에도 여전히 1,350원 근처에 머물고 있습니다. 원화가치가 그만큼 더 하락했다는 의미입니다. 실제로 2023년 이후 원화가치는 인도 루피, 브라질 헤알, 태국 바트보다 더 하락하고 있습니다. 여기에 가계부채 핵폭탄이 우리 경제 한 군데서 터진다면 무슨 일이 벌어질지 아무도 알 수 없습니다.

더 늦기 전에 가계부채를 줄이는 정책으로 전환해야 합니다. 대한민국 경제의 거시건전성과 지속가능성을 감안한다면 가계부채 축소만큼 중요하고 시급한 정책도 없습니다. 남미 국가들처럼 정치가 경제를 망치는 우를 범하지 않기를 간절히 바랍니다.

| 5장 |

익숙한 것들과
이별하기

빌려주는 돈과
그냥 찔러주는 돈

통화 정책과 재정 정책 제대로 알기

코로나19와 인플레이션을 겪으면서 경제 뉴스에서 거의 매일 듣는 용어들이 있습니다. 양적완화, 마이너스 금리, 통화 정책, 재정 정책 등 생소한 용어들을 언제부터인가 매일 듣고 있습니다. 하지만 그것이 지금 상황에서 정확히 무엇을 의미하는지 자세한 설명이나 해석을 덧붙이는 뉴스나 기사는 찾아보기 힘듭니다.

통화 정책이든 재정 정책이든, 경기침체나 불황에 대비하기 위한 것입니다. 하지만 두 가지는 근본적으로 큰 차이가 있습니다. 가장 큰 차이라면 통화 정책은 돈을 빌려주는 것인 반면 재정 정책은 돈을 그냥 공짜로 주는 것입니다.

통화 정책은 화폐의 독점 발행권을 지닌 중앙은행이 유통되는 화폐량이나 금리에 영향을 미쳐 경기안정화를 꾀하는 정책을 의미합니다. 즉, 경기침체나 불황이 닥쳤을 때 중앙은행이 실물경제에 돈을 넉넉히 공급하면서 인위적으로 경기 부양을 유도하는 정책입니다. 마찬가지로 경기가 너무 과열되었을 때는 시중에 풀린 돈을 거둬들여 인위적으로 경기 둔화를 유도합니다. 통화 정책에는 '기준금리 인하' '양적완화' '질적완화' 등이 있습니다. 이미 설명했지만 통화 정책은 돈을 빌려주는 정책입니다. 그 말을 달리 표현하면 다시 돌려받아야 한다는 의미입니다. 그러니 돈 떼일 염려가 없는 신용도가 최상인 대상에게 빌려줘야 합니다.

그 대상은 어디일까요? 재벌 대기업을 떠올렸다면, 아닙니다. 우리는 IMF 당시 수많은 재벌이 속절없이 무너지는 걸 지켜봤습니다. 그보다 신용도가 훨씬 높은 곳이 있는데, 바로 '국가'입니다. 그래서 돈 떼일 염려가 없는 국가에 직접 돈을 빌려주는 것이 가장 안전합니다. 국가에 돈을 빌려주는 가장 손쉬운 방법은 국가가 발행하는 국채를 매수하는 겁니다.

그래서 중앙은행은 화폐를 찍어 국채를 사들입니다. 그런데 국채는 일반 시중은행이 가장 많이 보유하고 있어서, 중앙은행은 필요한 만큼의 국채를 매수하고 현금을 시중은행에 공급합니다. 이제 시중은행에 자금이 넘치니 자연스레 실물경제에 돈이 흘러갑니다. 즉, 중앙은행이 국가에 돈을 빌려줬는데 최종적으로 시중은행에 돈이 넘치고 그 돈이 실물경제로 흘러가는 것을 '양적완화'라 부릅니다. 중앙은행의 대표적인 통화 정책입니다.

그런데 이번에는 시중은행이 중앙은행과 똑같은 고민을 합니다. 시중은행에 현금이 넘치지만 여전히 이 돈도 빌려줘야 하는 돈입니다. 반드시 돌려받아야 한다는 뜻입니다. 시중은행 역시 돈 떼일 염려가 없는 신용도가 높은 대상을 물색합니다. 당연히 성장성이 높고 우량한 재벌 대기업에 돈을 빌려주려고 하겠지요. 그런데 이 기업들은 코로나19 팬데믹에도 원래부터 돈이 넘쳤던 이들입니다. 그런데도 시중은행은 돈을 빌려주겠다고 오히려 줄을 섭니다. 이렇듯 경제위기에서도 신용도 높은 우량 대기업은 더 낮은 금리를 제공하는 은행을 골라 돈을 쓸 수 있습니다.

중앙은행이 화폐를 찍어 국채를 사들이며 시중은행에 돈을 푼 이유는 실질적으로 어려움을 겪는 곳에 자금이 흘러 들어가도록 하기 위함인데, 정작 돈이 필요한 곳에는 가닿지 않고 자금이 넘치는 곳으로 쏠립니다. 그리고 이 돈은 다시 부동산이나 주식시장 등 자산시장으로 몰려듭니다. 이제 주식시장, 부동산 등 자산시장 가격이 많이 오릅니다. 대부분 고소득층이 보유한 자산입니다. 이젠 자산시장에 버블이 생기고 경제적 불평등까지 더 커집니다.

경기가 회복될 줄 알았는데, 오히려 부작용이 커졌습니다. 바로 이런 현상이 통화 정책의 결정적 한계입니다. 전 세계가 엄청난 돈을 풀었던 코로나19 팬데믹 이후 우리뿐만 아니라 거의 모든 나라에서 부동산과 주식 가격이 폭등했던 이유는 바로 이 때문입니다.

반면에 재정 정책은 돈을 빌려주는 정책이 아니라 주머니에 공짜로 돈을 찔러주는 정책입니다. 지급 주체도 중앙은행이 아니라 정부입니다. 즉 정부의 재정으로 돈을 지급합니다. 예를 들어 코로나19 팬데믹으로 어려움을 겪던 모든 영세자영업자에게 재난지원금 1천만 원을 즉시 지급하는, 이런 방식이 정부의 재정 정책입니다. 이처럼 현금을 직접 지원하는 경우도 있고, 각종 세금을 면제하거나 각종 보조금, 할인쿠폰을 지급하는 식의 여러 방법이 있습니다.

통화 정책은 시중에 돈을 넘치게 할 수 있어도 주고 싶은 곳에 직접 줄 수는 없습니다. 반면, 재정 정책은 그럴 수 있습니다. 실질적인 어려움을 겪는 자영업자, 주거취약계층, 청년계층 등에 직접 현금을 지원하면 내수 소비도 촉진시킬 수 있고 경제적 불평등을 줄이는 효과도 가능합니다. 통화 정책에 비해 훨씬 더 효과적일 수 있습니다.

예를 들자면, 내 친구 규형이는 지방에서 찜닭집을 운영하고 있습니다. 코로나19로 영업시간 등이 제한되면서 큰 손실을 봤습니다. 정부가 비교적 저금리로 은행 대출을 지원합니다. 규형이는 은행에서 자영업자 지원 대출을 받아 직원 월급도 주고 밀렸던 가게 임대료도 냈습니다. 하지만 이 돈은 언젠가는 갚아야 하는 돈입니다. 정부 입장에서 이 정책은 통화 정책입니다.

이번에는 정부가 자영업자에게 재난지원금으로 300만 원을 지급했습니다. 이 돈은 정부가 재정으로 직접 찔러주는 돈이므로 갚지 않아도 됩니다. 이 정책이 바로 재정 정책입니다.

경제침체나 위기가 발생했을 때 위력을 십분 발휘할 것 같은 재정 정책 역시 한계가 있고 부작용도 있습니다. 일단 많은 돈이 필요한데, 그 돈을 마련하는 방법으로 세금을 늘리는 방법이 있습니다. 그런데 세금을 늘리는 증세 정책은 오히려 경기를 더욱 위축시키므로 적합하지 않습니다. 이제 돈을 마련하는 방법으로는 국채 발행밖에 없습니다.

그런데 재정 정책을 위해 국채를 발행하면 시중에 있는 돈은 줄고, 그 돈이 정부로 몰리게 됩니다. 경기 침체를 극복하기 위해선 시중에 더 많은 돈이 필요한데 오히려 돈이 부족해집니다. 그렇게 되면 돈값인 금리가 오릅니다. 경제 위기나 침체에 대응하기 위해 국채를 발행했는데, 결과적으로 시중엔 돈이 마르고 돈값인 금리가 상승하여 오히려 경기 침체를 더욱 부추기는 부작용을 초래합니다. 경제학에서는 이를 가리켜 '구축효과'라 부릅니다. 정부의 국채 발행이 오히려 민간 투자를 내쫓아버린다는 뜻입니다. 국채 발행이 늘어난 만큼 민간부문인 기업의 회사채 발행이 어려워지고 자금 조달을 하지 못해 민간 투자가 그만큼 줄어든다는 것입니다(실제로는 재정적자를 통해 경기를 활성화시켜놓으면 기업들이 투자를 더욱 늘리는 성향이 커지기 때문에 '구축효과'에 대한 이론적 주장도 설득력을 잃어가고 있습니다).

막강한 위력을 발휘할 줄 알았던 재정 정책도 통화 정책처럼 한계와 부작용이 있습니다. 그런데 만약 이런 구축효과만 없다면 마음껏 재정 정책을 펼 수 있지 않을까요?

정부가 국채를 발행해서 부족해진 유동성만큼 시중에 돈을 풀면 구축효과는 거의 사라지게 됩니다. 그러기 위해서는 이미 설명했던, 중앙은행이 양적완화 정책을 펴면 됩니다. 정부가 발행한 국채를 중앙은행이 다시 매수한다면 국채 발행으로 부족해진 유동성만큼 시중에 다시 돈이 풀리고 금리 상승도 막을 수 있습니다. 금리 상승을 막는 정도가 아니라 양적완화 규모에 따라선 시장 금리를 찍어 누를 수도 있습니다.

코로나19로 경제 위기 당시 미국이 대처한 방법을 보면 이해가 쉽습니다. 경제 위기가 닥치자 미국 정부는 재정 정책으로 약 6조 달러(약 7,920조 원)를 풀었습니다. 빌려주는 돈이 아니라 정부가 국채를 발행해서 공짜로 전 국민에게 뿌렸습니다.

이번에는 미국 중앙은행인 Fed가 '무제한 양적완화'를 선언하고 장기 국채를 사들이면서 시중에 돈을 뿌립니다. 국채 발행으로 시중에 돈이 마르고 시장 금리가 튀어 오르는 걸 막기 위함입니다. 매월 1,200억 달러(약 158조 원)씩 국채를 매수하면서 시중에 돈을 공급하고 장기 금리를 인위적으로 끌어내렸습니다. 코로나19 동안 미국 Fed가 양적완화로 시중에 공급한 돈은 무려 5조 달러(약 6,600조 원)나 됩니다. 이는 글로벌 금융위기 당시 5년에 걸쳐 감행한 1~3차 양적완화를 모두 합친 규모보다 많은 금액입니다. 금리가 돈의 엄청난 무게에 눌려 바짝 엎드릴 수밖에 없는 상황이었습니다(이렇게 천문학적인 돈을 뿌렸는데 40년간 잠자던 인플레이션이 깨어나지 않는 것이 오히려 이상한 일이었습니다).

코로나19는 1920년대 대공황처럼 전 세계에 비슷한 경제 위기를 가져왔습니다. 그렇다면 다른 나라도 미국과 똑같은 양적완화 정책을 펼 수 있을까요? 결론적으로 말씀드리면 사실상 불가능합니다.

우리나라도 경제 위기를 극복하기 위해 국채 발행 물량을 늘렸습니다. 평상시 한 해에 100조 원 내외 국채를 발행하다 코로나19가 대유행했던 2020년과 2021년은 약 170조 원 정도로 발행 물량을 대폭 늘렸습니다. 공급이 늘어난 만큼 국채 가격은 떨어지고 금리는 올랐습니다. 당연히 채권시장에서도 추가 발행 물량을 예측하다 보니 충분히 가격이 떨어질 때까지 기다렸다 사겠다는 사람들이 많았습니다. 이제 국채를 사겠다는 사람은 줄고 공급은 늘어서 국채 가격은 더 떨어지고 금리는 더 상승합니다. 경기 침체를 극복하고 어려움에 처한 곳을 지원하기 위해 국채 발행을 늘렸는데 오히려 시중 유동성은 줄어들고 시장 금리만 오르고 경기 회복 속도는 더 늦추는 부작용이 생깁니다.

만약 한국은행이 미국 Fed처럼 화폐를 찍어 우리나라 장기국채를 직접 매입한다면 아무리 국채를 많이 발행해도 시중의 돈은 줄어들지 않습니다. 그리고 한국은행이 국채를 계속 매입한다는 신호를 시장에 주는 순간, 시장 참가자들도 서둘러 국채를 사려고 할 테니 국채금리가 내려가고 시장 금리도 자연스레 하락하면서 경기 회복 속도를 높일 수 있을 것입니다. 게다가 국채를 발행한 돈으로 필요한 곳에 돈을 공급하면서 마음껏 재정 정책을 펼 수 있으니 이보다 더 좋은 방법이 없습니다.

하지만 우리나라는 미국처럼 무제한 양적완화 정책을 펼 수 없습니다. 한국은행이 찍을 수 있는 화폐는 달러가 아닌 원화이기 때문입니다. 미국과 같은 양적완화 정책을 펴더라도 원화가치가 폭락하지 않는 아주 제한적인 범위에서만 가능합니다.

경기 부양을 위해 원화를 찍어 국채를 발행했는데, 오히려 원화가치는 크게 떨어지고, 물가는 폭등하고, 금리는 가파르게 오르고, 경기는 침체에 빠지고 외국 자본까지 빠져 나가는 총체적 난국에 빠질 위험이 있습니다. 그래서 기축통화국이 아닌 이머징 국가들은 미국과 같은 정책을 펼 수 없습니다. 이렇게 통화 정책과 재정 정책도 경제 규모나 경기 상황에 맞춰 적절하게 사용해야 그 효과를 발휘할 수 있습니다.

　그러고 보니 '무제한 양적완화'라는 용어를 만들어가며 통화 정책이든 재정 정책이든 마음껏 펼치는 달러의 나라, 결국 인플레이션을 깨워 인플레이션을 수출까지 하는 나라, 그 인플레이션으로 고통받는 나라가 늘어나더라도 달러를 마음대로 찍어댈 수 있는 세계 제1의 기축통화국인 미국, 그들의 특권이 새삼 다시 부럽게 느껴집니다.

장단기 금리가 역전되면
삼겹살 가게가 문을 닫는다?

장단기 금리 역전 현상을 주시하라

미국의 중소형 은행들이 파산하고 있습니다. 2023년 3월부터 실리콘밸리 은행^{SVB}, 시그니처 은행, 퍼스트리퍼블릭 은행^{FRB}이 차례로 파산했습니다. 많은 경제 전문가와 경제 전문지들은 더 많은 은행이 파산할 수 있다고 경고합니다. 중소형 은행뿐만이 아닙니다. 세계 10대 투자은행 중 하나인 167년 역사의 크레딧스위스^{CS} 은행도 역사 속으로 사라졌습니다. 파산 위기에 처했던 CS 은행을 UBS^{Union Bank of Switzerland} 은행이 인수하기로 결정한 것입니다.

은행의 파산 원인 중 하나로 장단기 금리 역전 현상을 지목합니다. 상식적으로 생각해도 만기가 긴 채권은 만기가 짧은 채권보다 당연히 금리가 높아야 합니다. 채권을 장기간 보유하면 물가상승 등 다른 위험 요인이 훨씬 많아지기 때문입니다. 코로나19가 유행할 수도 있고 서브프라임 같은 금융위기가 터질 수도 있습니다. 그런 위험에 대한 보상으로 금리를 적정 수준까지 높여줘야 채권을 사려고

하겠지요. 그래서 만기가 긴 채권이 금리가 더 높습니다. 이걸 '기간 프리미엄'이라 합니다.

그런데 인플레이션 이후 아주 오랫동안 미국 2년물 국채금리가 10년물 국채금리보다 높게 유지되고 있습니다. 2023년 5월 기준 미국 10년물이 3.69%인 반면에 2년물은 4.27%나 됩니다. 만기가 길어 불확실 위험성이 훨씬 큰데도 짧은 단기물 채권보다 금리가 더 낮은 겁니다. 매우 이상한 현상입니다.

1962년 이후 총 7차례 정도 장단기 금리 역전 현상이 있었습니다. 공교롭게도 그때마다 일정 시간을 두고 어김없이 경기 침체가 발생했습니다. 공교롭다는 표현을 쓴 것은 장단기 금리가 역전됐을 때마다 반드시 경기 침체가 왔다고 단언하기는 어렵기 때문입니다. 그때 그때 시장 상황이 다르고 또 100% 설명되지 않는 부분도 있기 때문입니다. 그래서 장단기 금리 역전 현상이 있을 때마다 시장에 군불을 계속 지펴주기를 바라는 쪽에서는 어김없이 '이번에는 다르다'라는 주장이 나옵니다. 이번에는 경기 침체가 없다는 겁니다. 하지만 그럴 때마다 어김없이 경기 침체는 발생했습니다. 마치 겨울이 오면 추워지는 자연현상처럼 말입니다.

은행의 수익구조는 단기로 돈을 조달해 장기로 빌려주면서 수익을 내는 방식입니다. 즉 단기로 싸게 자금을 빌려와서 장기로 비싸게 대출해주는 것이죠. 그런데 장단기 금리가 역전되면 비싸게 빌려와서 싸게 대출해줘야 하므로 이것이 지속되면 은행의 수익구조가 나빠집니다. 재무구조가 나빠지고 부실화 가능성이 높아집니다. 은행이 대출을 줄일 수밖에 없습니다. 대출 상품이 팔리면 팔릴수록 손해를 보기 때문입니다.

은행의 대출이 줄면 결과적으로 시중에 유동성이 줄어드는 긴축 정책 효과가 나타납니다. 그렇게 되면 저금리 상황에서 그동안 은행 대출 의존도가 높았던 산업이 가장 타격을 받습니다. 은행에서 돈을 빌릴 수 없으니 기업들의 투자도 줄어듭니다. 고용도 줄어듭니다. 이렇게 시중에 돈이 말라가는 긴축 정책은 머지않아 경기 침체를 유발할 가능성이 높습니다. 의도했든 의도하지 않았든, 결국 장단기 금리 역전 현상은 경기 침체를 불러옵니다.

장단기 금리 역전 상황에선, 은행이 평소보다 높은 금리로 돈을 빌려왔으니 더 높은 금리로 대출이 나가야 수익을 챙길 수 있습니다. 기업 입장에서 보면, 신용도가 높으면 돈을 싸게 빌릴 수 있지만 신용도가 낮은 곳은 훨씬 더 높은 금리를 줘야 돈을 빌릴 수 있습니다. 결과적으로 신용도가 낮은 곳에 은행 대출이 많아집니다. 그리고 은행의 대출 건전성이 나빠집니다. 그런데 이때 줄어든 시중 유동성으로 경기 침체가 시작됩니다. 신용도 낮은 차주들이 제때 돈을 갚지 못하면서 은행 연체율이 올라갑니다.

장단기 금리 역전 현상으로 은행의 수익성이 크게 나빠지는데 연체율까지 높아집니다. 결국 지금의 미국 중소형 은행처럼 파산하는 은행들이 나옵니다. 은행의 연쇄 파산은 경기 침체를 넘어 경기 불황을 초래합니다. 뉴스에서 흘려들었던 '장단기 금리 역전 현상'이 동네 삼겹살 가게문을 닫게 하고, 아르바이트 일자리를 줄이고, 결국 내 일자리도 위협하는 아주 끔찍한 사태로 번질 수 있습니다. 마치 작은 나비 한 마리의 무의미할 것 같은 날갯짓이 모든 걸 휩쓸어

버리는 거대한 태풍을 일으키는 것처럼 말입니다.

그런데 이번에는 왜 장단기 금리 역전 현상이 생겼을까요?

코로나19와 러시아-우크라이나 전쟁으로 전 세계에 인플레이션
이 닥쳤습니다. 코로나19로 미국은 5조 달러가 넘는 돈을 양적완화
로 풀었습니다. 또 6조 달러 이상을 재정 정책으로 풀었습니다. 전
세계가 천문학적인 돈을 뿌렸습니다. 미·중 패권전쟁과 러시아-우
크라이나 전쟁으로 전 세계 공급망까지 무너졌습니다. 일시적일 거
라던 인플레이션이 2년 넘도록 세계를 괴롭히고 있습니다.

중앙은행이 물가를 잡기 위해 기준금리를 올립니다. 단기 채권금
리는 기준금리에 곧바로 영향을 받습니다. 단기금리는 오른 기준금
리만큼 올라갑니다. 미국 Fed는 1년 동안 10차례에 걸쳐 0.25%에서
5.25%까지 기준금리를 올렸습니다. 그런데도 좀처럼 인플레이션은
잡히지 않습니다. 앞으로도 상당기간 5% 이상의 기준금리를 유지해
야 될지 모릅니다. 그래서 단기물 금리는 쉽게 내려가지 않습니다.
올라온 기준금리만큼 높은 금리를 유지하고 있습니다.

높은 금리와 높은 물가 영향으로 언젠가는 경기가 꺾이는 경기 침
체가 올 가능성이 높습니다. 실물 경제가 둔화되면 중앙은행은 경기
부양을 위해 기준금리를 다시 내려야 합니다. 장기 금리는 바로 이
런 경기 상황에 민감하게 반응합니다. 경기 둔화를 예상하고 장기
금리는 빠르게 내려갑니다. 단기 금리는 높은 수준이 유지되는데 장
기 금리가 빠르게 내려가면서 이렇게 장단기 금리 역전 현상이 일어
난 겁니다. 이런 금리 역전 현상이 오래 지속된다면 파산 은행들은

예상보다 훨씬 더 많아질 수 있습니다.

　미국 중소형 은행들의 파산에는 장단기 금리 역전 현상 외에 근본적인 원인이 하나 더 있습니다. 바로 가장 안전하다고 하는 안전자산, 미국 국채입니다.

　코로나19 당시 미국은 양적완화, 재정 정책 등을 통해 엄청난 돈을 풀었습니다. 그 돈이 은행으로 몰려듭니다. 이자를 지불하고 은행이 많은 예금을 받았는데 예금 금리보다는 더 높은 금리로 대출이 나가야 은행의 수익이 생깁니다. 그런데 어디든 돈이 넘치다 보니 대출을 받겠다는 곳이 없습니다. 은행은 할 수 없이 가장 안전하다는 미국채에 투자합니다. 당시 미국채 10년물 금리는 0.8%~1.0% 수준이었습니다. 이렇듯 당시 많은 은행들은 어쩔 수 없이 미국채에 투자했는데 인플레이션이 터진 겁니다. 인플레이션을 잡기 위해 Fed가 빠르게 금리를 올리자 미국채 10년물 금리는 4.00% 수준까지 올랐습니다. 1.00% 미만에 산 미국채 금리가 4.00% 이상 올랐으니 그만큼 은행의 투자 손실이 늘었습니다. 예금자들의 인출이 늘어나면서 은행은 들고 있던 미국채를 팔아야 했고 손실은 눈덩이처럼 커졌습니다.

　마침내 A 은행에 돈이 부족하다는 소문이 납니다. 그 소문이 돌자마자 너도나도 돈을 찾으러 몰려듭니다. 즉 뱅크런이 발생했고 견디다 못한 은행들은 문을 닫았습니다. 그렇게 실리콘밸리 은행, 시그니처 은행, 퍼스트리퍼블릭 은행이 차례로 파산했습니다.

　예전에는 뱅크런 사태가 터지면 사람들이 은행으로 달려갔습니다. 은행이 문을 열기도 전에 달려가 남보다 조금이라도 먼저 예금을 찾으려 했습니다. 은행도 사태 해결을 위해 손써볼 시간이 조금은 있었습니다. 하지만 지금은 스마트폰과 개인 PC로 입출금이 이루어집니다. 손가락 몇 번만 움직이면 돈을 찾을 수 있습니다. 뱅크런이 아니라 '핑거런'입니다. 하루 이틀이 아니라 불과 한두 시간이면 파산에 이를 수 있습니다. 그래서 미국 정부도 예전과 달리 온갖 대책을 내놓으면서 아주 발 빠르게 대응한 것입니다.

정리합니다. 미국 중소형 은행들이 파산했습니다. 주요 원인은 두 가지로, 은행의 미국채 투자와 장단기 금리 역전 현상입니다. 이 원인들이 사라지려면 인플레이션이 힘을 잃고 금리가 내려와야 하는데 지금 상황은 여전히 인플레이션도 위력적이고 금리도 높은 수준을 유지하고 있습니다. 언제든지 또 다른 은행이 파산할 수 있다는 의미입니다. 만약 연쇄적으로 은행 파산이 일어난다면 그때는 경기 침체가 아닌 경기 불황이나 경제 위기로 치달을 수 있습니다.

우리나라는 대외 의존도가 매우 높은 수출 주도형 산업 구조입니다. 미국이 경기 불황에 빠지면 우리도 곧바로 영향을 받습니다. 태평양 건너 먼 나라 미국의 장단기 금리 역전이 우리 동네 삼겹살 가게를 위협하고 내 일자리를 뒤흔들 수 있습니다. 장단기 금리 역전 현상이 길어진다는 뉴스가 들리면, 뭐든 단단한 걸 꼭 붙잡아야 할지 모르겠습니다.

죽지 않고 살아나는
좀비 인플레이션

우리는 인플레이션을 제압할 수 있을까

우리는 다시 금리를 내릴 수 있을까요? 다시 돈을 풀 수 있을까요?

1970년대는 인플레이션 시대였습니다. 금 1온스를 35달러로 묶은 고정환율제의 브레튼 우즈 체제가 30년 만에 문을 닫았습니다. 금본위제가 폐지되었고(닉슨 쇼크) 달러 공급이 크게 증가하면서 화폐가치는 크게 떨어집니다. 닉슨 쇼크 이전에는 금 공급량에 따라 통화공급이 제한되었는데, 이제 금과 상관없이 달러를 찍어내다 보니 달러 공급이 크게 늘었습니다. 게다가 중동 전쟁으로 원유 수출이 중단되면서 인플레이션은 정점에 달했습니다.

1973년 제1차 석유파동과 1979년 제2차 석유파동을 겪으면서 원유 값이 폭등합니다. 1973년 10월 중동 국가들과 이스라엘의 제4차 중동 전쟁이 터졌습니다. 초반의 불리했던 전세를 미국의 군사지원을 등에 업고 이스라엘이 전세를 뒤집자 중동 국가들이 이에 대한 보복으로 미국에 원유 수출을 중단하는 조치를 단행한 것입니다. 원유가격이 가파르게 오르자 재고를 미리 쌓아두겠다는 가수요까지 더해져 실제 부족했던 것보다 훨씬 더 크게 올랐습니다.

1970년대 초 배럴당 2~3달러 수준이던 국제유가는 1974년에 배럴당 12달러까지 올랐습니다. 불과 수년 만에 무려 4배 이상 오른 것입니다. 유가 폭등으로 1974년 말 미국 인플레이션율은 무려 12%를 넘어섰습니다. 1970년대 초 석유파동을 경험했던 원유 수입업자들은 1979년 이란의 호메이니 집권으로 제2차 석유파동이 오자 재고량에 상관없이 원유 수입을 크게 늘렸습니다. 그러자 1970년대 후반에는 배럴당 40달러를 넘어섰습니다. 원유 가격만 10배 이상 상승하자 본격적으로 물가가 크게 오르기 시작합니다.

당시 미국의 연준 의장 아서 번즈는 빠른 금리 인상으로 물가에 적극 대응하면서 인플레이션을 제압하려 했습니다. 처음에는 이러한 발 빠른 조치가 시장에 곧바로 영향을 주는 듯했습니다. 큰 폭으로 올랐던 소비자 물가가 진정되며 하락하기 시작했고, 1975년까지 안정된 모습을 보였습니다.

그렇게 인플레이션 제압에 성공했다는 자신감을 바탕으로, 물가는 잡았지만 실업률이 상승하고 경기 침체 기미가 나타나기 시작한 1975년에는 오히려 금리를 내리는 정책을 취합니다. 임금과 가격을 적절히 통제하면 인플레이션을 충분히 제압할 수 있다고 판단한 것입니다. 하지만 3~4년간 계속되던 인플레이션은 끈적끈적한 모습으로, 일부에선 고착화되는 현상을 보이고 있었습니다. 가격 통제가 쉽지 않았던 것입니다. 이 상황에서 섣불리 금리를 내리자 결국 사달이 났습니다. 가격 통제 정책은 실패했고 2차 석유파동까지 터지자 다시 물가는 미친 듯이 치솟았습니다. 이때 미국 연준이 가장 치명적인 실수를 했다고, 지금도 많은 사람이 평가합니다. 그 한 번의 실수가 미국 경제를 10년 이상의 스태그플레이션이라는 나락으로 떨어뜨렸습니다.

결국 1979년 연준 의장은 그 유명한 폴 볼커로 교체되었습니다. 폴 볼커는 취임한 지 2개월 만에 기준금리를 단번에 무려 4.00%나 올려버립니다. 사실상 인플레이션과 전면전을 선포한 것입니다. 금리가 하루아침에 11.5%에서 15.5%로 올랐습니다. 당시 언론은 이를 '토요일 밤의 대학살'로 불렀고, 볼커가 2미터 넘는 장신임에 빗대어 자기 키만큼이나 금리를 올렸다며 조롱조로 이야기했습니다.

이에 그치지 않고 1981년에 볼커는 기준금리를 20% 수준까지 끌어올립니다(현재 기준금리는 5.50%입니다). 이런 고금리 상황이 무려 3년간이나 지속되었습니다. 그러자 실물 경기는 최악으로 치달았고 중소기업의 약 40%가 문을 닫았습니다. 실업률은 10%를 넘어섰고 수백만 명이 일자리를 잃었으며 민간 소비도 속절없이 주저앉았습니다. 1,000포인트까지 올랐던 주가지수도 다시 600~700포인트 수준으로 급락했습니다.

그렇게 모든 것이 무너지고 난 뒤에야 겨우 인플레이션을 제압할 수 있었습니다. 1983년이 되어서야 인플레이션율은 2.36%까지 떨어졌습니다. 거의 모든 곳에 크나큰 상처를 남기고 사실상 끝이 났습니다. 인플레이션은 이처럼 잔인하고 무섭습니다.

그 인플레이션이 40년 만에 다시 깨어나고 있습니다. 그 자체가 두렵고 무서운 경제적 현상입니다. 결과에 따라선 사회 전체가 타격을 입을 수 있고, 또 국제 질서에도 큰 변화를 초래할 수 있는 무시무시한 현상입니다. 동구권이 무너지고 구소련이 붕괴된 것도 어쩌면 폴 볼커의 금리 인상이 결정적 역할을 했을 수 있습니다. 금리 인상으로 달러가치가 가파르게 상승하자 헝가리, 폴란드 등 동구권 국가의 외채 상환 부담이 크게 증가했습니다. 디폴트 위기에 처한 동구권 국가들은 구소련에 지원을 요청했지만 당시 아프간 전쟁과 체르노빌 원전 사고 등으로 재정적으로 큰 어려움을 겪고 있던 소련은 여력이 없었습니다. 이처럼 순차적으로 동구권 국가들이 무너지고 구소련이 해체되는 데 폴 볼커의 금리 인상이 직간접적인 영향을 줬는지도 모릅니다.

그만큼 인플레이션은 무섭습니다. 우리 경제와 국제 질서에 어떤 변화를 가져올지 아무도 예상할 수 없습니다. 그런데 좀 이상합니다. 오랫동안 금융 시장에 종사해온 제가 보기에도 요즘처럼 시장이 이상하게 느껴진 적은 없었습니다. 아무리 봐도 정상적인 모습은 아닌 듯합니다.

경기 침체가 예상됩니다. 그럼 중앙은행은 금리를 내리고 시중에 돈을 풉니다. 그렇게 풀린 돈은 다시 자산시장으로 몰려듭니다. 그럼 주가가 오르고, 채권가격이 오르고, 집값이 오릅니다. 경기 침체가 예상돼 금리를 내리고 돈을 풀었는데, 오히려 주가와 채권과 집값이 올라갑니다. 세계 각국의 중앙은행도 금리를 내리고 돈을 푸는 쉬운 방법에 익숙해졌고, 투자자들도 중앙은행의 그런 움직임을 미리 예상하고 투자에 나섭니다. 그러는 사이, 알게 모르게 저금리와 풀린 돈은 전 세계 구석구석 부채를 무서운 속도로 빠르게 늘리고 있었습니다.

이제 시장과 투자자가 먼저 경기 침체를 기다립니다. 경기 침체가 시작돼야 금리가 내려가고, 시중에 더 많은 돈이 풀리고, 그 풀린 돈이 다시 자산시장을 자극해 내가 투자한 자산 가격이 올라가기 때문입니다. 늘어나는 부채에는 별 관심이 없습니다. 어차피 제로 금리에 가까워 대출 이자 부담이 없기 때문입니다. 적어도 코로나19 팬데믹 전까지는 이런 상황이 오랫동안 계속되었습니다. 경제가 침체 상황인데 시장도 웃고 투자자도 웃고 있습니다. 뭔가 많이 이상해 보입니다.

갑자기 코로나19가 찾아왔습니다. 일반적으로 대공황이나 경기불황이 오면 정부가 일자리를 만들고 그 일자리를 통해 국민소득을 증가시키고 늘어난 소득이 소비를 견인하는 이런 부양책을 주로 사용해왔습니다. 하지만 코로나19 위기는 지금까지와는 전혀 다른 부류였습니다. 일터를 폐쇄하고 동네를 폐쇄하고 도시를 폐쇄해야 했으니까요. 일자리를 만드는 부양책을 쓸 수도 없었습니다. 부채를 떠안은 상황에서 모든 경제 활동이 멈추면 가계 및 기업이 파산하고 대공황 같은 경제 위기에 봉착할 수 있습니다. 그래서 어쩔 수 없이 선택한 방법이 양적완화인데, 시중에 무한정 돈을 풀거나 국민들 주머니에 돈을 직접 찔러주는 방법입니다.

미국은 양적완화로 5조 달러를 풀었고, 국민에게 6조 달러를 지급했습니다. 또한 전 세계 거의 모든 나라가 GDP 대비 10~30%의 천문학적인 돈을 풀었습니다. 그런데 너무 많은 돈이 쏟아져 나온 것일까요. 금리는 제로 금리에 돈은 사방에 넘쳐나고 수요는 폭발하는데 공급은 턱없이 부족합니다. 물가가 오를 수밖에 없습니다. 결국 40년 만에 인플레이션 괴물이 다시 깨어났습니다. 미국 인플레이션이 9%를 넘었습니다. 연준은 자이언트 스텝, 울트라 스텝 등을 언급하며 금리를 11차례나 올렸습니다. 결과적으로 미국 기준금리는 0.25%에서 5.50%까지 치솟았습니다. 초단기간에 무려 20배 넘게 오른 것입니다. 이는 지난 2001년 이후 가장 높은 수준입니다.

결국 시장도 사달이 났습니다. 2022년 말 미국 금융시장은 크게 흔들립니다. 미국채 10년물이 4.30%을 넘었습니다. 미국 금리가 오르니 달러가치도 크게 올랐습니다. 그러자 많은 국가가 자국의 환율 방어를 위해 너도나도 미국채를 내다 팔기 시작했고, 이 여파는 다시 미 국채시장으로 돌아옵니다. 글로벌 금융시장에 미국 금융시스템이 무너질 수 있다는 두려움이 깔리기 시작했습니다. 모든 금융상품의 기초 자산이라 할 미국채 10년물이 흔들리니 글로벌 국채시장은 초긴장 상태에 돌입합니다.

그런데 이상한 일이 벌어집니다. 오히려 자산시장은 환호성을 지릅니다. 경기 침체를 예상하며 '금리를 내려줄 것이다', '돈을 풀어줄 것이다' 이런 기대가 넘쳐나기 시작합니다. 똑같은 현상을 마주하며 미국 연준의 생각과 시장의 기대는 완전 정반대로 흘러갑니다. 금리가 내리기 전에, 다시 주가가 오르기 전에 남들보다 한 발 빨리 주식을 사고 채권을 사야 합니다. 다시 주가가 오르고 채권 가격이 올라갑니다. 금융시스템이 무너질 수 있다는 징조가 몰려오는데 오히려 시장은 환호성을 지릅니다. 지난 수십 년간 미국 연준과 상대해온 시장은 쫄보 연준이 결국 시장 손을 들어줄 것이라고 확신하는 듯합니다. 아무리 봐도 정상은 아닙니다.

결국 다시 시장이 뜨거워졌습니다. 시장 금리는 내려갔고, 고용은 거의 완전 고용에 가깝습니다. 소비는 다시 증가합니다. 인플레이션을 잡겠다고 금리를 올리고 있는데 오히려 인플레이션이 살아납니다. 연준이 견제 장치를 가동하는데 시장의 반응은 정반대입니다. 그러니 좀처럼 기대 인플레이션이 사라지지 않습니다. 죽어도 죽지 않고 다시 살아납니다. 이른바 좀비 인플레이션입니다. 비정상적인 시장이 결국 인플레이션을 좀비로 만들고 있습니다.

좀비 인플레이션이 완성되면 물가상승과 임금상승이 무한 반복됩니다. 이렇게 인플레이션이 고착화되면 성장은 사라지고, 고용도 없는데 물가만 치솟는 모습이 나타날 수도 있습니다. 지난 1970년대처럼 스태그플레이션이 10년 이상 지속될지도 모를 일입니다.

이렇게 세상은 좀비 인플레가 떼를 지어 설치는데, 연말이면 연준은 정말 금리를 내릴 수 있을까요? 시장의 기대처럼 정말 글로벌 중앙은행들은 다시 돈을 풀 수 있을까요?

되짚어보면 지금까지 연준은 수많은 실수를 반복해왔습니다. 1970년대 치명적인 실수는 차치하더라도 금리 인상을 머뭇거리다 시기를 놓쳐 많은 비용을 치르고 나서야 금리를 올리고 긴축에 나섰고, 반대로 금리를 내려야 하는 시점에 고금리를 고집하다가 결국 실물 경제에 큰 타격을 주고 나서야 금리를 내리는 등 숱한 실수와 실패를 거듭했습니다.

이번에도 마찬가지입니다. 결국 1970년대 실수를 반복하면서 좀비 인플레이션을 만들고 있습니다. 연준 의장 제롬 파월은 단기적으로 수요가 폭발해 공급이 따라가지 못했지만 시간이 좀 지나면 공급이 늘어나 공급난 문제는 자연스레 해소될 것이라고 했습니다. 다만 시간이 좀 더 필요할 뿐이라고 했습니다. 2년 넘게 지속되고 있는 이번 인플레이션을 수요와 공급의 시간차에 의한 일시적 현상으로 본 것입니다. 수요가 폭발하고 공급은 부족한데도 물가 상승을 견제해야 할 연준이 술에 술탄 듯, 물에 물탄 듯한 모습을 보이면서 결정적 기회를 놓쳤기 때문입니다.

최근 연준의 모습은 어떤 희생이 있더라도 반드시 이번 좀비 인플레이션을 제압하겠다는 것입니다. 과거의 실수를 반복치 않겠다는 것입니다. 저는 이 부분이 가장 걱정스럽습니다. '어떤 희생을 감수하더라도 반드시 좀비 인플레이션은 때려잡겠다는 것', 그것이 우리에게 어떤 참혹한 희생을 요구할지 알 수 없어서입니다.

그런데 우리의 대응이 이상합니다. 우리는 오히려 돈을 푸는 정책들을 꺼냈습니다. 부자감세 정책을 지속적으로 추진 중입니다. 보수적으로 계산해도 향후 5년간 부자감세로 줄어드는 세수만 60조 원에 이릅니다. 경제가 어려울 때 감세 정책은 세수가 줄고 정부 재정이 제 역할을 못해 경기가 더욱 침체될 가능성이 높습니다. 더욱이 감세 정책은 인플레이션을 더 부추기는 정책입니다. 인플레이션이 닥쳤을 때 사실상 쓸 수 없는 정책입니다. 좀비 인플레이션이 딱 물어뜯기 좋은 환경을 우리 스스로 만들고 있다는 걱정을 떨칠 수 없습니다.

게다가 경제 사정도 매우 안 좋습니다. 2023년 현재 우리나라 경제 성장률 전망치는 계속 하향 조정 중입니다. 2022년 무역수지 적자 473억 달러에 이어 올해 역시 대규모 무역 적자가 예상되고 있습니다. 달러/원 환율은 여전이 1,350원대로 고공행진 중입니다. 가계부채 리스크는 갈수록 커갑니다. 심지어 국민소득까지 줄고 있습니다. 수많은 리스크가 인플레이션을 마주보고 몸집을 키워갑니다.

지금이라도 당장 인플레이션을 부추기는 정책이 아니라 제압할 수 있는 정책들로 바꿔야 합니다. 채권시장과 외환시장 등 금융시장에서 30년 가까이 근무하다 보니 이론으로 현상을 증명하고 설명할 순 없지만 묘한 눈치나 직감 같은 게 생겼습니다. 부동산이나 주식 관련서가 베스트셀러 순위를 차지하기 시작하면 머지않아 어김없이 부동산과 주식 가격이 하락한다든지, 증권사 객장에 특정 직업을 가진 분이 눈에 띄면 모든 주식을 팔아야 한다는 등 이론적으로 설명할 수 없는 뭔가가 있습니다.

이번에도 마찬가지입니다. 몹시 사나운, 좀처럼 죽지 않는 좀비 인플레이션이 깨어났는데, 인플레이션 영향으로 경기 침체가 시작되면 과거에 그랬듯이 중앙은행이 금리를 내리고 돈을 풀 것이라는, 이른바 피봇을 기대하며 오히려 시장이 환호성을 지릅니다. 중앙은행은 금리를 올리고 있는데 자산시장은 뜨거워지고, 뜨거워진 자산시장이 다시 실물 경기를 뜨겁게 만들고 있습니다. 달아오른 실물 경기는 또다시 물가를 자극하며 죽지 않고 고착화되는 좀비 인플레이션을 만들어가고 있습니다.

앞으로 좀비 인플레이션을 제압하기 위해선 연준이 더 강력한 무기를 들고 나와야 할지 모릅니다. 과거처럼 똑같은 실수를 반복해 스태그플레이션에 시달렸던 악몽을 되풀이할 수는 없기 때문입니다. 그런데도 금리를 쉽게 내릴 수 있을까요? 또다시 돈을 풀 수 있을까요?

익숙한 것과 이별하기 1

　　우리나라는 전 세계가 인정하는 제조업 및 수출 강국입니다. 그런데 언제부터 국제 사회에서 인정받았을까요?

　1995년 중국은 세계무역기구WTO에 신청한 지 6년 만인 2001년에 정회원으로 가입합니다. 중국은 WTO 가입을 계기로 매년 8~10%의 고성장을 기록하며 성장을 거듭했습니다. WTO 가입 당시 세계 8~9위 무역국에 그쳤던 중국은 독일과 일본을 차례로 추월하고 오늘날 명실상부한 G2 국가로 부상했습니다.

　우리도 한때는 '구조적 무역 흑자국'이라는 별칭을 얻어가며 100개월이 넘도록 무역 흑자를 기록해왔습니다. 이런 실적을 내는 나라는 지구상에서 몇 안 됩니다. 사실 2000년 이전에는 흑자를 기록했던 적이 많지 않았습니다. 계속된 무역수지 적자로 결국 IMF 국가 부도 사태까지 겪었던 우리가 제조업 및 수출 강국으로 부상할 수 있었던 것은 중국의 WTO 가입 이후, 즉 2000년 이후부터입니다.

WTO 가입 이후 중국의 무역 규모가 크게 증가하면서 우리의 무역과 경제에도 큰 도움이 되었음은 부인하기 힘든 사실입니다. 한때는 홍콩까지 포함하면 우리나라 수출의 30% 이상을 중국이 차지했습니다.

이렇게 무역수지 흑자가 계속되면 우리나라에 달러가 쌓입니다. 그런데 한두 해도 아니고 무려 100개월이 넘도록 연속 흑자가 나면 그간 쌓인 달러로 시중에는 달러가 엄청 흔해집니다. 그 달러를 그대로 내버려두면 달러가치가 떨어지고 반면에 원화가치는 올라갑니다. 원화가치가 상승하면 가격 경쟁력이 떨어져 수출이 어려워질 수 있습니다. 우리나라 수출 기업이 타격을 입을 수밖에 없습니다. 특히 제조업과 수출이 장점인 나라에서는 그 타격이 훨씬 큽니다.

그래서 외환당국은 적정 환율 관리를 위해 시중에 풀린 달러를 사들입니다. 이제는 달러가 줄어들고 대신 원화가 많아집니다. 수출로 달러가 들어왔는데 외환당국이 달러를 사들이고 원화를 공급하니 결과적으로는 들어온 달러만큼 원화가 풀리는 겁니다. 이걸 또 그대로 두면 원화가 흔해져 원화가치가 크게 떨어질 수 있습니다.

자, 이번에는 한국은행이 흔히 통안채라 불리는 '통화안정증권'을 발행하며 원화를 다시 흡수합니다. 즉 무역수지 흑자로 달러가 시중에 많이 유입되었는데 결국 시장에는 통화안정증권만 남게 되는 것입니다.

그런데 통화안정증권으로 모든 달러를 사들일 수는 없습니다. 그리고 채권을 발행하면 이자를 지급해야 하는데, 그 이자는 원화로 지급됩니다. 그래서 한국은행은 통안채 외 다른 방법으로도 원화를 흡수합니다. '공개시장운영'을 통해 한국은행이 보유한 채권을 담보로 환매조건부채권Repo을 매도함으로써 시중 원화를 흡수합니다. 정기적으로 매주 실시하고 있으며 주로 시중은행에서 한국은행 RP를 매수합니다. '한은 "RP 7일물 매각, 3.50%에 2조 원 낙찰, 응찰 40.05조 원' 가끔 경제면에서 이런 기사를 보셨을 텐데, 쉽게 말해 한국은행이 3.50% 이자를 주고 시중에 풀린 2조 원을 7일간 흡수했다는 의미입니다.

한국은행이 Repo를 매입하면서 원화를 공급할 수도 있지만 정말 특별한 경우를 제외하곤 매주 Repo를 매각해 원화를 흡수해왔습니다. 그동안 무역수지 흑자 기조로 달러가 많이 들어왔고 그 달러를 외환당국이 사들이면서 원화가 시중에 많이 풀렸기 때문입니다.

결론적으로 달러가 많이 들어오면 시중에 원화 유동성이 늘어나게 됩니다. 금리는 돈의 값입니다. 원화 유동성이 풍부해지면 시중 금리도 비교적 낮게 안정적으로 유지할 수 있습니다. 금리와 환율이 안정적으로 유지되고 경제가 꾸준히 성장한다면 해외 투자자의 관심이 높아질 수밖에 없습니다. 해외 투자자로서는 투자하는 국가의 안정적인 환율이 매우 중요한 투자 기준입니다. 주식이나 채권에서 수익이 난다고 해도 환율변동성이 커지면 환차손이 크게 발생할 수 있기 때문입니다. 그동안 우리 국채와 주식에 외국인 투자가 계속 늘어났던 이유입니다.

그런데 외국인 투자가 늘어나면 다시 달러 유입이 증가합니다. 국내에 100달러가 있을 때와 10,000달러가 있을 때 환율변동성은 어느 쪽이 클까요? 100달러에서 50달러가 빠지면 환율변동성이 50%

증가하지만 10,000달러가 있을 때는 50달러가 빠져도 0.5%밖에 되질 않습니다. 당연히 달러가 부족할 때 환율변동성은 더 커집니다. 즉 외국인 투자가 많아질수록 달러가 많이 들어오고 또 그만큼 환율변동성이 적어지고 환율이 안정된 모습을 보이는 선순환 구조가 만들어지는 겁니다. 이처럼 무역수지 흑자는 단순히 국내에 달러가 더 들어오고 안 들어오는 문제가 아닙니다. 경제 성장과 환율 안정으로 외국인 투자까지 늘릴 수 있는, 우리 경제에 매우 중요한 의미가 있습니다.

결론적으로 우리나라는 지난 10년간 무역수지 흑자로 달러가 계속 들어오면서 경제 성장과 함께 환율변동성이 낮아졌고, 또 달러를 담보로 원화 유동성이 증가하면서 시중금리가 안정적으로 유지돼 외국인 투자까지 증가하는 선순환을 이루었습니다. 여기까지가 지난 10년간 우리가 봐온 익숙한 모습입니다.

그런데 만약 우리가 구조적 무역 적자국으로 변하면 어떻게 될까요? 막연한 가정이 아니라 2022년에 이미 건국 이래 최대치의 적자(473억 달러)를 기록했습니다. 2023년도 여전히 적자가 계속되고 있습니다. 최근 몇 개월 잠깐 흑자가 났다지만, 수출량보다 수입량이 크게 줄어 발생한 '불황형 흑자'로 일반적인 무역 적자보다 더 심각한 상황입니다.

이제는 달러가 들어오지 않으니, 달러를 담보로 원화 유동성이 증가하지 않습니다. 오히려 환율 방어 등의 이유로 외환보유액마저 2021년 10월 4,692억 달러에서 2023년 9월 현재 4,141억 달러로 크게 줄었습니다. 달러가 줄어드는 만큼 환율변동성도 커집니다. 2021 년에 1,100원대였던 달러/원 환율은 2023년 10월 현재 1,350원을 오르내립니다. 이제 외환당국이 달러를 사들이면서 시중에 원화 유동성이 증가하는 이전과 같은 모습은 더 이상 볼 수 없습니다. 다시 강조하지만, 금리는 돈의 값입니다. 원화가 부족해지면 돈값이 증가할 테고, 그만큼 금리 변동성이 커진다는 이야기입니다.

한국은행도 이전과 달리 반대 입장을 취할 수 있습니다. 이전에는 한국은행이 매주 Repo를 매각하면서 원화를 흡수했지만 반대로 Repo를 매입하면서 시중에 원화를 공급하는 쪽으로 바뀔 수 있습니다. 시중에 원화가 부족하기 때문입니다. 한국은행이 2023년 7월에 Repo 대상채권 적격담보범위를 전격 확대한 것이나, 자금조정 대출금리를 50bp(0.50%) 인하한 것도 이런 가능성을 염두에 둔 사전조치일 수 있습니다.

또 외국인 투자도 줄어들 수 있습니다. 무역수지 흑자로 달러가 들어올 때는 환율변동성과 시중금리가 안정되면서 투자가 증가했지만, 반대로 무역수지 적자로 환율과 금리 변동성이 커지면 외국인도 투자하기가 불안해집니다. 환차손과 매매손이 발생할 가능성이 높기 때문입니다. 따라서 외국인의 국내 채권과 주식 투자규모가 줄어들 수 있습니다.

외국인이 국내 채권과 주식을 팔면 국내 달러가 줄어들고 환율과 금리 변동성은 커지면서 금융시장에서 흔히 말하는 '발작' 현상이 증가할 수 있습니다. 채권과 외환시장 등에 '쇼크' 현상이 잦아지면 외국인 투자자는 떠날 수밖에 없습니다. 금리와 환율변동성이 커지면서 외국인 투자가 감소했는데, 외국인 투자 감소가 금리와 환율변동성을 더 키우면서 다시 외국인 투자가 줄어드는 악순환의 늪에 빠질 수 있습니다. 그동안 무역수지 흑자로 파생된 익숙한 모습들과는 정반대의 모습입니다. 그동안 익숙했던 시장과는 이별해야 할지 모릅니다.

그런데 문제는 여기서 그치지 않을 가능성이 높다는 겁니다. 우리는 이미 전 세계에서 가계부채 리스크가 가장 큰 나라 중 하나입니다. 가계부채 비율은 2022년 말 기준 GDP 대비 105%가 넘었습니다. 여기에 전세보증금과 개인사업자대출까지 포함하면 3,000조 원도 훌쩍 넘는 규모입니다. 이미 연체율이 크게 증가하고 있고 불안한 모습을 보이는 부동산 PF 대출 잔액도 약 140조 원에 이릅니다. 게다가 지금은 인플레이션이란 괴물이 우리를 꽁꽁 묶어두고 있습니다. 기준금리를 쉽게 내릴 수도 없습니다.

이런 상황에서 금리 발작 등의 시장 쇼크가 자주 발생하면 어떤 위기가 얼마나 크게 닥칠지 그 누구도 정확하게 예측할 수 없습니다. 부동산 시장은 물론이고 경제의 근간이 송두리째 흔들릴 수도 있습니다. 그동안 익숙했던 풍경과 완전히 이별해야 할지 모릅니다. 그 시간이 길었던 만큼, 그만큼 이별도 아플 수 있습니다.

기형도 시인은 봄날은 가면 그뿐이라고 쿨하게 이야기했지만, 익숙한 것과의 이별을 한가로운 낭만으로 대처할 만큼 상황은 여유롭지 않습니다. 봄이 떠나면 여름이 오는 것이 아니라, 모든 것을 한순간에 얼려버리는 빙하기가 찾아올 수 있기 때문입니다.

그러니 비장한 각오로 할 수 있는 모든 것을 다해야 합니다. 정치를 바꿔야 한다면 바꿔야 합니다. 우리 아이들에게 세상이 꽁꽁 얼어붙은 빙하기를 물려줄 수는 없는 일입니다.

익숙한 것과 이별하기 2

      채권시장과 외환시장에는 시장 참가자들끼리 쓰는 재미난 말들이 많습니다. 저도 처음에는 선배들이 도대체 무슨 말을 하는지 전혀 감을 잡지 못했는데, 한국말 같기도 외국어 같기도 하고 사전에 나오지도 않고, 그러면서도 일상용어처럼 사소해 보이는 말들이라 정색하며 물을 수도 없고, 또 그렇다고 모르면서 아는 체하기도 그렇고, 난감했던 적이 한두 번이 아니었습니다.

    채권, 외환, 주식, 선물시장에서 약세장을 뜻할 때 보통 '숏short장'이라 하고 강세장을 '롱long장'이라 부릅니다. 숏장은 약세장이니 매도가 우세하고 반대로 롱장은 강세장이니 매수가 우세합니다. '롱돌이'와 '숏돌이'라는 말도 있습니다. 채권시장과 외환시장 등에서 모두 같은 의미로 쓰입니다. 키 큰 사람과 키 작은 사람을 구분해서 부르는 말이 아닙니다. 채권이나 달러 가격이 계속 오를 것을 예상하고 꾸준히 사는 것을 좋아하면 롱돌이이고, 반대로 하락을 예상하고 꾸준히 팔기를 좋아하면 숏돌이라 부릅니다.

시장 참가자들은 보통 시장을 바라보는 자기만의 뷰^{view}를 갖고 있습니다. 시장에 악재가 발생했을 때 이를 어떻게 해석하느냐에 따라 대응은 완전히 달라집니다. 예를 들어 IMF나 OECD 같은 국제 기구에서 미국 성장률 전망치가 대폭 하락할 것이라고 보고서를 냈다면, 미국 경제가 앞으로 매우 나빠질 것이라는 정보는 동일하지만 롱돌이와 숏돌이에 따라 그 대응은 완전 다를 수 있습니다.

경제가 나빠질 것이라면 자산 가격 하락 가능성이 높기 때문에 보유 자산을 얼른 팔면서 리스크를 관리하는 쪽을 택하는 것이 보통 일반적인 투자전략일 것입니다. 숏돌이라면 당연히 이런 선택을 할 가능성이 높습니다.

하지만 성장률 전망치가 크게 떨어진다는 것은 경기 침체가 이미 시작됐다는 뜻이고, 그렇다면 곧 중앙은행과 정부가 경기부양을 위해 돈을 풀고 금리를 내리겠구나, 예측할 수도 있습니다. 돈이 풀리고 금리가 내려가면 다시 자산시장으로 돈이 몰릴 것이고 자산 가격이 미친 듯 오를 거라 예상할 수도 있습니다. 같은 메시지이지만 오히려 현재를 자산 매수의 기회라고 여길 수 있는 것입니다. 롱돌이는 같은 정보, 같은 메시지에도 반대 방향의 포지션을 선택하며 그 어느 때보다 더 적극적으로 매수에 나설 수 있습니다. 이렇게 똑같은 정보, 똑같은 메시지에도 시장을 어떻게 바라보는지에 따라 상반된 포지션을 취할 수 있습니다.

자산을 매수하는 것을 '롱 포지션'이라고 하고 매도하는 것을 '숏 포지션'이라고 합니다. 롱돌이와 숏돌이는 여기에서 파생된 용어입니다.

"글로리아 은행 최현경 딜러, 혹시 그분 요즘 달러 포지션이 어때?" "그분 여전히 시장에서 유명한 롱돌이야." 해석하자면 글로리아 은행의 최현경 딜러가 요즘 시장에서 달러를 사고 있는지 팔고 있는지를 묻자, 여전히 계속 달러를 사들이고 있다고 대답한 것입니다.

여담이지만 시장에서 이렇게 롱돌이와 숏돌이로 한 번 소문난 분들은 쉬이 입장을 바꾸지 않는 경향이 있습니다. '사람 쉽게 바뀌지 않는다'라는 말처럼 나름 많은 생각과 고민, 그동안의 투자 경험을 바탕으로 정해진 방향이기 때문에 웬만한 변수에는 잘 흔들리지 않습니다. 글로리아 은행의 최현경 딜러는 아무리 시장이 바뀌어도 계속 롱돌이를 고집할 가능성이 높다는 말입니다. 누구든 익숙한 것들에서 변화를 꾀하기란 상당히 어렵습니다. 또 지금까지 한 방향으로만 포지션을 선택해왔는데 한순간에 반대 방향으로 포지션을 잡았다가 시장이 반대로 바뀌어버리면 정말 큰 타격을 받을 수 있기 때문입니다.

행동경제학에서도 자주 언급되지만 사람은 이득보다 손실에 훨씬 더 민감하게 반응합니다. 또 작위와 부작위의 후회 중 적극적으로 행동한 후 얻게 되는 작위의 손실에 훨씬 더 큰 후회를 하곤 합니다. 주식이 폭락해 큰 손해가 나도 쉽사리 매도하지 못하는 이유입니다. 물론 시장 상황에 따라 그때그때 민첩하게 전략과 포지션을 바꾸는 분들도 많습니다.

2008년에 글로벌 금융위기가 발생했습니다. 추석 연휴를 마치고 출근했는데 정말 난리도 그런 난리가 없었습니다. 대략 일주일은 거의 못 잤던 기억이 있습니다. 1997년에 입사해 금융시장에 첫발을 내딛었는데, IMF 국가부도, 2000년 닷컴버블 붕괴, 2008년 글로벌 금융위기까지 세계 금융사에 길이 남을 대형 악재를 모두 현장에서 직접 경험했습니다. 당시는 정말 하루하루가 눈을 뜨기 싫을 만큼 괴롭고 힘들었지만, 지금은 소중한 자산이 돼 시장을 보는 눈을 넓혀준 것도 사실입니다. 또 시장 앞에 얼마나 겸손해야 하는지 새삼 깨닫는 계기도 되었습니다.

늘 가격이 오를 것 같고 좋은 날들만 계속될 것 같지만, 모두가 그렇게 믿는 그 순간에 시장은 폭락해 나락으로 떨어지기도 합니다. 그것을 직접 겪다 보니 시장이 좋을 때에도 한순간에 폭설과 빙하기가 닥칠 수 있다는 것을 제 유전자와 DNA는 똑똑히 기억하고 있습니다.

2000년에 닷컴버블이 터졌습니다. 이후 전 세계 자산시장이 무너져 내리면서 소비가 급격히 줄어들고 심각한 경기 침체에 빠졌으며 그 상황이 장기화될 것이라는 우려의 목소리가 커졌습니다. 거의 전 세계가 기준금리를 인하하고 돈을 풀어 유동성을 공급하면서 경기 침체와 저성장에서 벗어나려 안간힘을 썼습니다. 미국은 2000년 5월 6.5%였던 기준금리를 2003년 6월 1.00%까지 낮췄습니다. 일본은 이때부터 세계에서 처음으로 제로 금리를 시대를 열었고 양적완화를 본격적으로 도입하며 무제한 돈풀기에 들어갔습니다.

저금리 기조가 오랫동안 유지되면서 미국의 집값은 빠르고 무섭게 올라갔습니다. 자산 가격이 치솟으니 소비가 크게 증가했고 증가한 소비는 다시 물가를 자극했습니다. 그러자 연준은 2004년 6월부터 기준금리를 본격적으로 인상하기 시작했습니다. 무려 17차례 연속으로 0.25%씩 인상해서 2006년 6월에는 5.25%까지 끌어올렸습니다. 코로나19 이후 인플레이션에 대응하느라 5.50%까지 인상했던 요즘과 너무나 비슷합니다. 기준금리가 가파르게 오르자 크게 늘어난 가계부채, 그리고 높은 이자 부담으로 주택담보대출 연체율이 급속히 증가합니다. 서브프라임 사태, 즉 거의 모든 걸 무너지게 만든 글로벌 금융위기의 씨앗은 이미 오래전에 뿌려진 셈입니다.

결국 글로벌 금융위기는 파티는 계속되리라 철석같이 믿고 있던 그 어느 날 갑자기 끝났습니다. 2008년 9월 15일 미국 3위의 투자은행 메릴린치와 4위 리먼브라더스가 같은 날 파산했습니다. 사실상

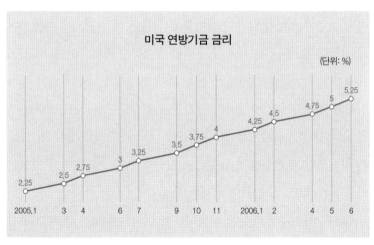

미국 연방기금 금리

(단위: %)

자료: 연방준비제도이사회

세계 3~4위 은행이 하루아침에 문을 닫은 것입니다. 메릴린치는 뱅크오브아메리카BOA에 인수되었고 리먼브라더스는 인수자를 찾지 못해 결국 역사 속으로 사라졌습니다.

전 세계 금융시장은 수습이 불가능해 보일 정도로 큰 충격에 빠졌습니다. 주식시장은 폭락에 폭락을 거듭했고, 중소형 은행들의 뱅크런이 현실화되면서 금융기관의 줄도산 가능성까지 크게 부각되었습니다. 미국 주택가격이 폭락하자 주택담보대출 상품과 연계된 파생상품은 하루아침에 휴지조각으로 변했고 거기에 투자했던 은행들이 대규모 손실을 보게 됐습니다.

뱅크런은 미국만의 문제는 아니었습니다. 신흥국부터 유럽까지 전 세계에서 크고 작은 은행들이 무너진다는 얘기가 여기저기서 들려왔습니다. 미국의 금융시장뿐만 아니라 실물시장까지 모두 무너질 수 있다는 우려가 커지기 시작했고 다시 1920년대 대공황이 올지 모른다는 경고가 터져 나오기 시작했습니다. 그 이후 온갖 대책들이 쏟아집니다. 저도 금융시장에서 일하고 있었지만 생전 처음 들어보는 생소한 단어들이 마구 쏟아졌습니다. 대표적으로 'TARPTroubled Asset Relief Program'라는 대책이 있는데 이른바 '부실자산 구제프로그램'입니다. 쉽게 말해서 정부 재정으로 무려 7,000억 달러를 쏟아부어 일단 은행부터 살리겠다는 대책이었습니다. 2008년 12월 미국 연준은 5.25%였던 기준금리를 제로 금리로 낮췄고, 지금은 매우 익숙한 단어지만 당시는 매우 낯설고 생소했던 '양적완화'를 처음으로 공식화했습니다.

'양적완화'는 미국의 중앙은행인 연준이 미국 시중은행들이 보유한 장기 국채를 매입하는 대책입니다. 연준이 달러를 찍어 시중은행의 미국채를 사들이면 달러가 은행으로 흘러들어갑니다. 은행에 현금 유동성이 풍부해지는 효과도 있지만 연준이 장기 국채를 사들이니 국채금리가 낮아지고, 채권 가격의 기준인 국채금리가 낮아지니 금융채, 회사채 등 일반 채권도 금리가 낮아집니다. 결국 시중금리가 빠르게 하락하고 대출 금리도 낮아져 기업이나 가계가 싼 가격에 자금을 빌리게 되면서 자연스레 투자와 소비가 증가했고 경기부양의 효과까지 기대하게 된 것입니다.

2009년 3월 본격적으로 양적완화를 시행했고 이후 2009년 3월에 2차, 2012년 9월에 다시 3차 양적완화까지 진행하게 됩니다. 지금이야 너무나 익숙하고 잘 알려진 정책이지만 당시에는 시장 참가자, 많은 전문가들조차 양적완화가 시장에서 얼마나 위력을 발휘할지 대부분 예측하지 못했습니다. 그러다 보니 부작용에 대한 우려의 목소리도 많았습니다. 그럼에도 당시의 연준 의장 벤 버냉키는 양적완화 정책을 끝까지 고집했고 금융위기가 발생할 때마다 그 카드를 사용해 위기를 극복하곤 했습니다. 그때 붙여진 별명이 바로 그 유명한 '헬리콥터 벤'입니다. 헬리콥터에서 돈을 마구 뿌려대는 것처럼 시장에 돈을 뿌렸다 해서 붙여진 별명입니다.

지금까지 2000년 닷컴버블부터 2008년 글로벌 금융위기까지의 긴 이야기를 간략하게 말씀드렸습니다. 2008년 글로벌 금융위기 이후 2021년 인플레이션이 시작되기 전까지 미국 기준금리는 상당 기간 제로 금리를 유지했고, 다소 오르내림이 있었더라도 비교적 저금리를 오랫동안 유지했습니다. 마찬가지로 우리 기준금리도 2008년 이후 계속 낮아지면서 상당기간 낮은 금리를 유지했습니다. 금융위기 조짐이 보여도 이젠 큰 걱정 없이 양적완화를 통해 돈을 풀면 됩니다. 코로나19 팬데믹에서도 '무제한 양적완화'라는 이름으로 무려 5조 달러를 풀었습니다. 이처럼 양적완화 카드는 만병통치약 같은 처방책이 되어 있었습니다.

즉, 2008년 이후에 금융시장에 입성한 시장 참가자, 그리고 시장 투자자 대부분은 파란만장한 격동의 시장을 경험해보지 못한 이들입니다. 때에 따라 약간의 조정은 있었지만 대체로 금리가 계속 낮아지고, 또 저금리 기조에서 시중의 풍부한 유동성을 바탕으로 주로 자산을 사는 쪽인 롱 포지션이 대세인 시장이었습니다. 또한 대체로 자산을 사면 수익이 나는 구조였습니다. 즉 롱돌이가 수익을 많이 내던 시장이었습니다. 적어도 2021년 본격적으로 인플레이션이 덮치기 전까지는 그랬습니다. 금융시장에 첫발을 내딛은 이후 무려 13년 만에 난생 처음 금리가 무섭게 올라가는 시장을 목격한 것입니다.

시장 참가자뿐만 아니라 투자자, 그리고 우리 모두가 그러합니다. 빅 스텝, 자이언트 스텝 등 무시무시한 신조어와 함께 기준금리가 네 차례 연속 0.75%씩 올라가는 믿을 수 없는 시장이 펼쳐졌습니다. 그동안 늘 익숙했던 롱장이 아닌 제대로 된 약세장, 숏장을 거의 13년 만에 처음 경험하게 된 것입니다. 시장 참가자들을 만나면 이 얘기가 한동안 화두였습니다. "우리 하우스(보통 채권, 외환시장에서 회사 내 부서를 가리키는 말입니다)에 절반이 숏장을 처음 보는 사람들이야."

지금 미국의 기준금리는 5.50%(2023년 9월 기준)입니다. 익숙하지 않은 모습입니다. 언젠가는 1~2% 수준으로 내려갈 것이라 믿는 사람들이 많습니다. 지금까지 볼 수 없었던 정말 높은 수준이라고 생각하기 때문입니다. 달러/원 환율은 2023년 10월 현재 1,350원을 오르내립니다. 익숙하지 않은 모습입니다. 다시 1,100원대로 내려갈 것이라 생각하는 분들이 많습니다. 마찬가지로, 지금까지 10여 년간 못 봤던 아주 높은 가격이라 생각하기 때문입니다. 국채 10년물 금리가 4.30%가 넘어섰습니다. 이 역시 익숙하지 않은 모습입니다. 다시 1~2%대로 내려갈 것이라 생각하는 이들이 여전히 많습니다. 글로벌 금융위기 이후 10년 넘게 저성장, 저금리, 저물가 환경에서 모두 익숙해진 장면들이니까요. 그러니 지금 이 생경한 광경은 낯설기 짝이 없습니다.

조금 어려운 이야기일 수 있는데, 채권이나 대출에 붙은 '금리'라는 친구는 값이 늘 변합니다. 예를 들어 미국채 10년물 금리가 요즘은 4.70~4.90%까지 올랐고 얼마나 더 오를지 모르지만 불과 1~2년 전에는 0.7~0.8% 수준이었습니다. 어떤 것이 진짜 모습일까요? 지금 금리가 적정 금리일까요? 아니면 1%도 채 안 되던 금리가 제값일까요? 똑같은 미국채 10년물인데 어떤 때는 금리가 5% 수준이었다가 또 어떤 때는 1%도 채 되질 않습니다.

'실질중립금리'라는 게 있습니다. 이 금리 수준이 되면 물가가 오르지도 내리지도 않는 진공상태에서 정확히 중간에 떠 있는 느낌입니다. 그 누구도 정확하게 금리 수준을 계산할 순 없지만 어디쯤에는 반드시 그러한 금리 수준이 존재합니다. 이를 가리켜 '실질중립

306

금리'라고 부릅니다. 실질중립금리를 유지하게 되면 물가는 더 이상 오르지 않고, 또 내리지도 않습니다. 세상 걱정 없는 상태의 금리 수준입니다. 미국 연준은 그동안 이 실질중립금리 수준을 대충 0.50%로 보고 있었습니다.

'기간 프리미엄'이라고 있습니다. 예를 들어 1개월짜리 채권금리와 10년짜리 채권금리는 가격이 다릅니다. 물어볼 것도 없이 10년짜리 채권금리가 훨씬 높습니다. 10년 동안 무슨 일이 터질지 모르고 또 그 기간의 물가상승 등을 감안하면 당연히 10년짜리 국채금리가 더 높아야 합니다. 만기가 길어진 만큼 프리미엄을 더 얹어주는 금리를 '기간 프리미엄'이라고 부릅니다. 이 기간 프리미엄이 좀 어렵습니다. 도대체 얼마를 줘야 할지 값을 산정할 수 없기 때문입니다.

그런데 앞으로 영원히 물가는 오르지 않는다고 생각하면 어떻게 될까요? 물가가 제자리에 있으니 만기가 길어도 기간 프리미엄이 생기지 않습니다. 오히려 금리는 더 내려갈 수 있다고 생각합니다. 최근 10여 년간 우리가 익숙하게 봐온 시장의 모습입니다. 심지어 제로 금리를 넘어 마이너스 금리를 택한 나라도 있었습니다. 마이너스 금리가 되면 1,100원을 빌리고 갚을 때는 1,000원만 갚으면 됩니다.

우리가 흔히 말하는 금리는 바로 '실질중립금리'와 '기간 프리미엄'의 합의 값으로 이루어진 값입니다. 미국 연준이 올려놓은 기준금리 5.50%에는 실질중립금리+기간 프리미엄, 그리고 연준의 목표금리인 2.00%가 함께 녹아 있습니다. 그런데 기준금리를 5.50%까지 올렸는데도 물가가 잡히지 않습니다. 물가는 쉬이 내려가지 않고 오히려 국채금리만 계속 오릅니다. 그리고 미국채를 사주던 큰손들도 다시 시장에 돌아오지 않습니다. 중국도 일본도 이제는 미국채를 오히려 팔아야 하는 쪽입니다. 물가는 잡히지 않고 금리 변동성이 커진다는 말은 기간 프리미엄이 크게 올랐다는 뜻입니다.

한편 실질중립금리 수준도 좀 이상합니다. 우리가 알고 있는 수준의 금리 값이 아닐 수 있습니다. 실질중립금리가 되면 물가에 변동이 없어야 하는데 금리를 계속 올리는데도 물가가 잡히지 않고 있기 때문입니다. 그럼 우리가 생각한 실질중립금리도 0.50%가 아니라 1.00~1.50%까지 가야 한다면, 아니 더 높은 선이라면, 지금도 높다고 여겨지는 5.50% 수준은 어찌 봐야 할까요?

이미 우리는 인플레와 2년 넘게 싸우고 있습니다. 그런데도 여전히 인플레란 괴물은 우리를 괴롭히고 있습니다. 이미 인플레가 고착화되고 구조화되었는지도 모릅니다. 인플레이션이 고착화되면 아무리 큰 망치로 때려잡아도 틈만 생기면 다시 출몰한다는 이야기입니다. 두더지게임과 비슷합니다. 앞으로 기준금리는 지금보다 더 높은 수준으로 오를 수 있다는 말입니다. 인플레 고질병을 그대로 방치하면 폴 볼커처럼 20%선까지 올려야 할지도 모릅니다.

만약 실질중립금리가 생각보다 훨씬 높은 수준에 있고, 기간 프리미엄 값도 더 커질 거라면, 결국 기준금리는 다시 낮아질 것이라는, 달러/원 환율도 내려올 것이라는, 국채금리는 다시 떨어질 것이라는, 지금껏 익숙했던 이 상황들을 과연 다시 볼 수 있을까요? 혹시 그동안 너무 많은 돈을 풀었던 건 아닐까요? 참고로 1980년대 인플레이션은 기준금리가 20%까지 올라가고, 중소기업의 40%가 문을 닫고, 수백만 명이 일자리를 잃고, 주가지수가 40~50% 폭락하고서야 끝났습니다. 인플레란 괴물이 거의 모든 것을 초토화시킨 다음에야 사라졌습니다. 저금리나 저물가 등 어쩌면 지금까지 늘 익숙했던 시장의 모습들과 우리는 완전한 이별을 준비해야 할지도 모릅니다.

경제신문이 말하지 않는 경제 이야기

초판 1쇄 발행일 2024년 1월 15일
초판 4쇄 발행일 2024년 9월 30일

지은이	임주영
펴낸이	김현관
책임편집	김미성
디자인	북디자인 경놈
	진혜리
종이	세종페이퍼
인쇄 및 제본	올인피앤비
펴낸곳	민들레북
	주소 서울시 양천구 목동중앙서로7길 16-12 102호
	전화 (02) 2655-0166/0167
	팩스 (02) 6499-0230
	등록 2023년 4월 19일 제2023-000015호

ⓒ 2024 임주영
ISBN 979-11-983628-4-1 03320

민들레북은 인터넷 언론사 **시민언론 민들레**의 출판브랜드입니다.
시민언론 민들레에 게재된 기사 및 칼럼 등의 콘텐츠를 바탕으로 시의에 따라
필요한 내용을 편집하여 단행본으로 출간합니다.